高等职业教育高速铁路动车乘务专业系列教材
高等职业教育"十三五"规划教材——轨道交通类

高速铁路设备运用

GAOSU TIELU
SHEBEI YUNYONG

主　编◎王　珏
副主编◎祖晓东　文　佳　张景兴
主　审◎赵可良

西南交通大学出版社
·成都·

图书在版编目（CIP）数据

高速铁路设备运用 / 王珏主编. —成都：西南交通大学出版社，2015.8（2025.1 重印）
高等职业教育高速铁路动车乘务专业系列教材　高等职业教育"十三五"规划教材. 轨道交通类
ISBN 978-7-5643-4190-9

Ⅰ.①高… Ⅱ.①王… Ⅲ.①高速铁路 – 设备 – 使用方法 – 高等职业教育 – 教材 Ⅳ.①U238

中国版本图书馆 CIP 数据核字（2015）第 192389 号

高等职业教育高速铁路动车乘务专业系列教材
高等职业教育"十三五"规划教材——轨道交通类

高速铁路设备运用
　主编　王　珏

责 任 编 辑	李芳芳
特 邀 编 辑	王晓刚
封 面 设 计	墨创文化
出 版 发 行	西南交通大学出版社 （四川省成都市二环路北一段 111 号 西南交通大学创新大厦 21 楼）
发行部电话	028-87600564　028-87600533
邮 政 编 码	610031
网　　　址	http://www.xnjdcbs.com
印　　　刷	成都中永印务有限责任公司
成 品 尺 寸	185 mm × 260 mm
印　　　张	13.25
字　　　数	329 千
版　　　次	2015 年 8 月第 1 版
印　　　次	2025 年 1 月第 4 次
书　　　号	ISBN 978-7-5643-4190-9
定　　　价	37.00 元

课件咨询电话：028-81435775
图书如有印装质量问题　本社负责退换
版权所有　盗版必究　举报电话：028-87600562

前　言

铁路是国民经济的大动脉，是国家的重要基础设施和大众化交通工具，在我国经济发展中的地位和作用至关重要。高速铁路作为一种新型的交通方式，不仅克服了普通铁路速度低的缺点，而且在社会经济和环境影响方面也起着不可小觑的作用。高速铁路的迅猛发展将会带来交通运输史上一次重大的飞跃，也是我国铁路发展的必然趋势。

"高速铁路设备运用"是铁路高等职业院校开设的一门专业基础课程，也是为了强化人才培养和实践锻炼，反映高速铁路最新成果和发展动态而开设的一门课程。本书的编写力求简明扼要，通俗易懂，突出高等职业教育特色，在普及铁路相关知识的基础上，系统阐述了高速铁路的基本知识、基本概念和原理。教材内容安排合理，全书共分六章，主要内容包括：高速铁路发展、高速铁路线路、高速铁路车站、高速铁路车辆、高速铁路牵引供电、高速铁路信号与通信设备。

本书可作为高等职业院校铁道运输、电气、通信、信号、基础设施等相关专业的教材，也可作为铁路相关专业职工的培训教材以及相关专业人员工作的参考资料。

本教材由天津铁道职业技术学院王珏任主编，天津铁道职业技术学院祖晓东、文佳、张景兴任副主编，济南铁路局济西站李滨泉参编。具体分工（按目录顺序）如下：王珏编写第一、第三、第五章；文佳编写第二章；张景兴编写第四章；祖晓东、李滨泉编写第六章。全书由济南铁路局青荣城际铁路有限公司高级工程师赵可良主审。

由于编者水平有限，书中不妥之处，敬请读者批评指正。

编　者
2015 年 5 月

目　录

第一章　高速铁路发展 ·· 1
　第一节　现代交通运输的种类与作用 ·· 1
　第二节　铁路建设与发展 ·· 4
　第三节　高速铁路发展概况 ·· 8
　复习思考题 ··· 19

第二章　高速铁路线路 ·· 20
　第一节　概　述 ·· 20
　第二节　线路的平面与纵断面 ·· 23
　第三节　线路的路基与桥隧建筑物 ·· 31
　第四节　轨　道 ·· 40
　第五节　线路标志与限界 ·· 51
　第六节　高速铁路线路的技术要求 ·· 55
　第七节　工务工作 ··· 71
　复习思考题 ··· 73

第三章　高速铁路车站 ·· 74
　第一节　车站概述 ··· 74
　第二节　中间站 ·· 79
　第三节　区段站 ·· 81
　第四节　编组站 ·· 84
　第五节　技术站的调车设备 ·· 86
　第六节　铁路枢纽 ··· 90
　第七节　高速铁路车站 ·· 92
　复习思考题 ··· 97

第四章　高速铁路车辆 ·· 98
　第一节　机　车 ·· 98
　第二节　铁路车辆 ··· 112
　第三节　铁路动车组 ··· 133
　复习思考题 ··· 155

第五章　高速铁路牵引供电 ··· 156
　第一节　牵引供电系统 ··· 156
　第二节　高速铁路动车组牵引供电 ··· 158
　　复习思考题 ·· 165
第六章　高速铁路信号与通信设备 ··· 166
　第一节　铁路信号基础 ··· 166
　第二节　联锁设备 ·· 173
　第三节　闭塞设备 ·· 177
　第四节　列车运行控制系统与机车信号 ·· 179
　第五节　调度控制系统 ··· 187
　第六节　铁路通信设备 ··· 199
　　复习思考题 ·· 204
参考文献 ··· 205

第一章　高速铁路发展

第一节　现代交通运输的种类与作用

一、现代交通运输业的种类

运输业是交通运输行业的简称。人们为了生产和生活的需要，从利用人力、畜力、水力、风力等进行搬运开始，逐步发展到利用各种现代交通运输工具；从而逐渐形成了以铁路、公路、水运、航空、管道等运输方式为主的现代交通运输业。

（一）铁路运输

铁路运输是以固定轨道作为运输线路，由机车车辆运送旅客和货物的运输方式。铁路运输方式具有以下特点。

1. 运量大

铁路运输的运量大，主要体现在单列货物列车一般都能运送几千吨货物，如果是重载货物列车则可以运送上万吨的货物——目前我国"大秦"线铁路就已经开行重达两万吨的重载列车；另外由于铁路运输基本不受气候条件的影响而实现全天候运输。

2. 速度快

铁路运输的速度快是相对于公路运输与水路运输而言的。目前，我国铁路旅客列车的速度基本都在 100 km/h 以上，而城际、客专铁路的旅客列车速度则可达 200~300 km/h；铁路货运列车的速度也在 80 km/h 左右。

3. 运输成本低

铁路运输的成本是公路运输成本的十几分之一到几分之一，是航空运输成本的几十分之一。

4. 安全、准时、可靠

铁路运输基本上不受气候条件的影响，一年四季可以不分昼夜地进行连续运输；特别是铁路运输有可靠的安全行车设施和保证安全的规章制度，所以安全、准时、可靠是铁路运输的一大重要特点。

基于以上特点，铁路运输对于中、长距离的货物及旅客运输有很大的优势。不过铁路运输也存在建设周期长、初期投资大的问题。在修建铁路的过程中，修建路基、架桥、开凿隧道以及铺设轨道都需要大量的钢铁、水泥、木材及各种设备等；另外还要完成大量的土石方工程。因此，铁路从开始修建到投入运营的时间周期较长，初期投资也较大。

(二) 公路运输

公路运输是以道路为基础，主要以汽车为运送工具实现运送旅客和货物的运输方式（由于现代公路运输的运载工具主要是汽车，因此，公路运输一般即指汽车运输）。汽车运输具有以下特点。

1. 灵活性强

公路可以最大限度地延伸到陆地的各个角落，非常方便地实现"随叫随到"以及"从门到门"的运输，从而避免了运输途中的换车倒装；另外汽车运输机动灵活，可以根据旅客或货主的意愿随时改变运输方向。

2. 运输速度较快

汽车在公路上的行驶速度通常可达 50 km/h 以上，若在高速公路上行驶其速度则可达 100 km/h 左右。

3. 造价较低

由于汽车对路面的适应能力较强，所以一般公路的修建简单易行、造价低廉（即使修建高速公路也比铁路造价低廉不少），且养护方便。

汽车运输主要用于短途和小批量的运输。它常与铁路、水运、航空运输等相衔接，集散货物与接送旅客。但是汽车运输的运载能力较小、运输能源消耗多、环境污染大、运输成本较高是其主要缺点。

(三) 水路运输

水路运输是以船舶为交通工具，在水域沿航线载运旅客和货物的一种运输方式。水路运输按航行的区域分为远洋运输、沿海运输和内河运输 3 种类型。水路运输具有以下特点。

1. 运载能力大

内河运输的大型轮船可载运近万吨货物；目前，在海洋运输中世界上超巨型油轮的载量可达 55 万吨，巨型客船可达 8 万吨。

2. 运输成本低

由于水路运输耗用的能源少，而且海运航线都取港口间的最短距离，所以成本只有铁路运输的一半。

3. 投资小

水路运输可利用天然的水道，不需太多的人工整治。

水路运输适合运送大宗、大件和笨重的货物。水路运输的缺点是速度慢、受自然条件的影响较大。

(四) 航空运输

航空运输是用飞机运送旅客、货物的运输方式。航空运输在 20 世纪崛起，它的最大优点是速度快，且具有较大的机动性，可以迅速地到达其他运输工具难以到达的地方。但它最大的缺点是运载能力小、运输成本高，而且受气候条件影响大。航空运输适合长途旅客、邮件及贵重、紧急物资的运输。

（五）管道运输

管道运输是以管道作为运输通道，并具有固定式机械动力装置的现代化运输方式，它是近几十年来得到迅速发展的一种运输方式。它主要以流体能源石油、天然气、成品油为运输对象，现在还可以运输煤和矿石等货物。

管道运输具有运送能力大、效率高、成本低、能耗小等优点。管道运输所用的管道埋于地下，具有占地少、不受地形限制、不受气候影响、能长期稳定运行、沿线不产生噪声且漏失污染少等优点。管道运输是一种很有发展前景的现代运输方式。但管道运输由于长期定点、定向、定品种运输，调节范围窄且不能输送不同品种的货物。

由上述介绍可以看到，各种运输方式都有优缺点，又都有各自最适合的应用范围。目前，我国交通运输业发展很快，一个四通八达的综合运输体系已初步形成。

然而，我国运输业还不能充分满足国民经济发展的需要，各种运输方式面临一个相互竞争而又共同发展的时期。目前，要做到合理布局、科学分工、协调运营、经济利用，形成一个科学的综合运输体系；在运输系统内部，长途运输之间存在着如何充分发挥各自优势，更好地协调配合的问题。我国的干线运输能力仍显不足，尤其是铁路运输能力相对短缺，一方面要加快建设铁路运输网；另一方面也要重视和发挥海运和内河航运的作用。由于水运交通干线只能沟通城市的主要工矿地区，不能延伸到广大腹地。因此，要充分发挥短途运输的作用，做好与干线运输的衔接是十分必要的。

总之，各种运输方式都有自己的优缺点和适用范围，它们既相互独立，又相互依存；既有协作，又有竞争。只有多元化的综合利用、合理布局、协调发展、建成科学的综合运输体系，才能对我国的国民经济的发展发挥最大的作用。

二、交通运输业的性质

交通运输业是国民经济的有机组成部分，它具有物质生产和为社会公众服务的多重属性，是一个具有明显服务功能的物质生产部门。交通运输业是生产过程在流通领域中的继续，是独立的物质生产部门，它参与社会物质财富的创造。

（一）物质生产的三要素

劳动者、劳动对象和劳动资料是物质生产的三要素。人们借助于劳动资料，作用于劳动对象，使之适合自己需要的生产就是物质生产。不论是工业生产、农业生产、矿业生产还是运输业生产都应具备这三要素。以铁路为例：线路、站场、机车车辆等各种固定和移动的设备是铁路运输业从事物质生产的劳动资料，铁路员工则是铁路运输生产的劳动者，而铁路运送的旅客及货物则是铁路运输生产的劳动对象。

（二）运输是进行物质产品生产的必要条件

运输业不创造新的物质产品，不改变劳动对象的形状和性质，只变动劳动对象的空间位置。但运输是进行物质生产的必要条件，例如：钢铁生产过程中从选料到炼铁、从炼铁到炼钢、从炼钢到轧钢等各个生产环节都离不开运输；钢铁生产的产品是钢材，而一部分钢材则

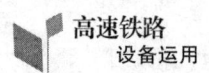

是机加工生产的原料，机加工生产的产品则是机器、工具及相关用品等。因为运输业通过改变劳动对象的位置而使其体现出使用价值，所以运输业是物质生产过程中不可缺少的重要环节。

（三）运输业的产品

运输业作为物质生产行业也应有相应的产品。由于运输业不创造新的物质产品，不改变劳动对象的形状和性质，它只变动劳动对象的空间位置，因此，其产品是运输对象的位移。它的产品计算单位是"人·千米"或"吨·千米"。为了统计上的方便，通常采用"换算吨·千米"来计算。运输业的产品不能储存、调拨和积累。这是因为运输业的产品——旅客和货物的位移同运输生产过程不能分离，即位移的生产和消费是同时进行的，在它生产出来的同时就已经被消费。

三、现代交通运输业的作用

交通运输业是国民经济的命脉，国民经济发展的规模和速度在很大程度上是以交通运输业的发展为前提条件的。交通运输业也是流通领域的支柱，它是沟通工农业、城乡、地区、企业之间经济活动的纽带，是面向社会为公众服务的公用事业，是对国民经济和社会发展具有全局性、先行性影响的基础行业。

运输业中的交通网络，就好像是布满祖国各地的脉络，把全国连成一个统一的整体，为团结各民族、提高人民的生活水平发挥着重要的作用。

运输业把国民经济中各生产部分的产、供、销有机地结合在一起，成为发展社会主义市场经济和工农业现代化的先导。

运输业（尤其是铁路运输业）对巩固国防、实现国防现代化以及在反侵略战争中具有重要的作用，甚至是用经济尺度所不能衡量的。

运输业在对外开放、对外贸易和发展世界各民族间的友好往来以及在国际间经济、技术、文化交流中发挥着重要的作用。

第二节　铁路建设与发展

一、世界铁路运输业的发展

从 1825 年世界第一条公用铁路——斯托克顿至达林顿铁路在英国出现后，就揭开了铁路运输的序幕。16 世纪中叶，英国开始兴起采矿业，为提高采矿运输效率，矿工们在运输矿石的道路上铺了两根平行的木材作为轨道。17 世纪，矿工们又将木轨换成了角铁形状的钢轨，角铁的一边起导向作用，马车的车轮则在另一条边上行驶，后经多年的改进，才逐渐形成今天的钢轨。因此，各国至今都沿用"铁路"这一名称。

自从英国生产制造出蒸汽机以来，带来了工业革命，使得工业生产效率大大提高，因此，人们对运输也提出了新的要求，也因此，在英国诞生了世界第一条由蒸汽机车牵引的铁路。该铁路的出现很快显示出其优越性，因此，在很短的时间内铁路运输就得到了迅速发展。到

20世纪末，世界铁路运营总里程已达130万千米以上，从地理分布上看，美洲铁路约占世界铁路总长的2/5；欧洲约占1/3；而非洲、大洋洲和亚洲的总和还不到1/3。由此可以看出，当时世界铁路的发展和分布情况极不平衡，而且在修建和发展铁路的趋势上也不尽相同。

继英国1846年采用了臂板信号机、1868年采用了自动车钩和空气制动系统后，铁路的行车速度和可靠性大大增加，铁路运输得到很大的发展。此后，特别是第二次世界大战以后，在第三次工业革命浪潮的推动下，世界交通领域发生了革命性变化，传统的陆路运输格局被彻底改变，公路、航空、管道等现代交通运输方式迅速兴起，对铁路形成了强大的替代性竞争，综合交通运输体系逐步形成，再加上铁路自身管理体制的不适应和经营管理不善等原因，使得铁路在这一时期发展相对迟缓，在有的国家和地区甚至出现停滞的局面，造成世界铁路网规模缩小、客货运量比重下降、经营亏损严重的现象，铁路发展进入了低谷，一度被视为"夕阳产业"。

1973年，世界爆发能源危机，使公路和航空运输发展受到限制，而铁路运输受此影响相对较小，并且运输过程中排放的废气及产生的噪声对生态环境的污染与其他交通运输工具相比相对较低；特别是高速、重载铁路运输的出现，更使人们认识到铁路在国民经济发展和人民物质文化生活提高中具有不可忽视的地位和作用。因此，世界各国铁路步入一个新的发展时期，铁路网结构进一步优化，质量有了新的提高，客货运量实现了较大回升。

二、我国铁路运输业的发展

（一）旧中国的铁路

在中国出现的第一条铁路是于1876年在上海修建的"吴淞铁路"。它是英国侵略者采用欺骗的手段修建的。该铁路从上海至吴淞镇，全长14.5 km，轨距762 mm。这条铁路后被清政府以28.5万两白银收回并拆除。

中国自己创办的第一条铁路是"唐胥铁路"，1881年修建。当时清政府为了解决煤炭运输问题，在唐山到胥各庄间修建了全长为10千米的"唐胥铁路"，从此开启了中国铁路的首创阶段，被后人称为"中国铁路建筑史的正式开端"。

由中国人自己集资、设计并修建的准轨铁路是基隆至台北、台北至新竹的两条铁路，它们分别于1891年和1893年修成通车，全长100 km。

最值得中国人为之骄傲的铁路是"京张铁路"（北京丰台至张家口）。"京张铁路"是在杰出的铁路工程师詹天佑的领导下，由中国工程技术人员主持、设计、施工的铁路。该铁路于1905年10月开工，1909年10月建成（比原计划提前两年），全长201 km，轨距1 435 mm。"京张铁路"工程相当艰巨，因为自南口进入燕山山脉的军都山，岭高坡陡，需人工开凿4座隧道。由于这一带地势陡险，地质结构复杂，为使列车能够安全通过山岭，詹天佑在青龙桥车站设计了"之"字形展线方案，从而解决了这一难题。"京张铁路"的设计和建设成就充分显示了中国人民的智慧和力量，并在中国铁路史上写下了光辉的篇章。

旧中国的铁路具有浓厚的半封建半殖民地的性质和色彩，整个铁路事业的发展缓慢、畸形，设备杂乱，管理落后。其特点如下：

1. 数量少、分布偏

全国仅有的 2 万多千米铁路中能够维持通车的只有 1 万多千米，且大都分布在东北和沿海地区，而辽阔的西北、西南只有 1 000 多千米，仅占全国铁路的 6%左右，能用的机车只有 1 700 台，车辆 3 万余辆。

2. 标准杂、质量差

全国轨距宽窄不一，连同一线路上的桥隧界限和曲线、坡度标准都不统一。铁路的技术设备陈旧落后、质量差、标准低、类型杂乱、线路病害多，行车安全得不到保障，就连机车、钢轨都有百种之多，且 30%的车站没有信号机，70%的线路没有闭塞设备。

3. 管理分割、经营落后

大部分铁路借外债修建，又以路产和营业收入为担保，因此，按投资的国别分线设局，分割管理，甚至一个铁路地区由几个铁路局管理。各铁路局各自为政、各行其是，不仅使一条铁路实行多种规章制度、多套管理方法，也使车站和机务、工务、电务等设置重复，行车费用和员工人数增多，给旅客乘车、货主运货带来诸多不便。

（二）新中国铁路运输业的发展

新中国的铁路运输业是以旧中国铁路技术设备为物质基础，在人民政权陆续接管、修复既有铁路的条件下创建并发展的。新中国铁路的发展只用了比旧中国铁路少 1/3 左右的时间，却取得了比旧中国铁路多十几倍甚至几十倍的成绩。

从 1950 年 6 月 13 日修建成渝铁路开始，就开始了全国铁路建设的第一站。经过我国铁路"一五"到"十二五"计划期间的建设，特别是 1997 年以来实施的全国铁路六次大提速和"十二五"期间的建设，我国的铁路职工们舍小家为大家，积极参与并推进铁路的跨越式发展，从而使我国铁路的发展取得了显著的成绩。

1. 路网布局趋于合理

铁路"十二五"规划明确提出："基本建成国家快速铁路网""发展高速铁路"。到 2015 年全国铁路营业里程达到 12 万千米以上，其中高速铁路 1.6 万千米以上、西部铁路 5 万千米以上，复线率和电气化率分别达到 50%、60%。以高速铁路为骨架、总规模 5 万千米的快速铁路网基本建成，总规模 7 万千米的区际大能力通道布局成网，繁忙干线实现客货分线运输。新建和改造铁路客站 1 015 座，客货枢纽及配套设施进一步完善，路网布局和技术结构更加合理。

2. 科技进步迈出坚实步伐

我国从掌握时速 160 千米等级的运输装备、线路、信号及运营管理成套技术起步，逐步引进、消化并研制出时速 200 千米、300 千米、350 千米、380 千米等级的既有线改造和新线修建技术以及客运动车组、货运大功率机车等先进技术；25 t 轴重大型运煤货车的成功研制并投入使用使"大秦"线开行 2 万吨级重载列车成为现实；推进了信息系统建设。青藏铁路高原多年冻土等建设施工技术已跻身国际先进行列。

3. 铁路改革取得重大突破

铁路运输管理体制改革完成阶段任务，实现了铁路局直接管理站段，推进了运输生产力的布局调整，优化了运力资源配置，提高了运输和管理效率，铁路主辅分离取得重要进展。铁路投、融资体制改革初见成效，投资主体多元化程度提高，市场化融资迈出了新的步伐；

地方政府、社会资金积极参与铁路建设；规范组建了集装箱、快运、特种货物 3 个专业运输公司；"大秦"线铁路等一批企业重组改制顺利推进；法规体系建设逐步完善；铁路多元经营产业结构进一步优化。

4. 精神文明建设成效明显

紧密结合铁路改革发展实际，开展理想信念和职业道德教育，不断加强思想政治工作和精神文明建设，强化职工培训，使职工队伍思想政治和技术业务素质有了新的提高。坚持以人为本，妥善处理好改革发展稳定的关系，充分调动广大职工的积极性。职工队伍保持稳定，生活条件明显改善。

新中国铁路取得了巨大成绩，铁路各项事业取得了长足进步。但仍与国民经济发展要求存在较大差距，主要体现在：运输能力严重不足，路网规模和结构与经济社会发展要求不相适应，"瓶颈"制约依然严重；技术装备水平仍有较大差距，难以适应现代社会的运输需要；投、融资市场化程度仍然较低。铁路仍然是国民经济发展中的一个薄弱环节。

三、铁路运输业的特点与任务

（一）铁路运输业的特点

铁路运输除了具备一般运输业的特点外，其自身还具有高度集中的特点，各工作环节需紧密联系、协同配合。

铁路运输生产过程是在全国纵横交错的铁路网上进行的。目前，在我国的铁路网上已拥有十几万千米线路、几千个车站、几百万职工、配备了大量的技术设备，并设有运输、机车、车辆、工务、电务、供电、给水、信息等业务部门，每天有上万台机车和几十万辆车辆编成数以千计的各种列车及动车组列车，在四通八达的铁路线上昼夜不停地运行。同时，铁路运输的作业环节多而复杂，要求各单位和各工种间主动配合、紧密联系、协同运作，要像一架庞大的联动机，环环紧扣，有节奏地工作。因此，在铁路运输组织工作中必须贯彻高度集中、统一指挥的原则。

（二）铁路运输业的任务

铁路运输的主要任务在于促进经济社会又好又快地发展，开发有竞争力的客货运输产品，合理地组织运输生产过程，采取各种有力措施保证安全、迅速、经济、准确、便利地运送旅客和货物，以满足国家建设和人民生活的需要，适应保障国防建设的需要。

四、我国铁路的管理组织系统

为了保证我国铁路路网的完整性，坚持运输的高度集中、统一指挥和提高运输效率，我国铁路实行"中国铁路总公司—铁路局—站段"三级管理。中国铁路总公司统筹全局，统一管理全国铁路调度指挥工作，负责解决全路运输生产活动的重大问题；中国铁路总公司下设18 个铁路局（公司），包括哈尔滨、沈阳、北京、太原、呼和浩特、郑州、武汉、西安、济南、上海、南昌、柳州、成都、昆明、兰州、乌鲁木齐铁路局及广州铁路（集团）公司、青藏铁路公司等，铁路局负责一定范围内的运输生产活动，协调路内外、上下、左右的关系，满足经济和社会发展对铁路运输的需求；铁路局下设站段（站段属于最低一层），按车站、机务段、工务段、电务段、车辆段进行专业化设置，直接进行最基本的运输生产活动。

第三节　高速铁路发展概况

一、高速铁路的发展历程

随着交通运输业进入现代化、多样化的阶段，铁路受到了公路、航空等其他运输方式的挑战，铁路在速度上不再具有优势，长途受到航空运输的排挤、短途几乎被汽车运输取代，铁路逐渐沦落为"夕阳产业"，在竞争中处于被动局面，这就迫使人们寻找铁路发展的新途径。人们逐渐认识到在客运方面提高铁路运行速度的重要性，必须通过提高列车运行速度才能把铁路的发展推向新的阶段。

因此，从20世纪初至20世纪50年代，德、法、日等国家先后开展了大量的有关高速列车的理论研究和试验工作。1955年3月，法国用2台电力机车牵引3辆客车试验速度达到了331 km/h，创造了高速铁路的纪录。1964年，世界上首条投入商业运营的高速铁路在日本诞生，列车运行速度达210 km/h。2007年4月3日，法国创造了轮轨高速铁路试验速度574.8 km/h的世界最新纪录。

高速铁路技术在20世纪60年代进入了应用阶段，1964年，日本新干线成功地实现了商业运营，为世界铁路发展树立了典范，世界铁路的客运发展进入了高速时代。1981年，法国建成了最高时速为270 km/h的TGV东南新干线，它的修建开辟了一条以低造价建造高速铁路的新途径，把高速铁路的发展推向了一个新台阶。日本、法国的这两条高速线路不但是高速铁路不同发展阶段的标志，还以其明显的社会经济效益、先进的技术装备和优良的客运服务享誉世界。在日本、法国修建高速铁路取得成效的基础上，世界上掀起了建设高速铁路的热潮，德国、意大利、西班牙等国家相继建设了不同类型的高速铁路，且速度不断刷新。

高速铁路是世界铁路的一项重大技术成就，它集中反映了一个国家铁路牵引动力、线路结构、高速运行控制、高速运输组织和经营管理等方面的技术进步，也体现了一个国家的科技和工业水平。高速铁路是社会经济发展和运输市场竞争的需要，它促进了地区经济的发展和城市化进程，在经济发达、人口密集地区的经济效益和社会效益上尤为突出。

高速是一个相对的概念，对可称为高速列车的"高速"，也是不断发展变化的。1970年5月，日本"71法令"规定"列车在主要区间以200 km/h以上速度运行"为高速铁路；1985年5月，联合国欧洲经济委员会规定"客运专线300 km/h，客货混线250 km/h"为高速铁路。目前，公认的定义为国际铁路联盟（UIC）规定"新线250 km/h以上，既有线改造200 km/h以上的铁路称为高速铁路"。世界上常用的铁路速度等级划分如下：100～120 km/h为常速；120～160 km/h为中速；160～200 km/h为准高速或称快速；200～400 km/h为高速；400 km/h以上为超高速。

二、国外高速铁路的发展概况

据不完全统计,全世界拥有或正在建设高速铁路的国家和地区已经达到15个以上,新建高速铁路里程达8 455 km,其中日本新干线2 451 km、法国1 923 km、德国991 km、意大利508 km、西班牙1 579km、韩国409 km。目前,世界正在建设高速铁路的国家有中国、法国、德国、意大利、西班牙、比利时、荷兰、澳大利亚、美国、俄罗斯、日本、韩国等。此外,欧洲国家已计划把欧洲各国高速铁路建成泛欧高速铁路网。可以预见,21世纪的铁路运输业将会出现轮轨系高速铁路的全面发展。

归纳起来,当今世界高速铁路大概有以下几种修建和运营模式。

① 日本新干线模式:全部修建新线,旅客列车专用。

② 法国TGV模式:部分新建线路,部分旧线改造,旅客列车专用。

③ 德国ICE模式:以既有线改造为主,建设部分新线,旅客列车和货物列车混用。

④ 英国APT模式:既不修建新线,也不对既有线进行大量改造,主要采用有摆式车体的车辆组成的动车组,旅客列车和货物列车混用。

目前,世界高速铁路以日本新干线、德国ICE和法国TGV的技术和运营管理为代表,这3个国家也是高速铁路技术的主要原创国。

(一)日本高速铁路发展概况

1964年10月1日,世界上第一条高速铁路——日本东海道新干线正式投入运营,时速为210 km,突破了保持多年的铁路运行速度的世界纪录,从东京到大阪全程515.4 km只需3 h 10 min。由于旅行速度比原有铁路提高一倍,票价又较飞机便宜,从而吸引了大量旅客,使东京至名古屋间的飞机航班不得不因此而停运,这是世界上铁路与航空竞争中的首次胜利。继东海道新干线之后,日本又陆续建成山阳、东北、上越等新干线。目前,日本高速铁路的营业里程已达2 100多千米,成为日本陆地交通运输网络的支柱,并计划再修建5 000千米。高速铁路的运营所取得的巨大经济效益和社会效益,纠正了人们对铁路已不适应经济快速发展、工作快节奏和社会高流动需要的错觉,给其他国家铁路发展带来了新的机遇。

东海道新干线这条专门用于客运的电气化、标准轨距的双线铁路,代表了当时世界一流的高速铁路技术水平,并标志着世界高速铁路由试验阶段跨入了商业运营阶段。东海道新干线以其安全、快速、准时、舒适、运输能力大、环境污染小、节省能源和土地资源等优势博得了政府和公众的支持和欢迎。东海道新干线投入运营后,高速列车的客运市场占有份额迅速上升,从而使包括东京、横滨、名古屋、大阪等大城市在内的东海道地区原本旅客运输十分紧张的状况得到了缓解,而且大大提高了运输服务质量,同时取得了良好的经济和社会效益。该线1964年投入运营,1966年开始盈利,1972年收回全部投资,其对日本经济的拉动也是引起世界高速铁路建设狂潮的主要原因之一。

此后,山阳新干线、东北新干线、上越新干线、北陆(长野)新干线及东北新干线的延伸线(盛冈—八户)陆续开通,新干线技术不断进步,已经构成了日本国内铁路网的主干部分。在修建新线的同时,还采用在既有线上增设第三轨、拓宽轨距等改造措施改建山阳小型新干线(全长148.6 km)和秋田小型新干线(全长127.3 km),使新干线列车能直接运行到更多城市。目前，新干线营业里程已达 2 170 km，小型新干线营业里程达 275.9 km。日本铁路总客运量已占全国总客运量的 30%，而其中新干线约占铁路总客运量的 30%，收入约占总收入的 45%。新干线不仅是速度高的现代化铁路，而且是日本铁路发展的核心，是支持日本经济发展的大动脉，也是日本人民日常生活中不可或缺的一部分。至 2004 年，日本新干线累计运送旅客约 74 亿人次，日均约 80 万人次，每天有 750 列高速列车在运行，全年客运量近 3 亿人次，是日本国内航空客运量的 4 倍。

日本是世界高速铁路技术发展的先驱，相继建设的几条线路标准和列车性能都不断提高，辅以较高的运行密度，保证了较高的旅客输送量。同时，安全性和服务质量也达到了较高的提高。日本拥有高速铁路 2 100 多千米，线路为标准轨距，由四家公司经营——东海公司、西日本公司、东日本公司、九州公司。东海公司、西日本公司共同经营东海道山阳新干线，东海道山阳新干线为独立封闭系统，不与其他任何线路连轨，只运行高速列车，列车分为"回声号""光号"和"希望号"3 种类型，列车固定编组。九州公司经营九州新干线。东日本公司拥有多条线路，列车分为"翼号""小町号""浅间号""MAX 号"等，通过对既有线的技术改造，部分高速列车下到既有线运行，部分列车在中间站有"分解"及"合并"作业。东京站是东日本公司的新干线和东海道新干线的重要车站，但两条线路没有联络线，不能相互跨线运行。

（二）法国高速铁路发展概况

日本新干线建成并投入运营，大大激发了法国铁路同行的积极性。法国是世界上从事提高列车速度研究较早的国家，1955 年用电力机车牵引创造了 331 km/h 的世界纪录，在日本东海道新干线建成之后，法国开始从更高的起点研究开发高速铁路。法国国土面积约为 55 万平方千米，人口 5 672 万，陆地运输是其国内主要运输方式。法国高速铁路建造起步晚于日本，但发展迅速，其技术优势在高速新线建设和先进机车车辆研制方面的体现尤为突出。法国拥有东南及其延长线、大西洋线、北方线和地中海线等几条高速客运专线，全长 1 500 多千米，法国在修建高速铁路之初，确定了 TGV 高速列车可上高速线、可下既有线运行的运输组织模式，TGV 列车通达范围为 7 500 km，覆盖大半法国国土。

1971 年，法国政府批准修建 TGV 东南线（巴黎至里昂，全长 417 km，其中新建高速铁路线 390 km），1976 年 10 月正式开工，1983 年 9 月全线建成通车，TGV 高速列车最高运行时速达 270 km，巴黎至里昂间旅行时间由原来的 3 h 50 min 缩短到 2 h，比过去缩短近一半，客运量大幅增加。高速新线与既有铁路网的兼容性使高速线上行驶的高速动车组到达既有线后能以既有线允许的速度行驶，大大扩展了它的通达区域。TGV 东南线通车后，客运量迅速增长，1984 年原计划乘坐飞机的旅客约有 70%（200 万人）转乘了高速列车；约有 100 万~150 万人次原计划乘坐高速公路的小汽车和公共汽车旅客也转乘高速列车；1991 年东南线客运量达到 1 820 万人次，并达到了预期的经济效益，10 年内的盈利还清了新线建设和车辆购置贷款本息（TGV 东南线是法铁自行贷款兴建的）。

法国东南线的成功运营，证明了高速铁路也完全适合欧洲环境，高速列车是一种极具竞争力的现代化交通工具。1982 年，法国、德国、比利时三国运输部长商议修建巴黎—布鲁塞尔—科隆高速铁路；英、法两国达成开挖英吉利海峡隧道协议，1986 年 3 月授权欧洲隧道公司开挖英吉利海峡隧道，并于 1994 年 6 月开通运营。这样，为连接法、英、比、荷四国首都与德国重要城市科隆的高速铁路线开辟了捷径。

1989年9月和1990年9月，法国又建成巴黎至勒芒的新线（大西洋线的西部支线），1990年9月开往图尔的西南部支线也投入了使用。时速515.3 km的试验速度就是在大西洋线的试验线上创造的。全线开通运营后，列车最高行驶时速达到300 km。大西洋线开通运营后，从巴黎向西开往雷恩、南特方向，向西南开往波尔多、图卢兹方向的高速列车通达里程达到2 440 km，通达城市56个。该线采用第二代TGV高速动车组，由于在动车组保养、能量消耗等问题上注意节约，以及采用车载微机系统等，第二代TGV的运营费用比第一代TGV降低了近20%。从经营效果来看，大西洋线TGV在完全开通后的第一年就有盈余，1991年，纯收益7.94亿法郎；截至2000年，运营收入的盈余已全部偿还线路建设和车辆购置费用。

法国第三条高速铁路TGV北方线（新建高速线333 km），于1993年9月全线开通运营。北方线也称北欧线，由巴黎经里尔，穿过英吉利海峡隧道通往伦敦，并与欧洲北部比利时的布鲁塞尔、德国的科隆、荷兰的阿姆斯特丹相连，是一条重要的国际通道。随着海峡隧道的建成，被称为"欧洲之星"的高速列车于1994年11月在法、英、比三国首都间正式投入运营。1997年12月，连接巴黎、布鲁塞尔、科隆、阿姆斯特丹，以4个城市首字母命名的TGV-PBKA高速列车开始投入运行。巴黎至里尔（226 km）的旅行时间由2 h 10 min缩短为1 h，巴黎至伦敦的行车速度，在法国境内时速为300 km，在隧道内时速为160 km，高速列车通车范围达到660 km，通达城市16个。在经济方面法国铁路的收益率为12%，地方行政区则达到19%。

1992年，巴黎东南线里昂环线投入运营，1994年7月又完成了延伸到瓦朗斯的新线工程，使东南线长度达到530 km。特别是大巴黎区外环线的建成，使北方线、东南线、大西洋线构成可绕过巴黎相对连接的高速铁路网系统。

1994年，里昂—瓦朗斯全长148 km的东南延伸线开通，至此，从巴黎通达法国东南部及邻国的城市多达75个，高速新线的通达范围可达3 215 km。

地中海线自瓦朗斯向南延伸，形成阿维尼翁三角线，东南分支到达马赛，西南分支到达蒙彼利埃，全长295 km，1995年开始动工修建，2001年上半年全部开通。由巴黎到马赛800 km行程只需3 h，采用TGV-2N型第三代双层高速动车组。

（三）德国高速铁路发展概况

德国是世界上较早研究高速铁路技术的国家之一，1903年，德国开始用电力机车牵引，试验速度已达到210 km/h。但是，德国的ICE相对于日、法的高速铁路起步较晚。ICE的研究开始于1979年，其内部制造原理和制式与法国TGV有很多相似之处，最高试验速度是1988年创下的409 km/h。

ICE起步较晚和进展比较落后的一个重要原因是德国人在高速轮轨和磁悬浮上两线作战。由于磁悬浮在设计理念上的先天优势（没有固态摩擦），德国的常导高速磁悬浮一直是其科研的重点。磁悬浮的设计理念与传统意义上的轮轨完全不同，因此，当法国的TGV顺利投入运行，而且速度不亚于当时的磁悬浮时，德国人才开始在高速轮轨方面奋起直追。

同时，德国还是最早进行摆式列车试验的国家之一。1997年以来摆式列车因为价格便宜和制造工艺相对简单，尤其是能够充分利用现有线路，不必铺设全新的铁路网络的优势，逐渐在高速铁路市场占据一席之地。对于那些修建新线投资太高、小半径曲线又很多的线路，德国铁路采用摆式车体列车。

德国高速铁路的发展是把改造既有线路、新建高速线、发展摆式列车三者紧密结合起来的。到 2005 年年底已建成的高速铁路有 4 条：汉诺威—维尔茨堡、曼海姆—斯图加特、汉诺威—柏林、科隆—法兰克福。高速线路总里程 917 km，其中新建线路 815 km。目前，正在建设纽伦堡—慕尼黑的高速铁路，其中纽伦堡—茵格斯塔德区段 89 km 为新建高速线路，最高速度 300 km/h；茵格斯塔德—慕尼黑进行既有线改造，里程 82 km，改造后速度 200 km/h。

德国由于地理位置的缘故，其国际客货运量较大，导致其高速铁路发展的主要特点为客货混运，新旧线混用。德国高速铁路的发展面向 3 个方面的需要：① 实现国内的一体化联络；② 实现德国高速铁路网与欧洲高速走廊的联系；③ 实现国际货运快速通道的构建。

ICE 的全称是 Inter City Express，即城际快车。德国铁路在 1979 年试制成第一列 ICE 动车组，1982 年高速铁路计划开始实施。1985 年首次试车，以 317 km/h 打破德国铁路纪录；1988 年创造了 406.9 km/h 的纪录，在当时堪称世界第一。1990 年，ICE 列车开始在维尔茨堡到福尔兹之间的高速铁路上试运行，最高时速为 310 km。1991 年，汉诺威—维尔茨堡（327 km）和曼海姆—斯图加特（107 km）高速铁路竣工后，ICE 高速列车便开始进行商业运营，其最高营运时速达 280 km。

德国 ICE 高速列车的发展历程如下。

1982 年，首列 ICE-V 型试验车被德国铁道定购。1985 年该车交付使用，并在 1989 年以 406.9 km/h 的速度成为当时的世界之冠。

1990 年，乌兹堡到福尔兹的高速铁路开通。翌年首列 ICE1 型车投入使用。

1993 年，全部 ICE1 型车投入使用。同年第三条 ICE 专线开通。

1994 年，一列 ICE1 型车运抵美国，开始了它的美洲之行。同年第一列使用 ICE 的国际列车开通。

1996 年，首列 ICE2 型高速列车交付德国铁道。1997 年，ICE2 成为汉堡到柏林的快速列车。

1998 年，ICT（电动摆式列车）开始测试。同年 6 月 3 日，一列 ICE1 型车在汉堡和汉诺威之间发生了事故。之后所有的 ICE1 型车暂停了运营。

1999 年，ICE3 型高速列车开始试运行，同年首条 ICT 线路开通，首列 ICT-V（柴油-电力摆式火车）完成测试。

2000 年，首列 ICE3 型列车开始运营，同期首条 ICT-VT 线路开通。

三、高速铁路的技术经济特征

高速铁路技术是当代世界铁路的一项重大技术成就，它集中反映了一个国家铁路牵引动力、线路结构、运行控制、运输组织和经营管理等方面的技术进步，也体现了一个国家的科技和工业水平；同时，高速铁路在经济发达、人口密集的地区具有突出的经济效益和社会效益。

与公路、航空相比，高速铁路的主要技术经济优势体现在：① 旅行时间短；② 列车密度高、运量大；③ 高速列车乘坐舒适性好；④ 土地占用面积小；⑤ 能耗低；⑥ 环境污染小；⑦ 外部运输成本低；⑧ 列车运行准点；⑨ 安全可靠；⑩ 受气候影响不大，全天候运行；⑪ 社会经济效益好。

1. 速度快

速度是高速铁路技术水平的最主要标志，各国都在不断提高列车的运行速度。法国、日本、德国、西班牙和意大利高速列车的最高运行时速分别达到了 350 km、300 km、330 km、270 km、250 km。如果作进一步改善，运行时速可以达到 350~400 km。除最高运行速度外，旅客更关心的是旅行时间，而旅行时间主要是由旅行速度决定的。日本、法国、德国、西班牙和意大利高速列车在部分区段上统计的旅行速度分别为每小时 242.5 km、245.6 km、192.4 km、217.9 km、163.7 km。由于速度高，可以大大缩短全程旅行时间。以北京至上海为例，在正常天气情况下，乘飞机的全程旅行时间（含市区至机场、候检等全部时间）为 5.5 h 左右；如果乘高速铁路的直达列车，全程旅行时间则为 5~6 h，再加上市内和候车时间，总旅行时间为 6~7 h，与飞机相当。若与高速公路比较，以上海到南京为例，沪宁高速公路 274 km，汽车平均时速 83 km，行车时间为 3.3 h，加上进沪、宁两市区一般需 1.7 h，旅行全程时间为 5 h；而乘高速列车，仅需 2.15 h，其中纯旅行时间 1.15 h。

分析表明，运营速度为 250 km/h、300 km/h 的高速铁路，与公路（100 km/h）、航空（700 km/h）的旅行时间相比，分别在运距 250~600 km 和 200~800 km 的范围内具有明显优势。如果考虑到高速列车的安全、方便、舒适、票价低等优势，其"优势运距"还可延伸。

2．行车密度高

输送能力大是高速铁路的主要技术优势之一。目前，各国高速铁路几乎都能满足最小行车间隔 4 min 及其以下的要求。日本东海道新干线高峰期发车间隔为 3 min，平均每小时发车达 11 列，在东京与新大阪间的 2.5 h 的运行路程中，开行"希望"号 1 列，只停大站的"光"号 7 列，以及各站都停的"回声"号 3 列，每列车可载客 1 200~1 300 人，年均输送旅客达 1.2 亿人次，品川站建成后，东京站每小时可发车 15 列。目前，东海道新干线每天旅客发送人数是开通之初的 6 倍多，最高达到 37 万人/日。其他国家由于铁路客运量比日本要少，高速铁路日行车量一般在 100 对以内。目前，最大的飞机可乘坐 300~400 人，两地飞行按单向每天 20 架计算，每天单向输送旅客仅 7 000~8 000 人。

3．舒适性好

高速铁路可以做到每 3 min 发一列车，旅客基本上可以做到随到随走，不需要候车。西欧、日本等国的高速列车还采取周期化运行、站台按车次固定化等措施，进一步方便了旅客乘车。高速旅客列车不仅设施先进、运行平稳，而且列车上有飞机和汽车上无法比拟的个人活动空间，甚至可以提供会议、娱乐、观光等条件。

4．土地占用面积小

双线铁路用地宽度 13.7 m。6 车道高速公路用地宽度 37.5 m。要完成一条高速铁路相同的运量，高速公路需要 8 车道。

5．能耗低

根据日本近年来的统计，各种交通运输工具平均每人每千米的能耗，高速铁路 571.2 J、普通铁路 403.2 J、高速公路公共汽车 583.8 J、小轿车 309.6 J、飞机 2 998.8 J。若以普通铁路每人每千米的能耗为 1.0，则高速铁路为 1.42、公共汽车为 1.45、小汽车为 8.2、飞机为 7.44，这也是在当今石油能源紧张的情况下，选择发展高速铁路的原因之一。另外，在一般情况下，运价率是与能耗成正比。

6．环境污染小

在旅客运输中，各种交通工具有害物质的换算排放量，公路每人每千米一氧化碳为 0.902 kg、铁路为 0.109 kg，公路为铁路的 8 倍。铁路的噪声污染也是最低的，日本以航空运输每千人每千米产生的噪声为 1，则小轿车为 1、大轿车为 0.2、高速铁路仅为 0.1。高速电气化铁路基本上消除了粉尘、油烟和其他废气污染，噪声比高速公路低 5~10 dB。一架喷气式客机平均每小时排放 46.8 kg 二氧化碳、635 kg 一氧化碳、15 kg 三氧化硫，这些物质在大气中要存留约 2 年以上，是造成大面积酸雨、使植被生态遭到破坏和建筑物遭到侵蚀的主要原因。发达国家普遍认为，发展交通运输应注意环境生态问题。现在的交通运输，特别是汽车运输造成的环境污染日益严重，汽车排出的废气、发出的噪声对生态环境和人民健康的影响越来越大。专家建议，为防止地球上臭氧层被破坏而造成的气候异常现象，除应力争使汽车排放的废气减少 25% 和控制高速公路的发展之外，还应力争以高速铁路网逐步替代国内和国际大城市间的航空运输。

7. 外部运输成本低

根据国际铁路联盟对 1991 年欧洲 17 个国家用于交通对环境影响所花费的费用统计资料表明，航空、汽车、铁路等不同形式运输工具，除本身的能源、材料消耗外，为环境保护和交通事故所花费的额外的社会运输成本为 2 724 亿欧洲货币单位（ECU），相当于这些国家当年国内生产总值的 4.6%。各种运输模式治理环境污染所花费的费用及比例，如表 1-3-1 所示。

表 1-3-1　欧洲 17 国用于各种运输模式治理环境污染所花费的费用及比例表

运输工具类型	汽车	航空	高速铁路
费用/亿 ECU	1 942	124	28
比例	92%	6%	1.7%

8. 列车运行准点率高

从国外实际运营情况看，高速线上运行列车普遍具有很高的正点率，误差时间小于 5 min 的概率都在 90% 以上。其中，法国高速线路目前达到平均晚点时间为 30 s；特别是行车密度很高的日本仍能达到 98.5% 的正点率，平均晚点时间不超过 1 min，2003 年东海道新干线列车平均晚点只有 0.4 min。

西班牙 AVE 高速列车承诺晚点 5 min 退赔全部票款。西班牙国营铁路网公司自从这一庄严的许诺宣布后，正点率大大提高，从马德里发往塞维利亚的列车数由 1992 年通车时的 8 次增加到 2000 年的 18 次，除去每天凌晨的几小时外，在马德里阿道恰火车站每隔 1 h 准时开出一班列车，列车速度大大加快，经济效益也逐步改善。最近 7 年来，共发出列车 10.5 万列，运送旅客 2 700 万人，其中共发生 254 次列车晚点超过 5 min，6.5 万名旅客受到影响，火车正点率为 99.5%。7 年来，公司收入为 1 420 亿比赛塔（180 比赛塔约合 1 美元），因晚点赔偿旅客的车票费为 3.44 亿比赛塔，损失与收入相比微乎其微。

9. 安全性好

高速铁路由于在全封闭环境中自动化运行，又有一系列完善的安全保障系统，所以其安全程度是任何交通工具所无法比拟的。除德国 ICE 高速列车行驶在改建线上发生过事故外，各国高速铁路都未发生过重大行车事故，也没有因事故而引起人员伤亡。这是各种现代交通运输方式所罕见的。几个主要高速铁路国家，一天要发出上千对的高速列车，即使计入德国发生的事故，其事故及人员伤亡率也远远低于其他现代交通运输方式。因此，高速铁路被认为是最安全的。与此相比，全世界由于公路交通伤亡事故每年死亡 25 万~30 万人；2006 年，全世界民用航空最大起飞质量超过 2 250 kg（通常为 7 个座位或以上）的航空器，共发生了 26 起涉及旅客死亡的航空器事故（不包括由非法干扰行为造成的航空器事故），共造成 836 名旅客死亡。

10. 受气候影响小

高速铁路全部采用自动化控制，可以全天候运营，除非发生地震等自然灾害。据日本新干线风速限制的规范，若装设挡风墙，即使在大风情况下，高速列车也只需减速行驶，如风速达到 25～30 m/s，列车限速在 160 km/h；风速达到 30～35 m/s（类似 11、12 级大风），列车限速在 70 km/h，而无需停运。飞机机场和高速公路等，在浓雾、暴雨和冰雪等恶劣天气情况下，则必须停运。

11. 经济效益好

高速铁路自投入运行以来，备受旅客青睐，其经济效益也十分可观。日本东海道新干线开通后仅 7 年就收回了全部建设资金，自 1985 年以后，每年纯利润达 2 000 亿日元。德国 ICE 城市间高速列车每年纯利润达 10.7 亿马克。法国 TGV 年纯利润达 19.44 亿法郎。

因旅行时间缩短，沿线经济发展加快，车站所在城市的进一步发展，都会带来巨大的社会效益。

高速铁路的技术经济优势使其在一定距离范围内成为一种更为经济、有效的运输方式。据法国 TGV 东南线[巴黎—里昂（430 km）]、西班牙高速铁路[马德里—塞维利亚（471 km）]和日本东海道新干线[东京—新大阪（515 km）]的运营统计资料表明，以旅客周转量计算，铁路和航空相比，巴黎—里昂间为 90∶10，马德里—塞维利亚间为 82∶18，东京—新大阪间为 85∶15。在全球范围内，必将有更多的国家修建高速铁路，这是解决交通运输所面临的一系列问题的有效途径。

四、我国高速铁路发展规划

（一）2004 年 1 月国务院通过了《中长期铁路网规划》（不包括港、澳、台）

《中长期铁路网规划》确定了扩大规模、完善结构、提高质量、快速扩充运输能力，迅速提高装备水平的铁路网发展目标。2020 年，我国将在主要繁忙干线实现客货分线，复线率和电化率均超过 50%，运输能力满足国民经济和社会发展需要。在经济发达的人口稠密地区发展城际轨道快速客运系统，以新建 1.2 万千米的铁路客运专线（其中 250 km/h 以上的线路为高速铁路）和城际轨道客运系统、2 万千米提速铁路为基础，形成以"四纵四横"快速客运通道和环渤海地区、长江三角洲地区、珠江三角洲地区 3 个城际快速客运系统为骨架，覆盖全国 50 万以上人口城市的铁路快速客运系统，届时全国铁路营业里程将达到 12 万千米，形成功能完善、点线协调的客货运输网络。同时，主要技术装备达到或接近国际先进水平，铁路建设总投资超过 2 万亿元。这意味着在未来十几年，中国将进入有史以来规模最大的铁路建设时期。而铁路客运专线路网建设正是当前的重点。

1. "四纵"线路

1）北京—上海高速铁路

北京—上海高速铁路，简称京沪高速铁路，该线纵贯京、津、冀、鲁、苏、皖、沪七省市，线路自北京南站引出，经天津、沧州、德州、济南、泰安、曲阜、徐州、蚌埠、南京、镇江、无锡、苏州至上海。线路全长约1320千米，北京、天津、济南、徐州、南京、上海枢纽及德州、蚌埠地区都有联络线引入，满足跨线动车组客车上下线运行。本线运行旅客列车全部为动车组，设计行车速度350 km/h，全程运行时间5 h左右。

2）杭州—宁波—福州—深圳客运专线

本线是路网规划中"八纵八横"沿海通道和"四纵四横"快速客运网中的重要组成部分，是一条以客运为主的专线，兼任东南沿海地区的货运任务。杭甬深客运专线途经浙江、福建、广东三省，自杭州经宁波、台州、温州、福州、厦门至深圳，全长1600千米。其中，杭州至厦门段是沿海铁路通道的组成部分。

3）北京—武汉—广州客运专线

北京—武汉—广州客运专线，简称京广客运专线，该线从北京起，基本沿京广铁路南行，经北京市及所辖石景山、丰台、大兴、房山区，河北省保定、石家庄、邢台、邯郸，河南省安阳、鹤壁、新乡，与徐兰客运专线交汇于郑州市，在许昌以东、漯河、驻马店以西，信阳以东设站，跨九里关后直奔武汉，经武广客运专线到达广州，全长约2230千米。

4）北京—沈阳—哈尔滨（大连）客运专线

北京—沈阳—哈尔滨（大连）客运专线，简称京哈客运专线，该线从北京引出，途经津、冀、辽、吉、黑五省市到达哈尔滨，是北京连接东北三省的重要客运通道。京哈客运专线走向大体上与既有京哈铁路平行，自北京经天津、秦皇岛、沈阳、长春至哈尔滨（含沈阳至大连段)，全长约1800千米。

2. "四横"线路

1）徐州—郑州—兰州客运专线

徐州—郑州—兰州客运专线，简称徐兰客运专线，该线是一条连接我国东部和西北地区的客运专线，徐兰客运专线自徐州经郑州、洛阳、西安、宝鸡至兰州，全长约1400千米，线路走向大体上与既有陇海铁路平行。

2）杭州—南昌—长沙客运专线

杭州—南昌—长沙客运专线是一条横贯中国东中部的客运专线，与北京—武汉—广州—深圳客运专线交汇于长沙。浙赣铁路是沪昆通道的重要组成部分，途经我国经济最活跃、最发达的华东地区，是全国六大繁忙铁路干线之一。杭长客运专线自杭州经金华、鹰潭、南昌至长沙，线路走向大体上与既有浙赣铁路平行，全长约880千米。

3）青岛—石家庄—太原客运专线

青岛—石家庄—太原客运专线除开行客运列车外，还要担负一定量的货运功能。全线为电力牵引，运行自动控制，考虑铁路和公路的竞争力，建成后的高速铁路为双线，列车时速设计在200 km以上，可摆脱目前客运无法满足运量增长、质量提高的困境，减少因运能不足而对经济发展和旅客带来的损失。

4）南京—武汉—重庆—成都客运专线

南京—武汉—重庆—成都客运专线，简称宁汉蓉客运专线，该线自南京、合肥、武汉、宜昌、重庆至成都，全长约1600千米。横跨我国长江经济带苏、赣、皖、鄂、川、渝六省市，经过合肥、六安、麻城至武汉，中穿大别山腹地，经重庆到达成都，沿途经过苏、皖、鄂、渝、川等省市，横贯中国东中西部。

3. 城际客运系统

1）环渤海圈铁路快速客运系统

环渤海圈铁路快速客运系统以北京、天津为中心，北京—天津为主轴进行建设，形成对外辐射通路。2010年以前，建成京津唐城际客运铁路。京津城际铁路由北京南站东端引出，沿京津高速公路至天津站，线路全长118.2 km，设计最高运行速度300 km/h，纯运行时间30 min以内。京津城际铁路连接首都北京和天津两大直辖市，是为2008年北京奥运会服务的重点工程项目，同时对于促进以京津为中心的环渤海地区经济社会发展、适应全面建设小康社会的需要具有重大意义。它于2005年7月开工，于2008年8月投入运营。

2）长江三角洲铁路快速客运系统

长江三角洲铁路快速客运系统以上海、南京、杭州为中心，上海—南京、上海—杭州为主轴，杭州—绍兴—宁波等为辅助线进行建设，逐步形成连接沪、宁、杭周边重要城镇的城际客运铁路网络。2010年以前，建成沪宁杭城际客运铁路。

3）珠江三角洲铁路快速客运系统

珠江三角洲铁路快速客运系统以广州、深圳、珠海为中心，广深、广珠两条城际客运铁路为主轴进行建设，逐步向整个珠江三角洲经济区辐射。2010年以前，首先建设广深、广珠城际客运铁路。

广深港城际铁路广深段位于广东省中南部，北起广州铁路枢纽的新广州站，向南经番禺区的沙湾，然后折向黄阁镇，下穿狮子洋后进入东莞市，经过东莞市沙田、虎门、长安等镇，至深圳市的龙华镇设深圳第二客站（新深圳站），然后经皇岗进入香港，线路长度约146 km。

广州至珠海（含中山至江门）城际铁路位于珠江三角洲经济区珠江口西岸，主线北起新广州站，南至珠海市，途经广州市番禺区、佛山市顺德区、中山市，主线全长114 km。支线起自中山市小榄镇，止于江门市新会区，全长26 km。

（二）2010年中国高铁发展规划

从2010年起至2040年，用30年的时间将全国主要省市区连接起来，形成国家网络大框架，规划简称为"五纵六横八连线"。

1. 五 纵

1）京哈线

哈尔滨—扶余—长春—四平南—沈阳—北京，站点之间直连。

2）京港线

北京—保定—石家庄—邯郸北—安阳南—新乡—郑州—许昌—漯河—驻马店—信阳北—武汉—岳阳—长沙南—衡阳—郴州—韶关—广州—深圳—九龙，全线按以上节点只设20个停车站，站点之间直连。

3）京沪线

北京—天津—沧州—德州—济南西—济宁—徐州—蚌埠—南京—无锡—上海，按以上节点只设11个停车站，站点之间直连。

4）集昆线

集宁—大同—朔州—忻州北—太原南—介休—临汾—韩城—西安—佛平—汉中—宁强—广元—绵阳—成都—乐山—冕宁—西昌—攀枝花—昆明，全线按以上节点只设20个停车站，站点之间直连。

5）西湛线

西安—安康—万源—达州—华莹—重庆—遵义—贵阳—都匀—独山—南丹—河池西—马山北—南宁—钦州—北海—湛江，全线按以上节点只设 17 个停车站，站点之间直连。

2. 六　横

1）沈兰线

沈阳—盘锦—锦州—秦皇岛—唐山—北京—张家口—集宁—呼和浩特—包头—杭锦—乌海—石嘴山—银川—青铜峡—中卫—白银—兰州，全线按以上节点只设 18 个停车站，站点之间直连。

2）青银线

青岛—潍坊—淄博—济南西—武城—衡水—石家庄—阳泉—太原南—吕梁（离石）—绥德—靖边—鄂托克—银川，全线按以上节点只设 14 个停车站，站点之间直连。

3）盐西线

盐城—淮安—宿迁—徐州西—商丘—开封东—郑州—洛阳—三门峡—华阴—西安—宝鸡—天水—定西—兰州—红古—西宁，全线按以上节点只设 17 个停车站，站点之间直连。

4）沪蓉线

（上海）—南京—合肥—六安—麻城—武汉—潜江—荆州—宜昌—水布垭（或五峰）—恩施—黔江—涪陵西—重庆—遂宁—成都，全线按以上节点只设 15 个停车站，站点之间直连。该线向东南，可经粟阳—湖州—杭州—绍兴—宁波；向东可沿江北，经扬州、泰州至南通。

5）沪昆线

上海—嘉兴—杭州—金华—衢州—上饶—鹰潭—南昌南—新余—萍乡—长沙南—娄底—邵阳—洞口北—怀化—玉屏—凯里—都匀—贵阳—安顺—关岭—盘县—曲靖—昆明，全线按以上节点只设 24 个停车站，站点之间直连。

6）沪南线

上海—宁波—台州—温州—福鼎—宁德—福州—浦田—泉州—厦门（同安）—漳州南—云宵—汕头—汕尾—惠州—广州—肇庆—云浮—郁南—梧州—桂平东—贵港—南宁，全线按以上节点只设 23 个停车站，站点之间直连。

3. 八连线

1）津唐线

天津—唐山。

2）开河线

开封东—菏泽—东平—济南西—滨州—东营北—河口。

3）宁南线

南京—扬州—泰州—南通。

4）宁宁线

南京—粟阳—湖州—杭州—绍兴—宁波。

5）金温线

金华—丽水—温州。

6）汉福线

武汉—黄石西—武穴（江南）—九江（县）—德安—南昌南—抚州—邵武—南平—福州。

7）南厦线

南平—三明—大田—厦门（同安）。

8）衡南线

衡阳—祁东—永州—全州—桂林—柳州—来宾—宾阳—南宁。

五、高速铁路运输设备的构成

高速铁路运输设备是多种高新技术的系统集成，融合了交流传动技术、复合制动技术、高速转向架技术、高强轻型材料与结构技术、减阻降噪技术、密封技术、现代控制与诊断技术等一系列当代最新科技成果。高速铁路运输设备主要由六大部分构成，分别是高速铁路线路设备、高速铁路车站设备、高速铁路动车组设备、高速铁路牵引动力和供电系统设备、高速铁路信号与控制系统设备、高速铁路通信设备，这六大设备在高速铁路的运营中发挥着各自重要的作用。

复习思考题

1. 简述当今世界高速铁路的几种修建和运营模式。
2. 什么是高速铁路？简述其发展历程。
3. 高速铁路的主要技术经济优势表现在哪几个方面？
4. 简述我国《中长期铁路网规划》的内容。
5. 高速铁路系统由哪几部分构成？
6. 简述我国"四纵四横"快速客运通道系统的具体规划内容。
7. 简述我国城际客运系统的具体计划内容。
8. 法国高速铁路发展有什么特点？
9. 日本高速铁路发展有什么特点？
10. 德国高速铁路发展有什么特点？
11. 我国高速铁路发展规划有哪些特点？

第二章 高速铁路线路

第一节 概　述

一、铁路线路概述

（一）线路的作用

铁路线路是铁路机车车辆及列车运行的基础。它不但要支撑机车车辆，而且要引导机车车辆运行，在现代化的铁路上还起传导电流的作用。

（二）线路的组成

铁路线路的组成包括路基、桥隧建筑物和轨道。在修建铁路线路时，通常是先修路基和桥隧建筑物，在路基与桥隧建筑物修建完成后再铺设轨道。因此，我们将路基和桥隧建筑物称为铁路线路的下部建筑，将轨道称为铁路线路的上部建筑。其轨道又由钢轨、轨枕、道床、连接零件、轨道加强设备和道岔所组成。

（三）线路的等级

我国在新建与改建铁路线路时，为使铁路线路的修建得到合理的投入产出比，则应根据铁路线路在路网中的作用、性质和远期客货运量等规定等级修建线路。不同等级的铁路线路应有不一样的技术标准与建设投入。目前，我国铁路等级共划分为4个级别：

① Ⅰ级铁路：铁路网中起骨干作用的铁路，或近期年客货运量≥20 Mt者；
② Ⅱ级铁路：铁路网中起联络、辅助作用的铁路，或近期年客货运量＜20 Mt且≥10 Mt者；
③ Ⅲ级铁路：为某一地区或企业服务的铁路，近期年客货运量＜10 Mt且≥5 Mt者；
④ Ⅳ级铁路：为某一地区或企业服务的铁路，近期年客货运量＜5 Mt者。

注：年客货运量为重车方向的货运量与由客车对数折算的货运量之和。1 对/天旅客列车按 1.0 Mt 年货运量折算。

（四）线路的种类

1. 按轨距分

铁路线路按轨距分为标准轨距线路、宽轨距线路和窄轨距线路。

1）标准轨距线路

世界上大多数国家铁路所采用的轨距为标准轨距，其尺寸为 1 435 mm。

2）宽轨距线路

大于 1 435 mm 的铁路轨距为宽轨距。例如：以俄罗斯为主的一些东欧国家所采用的轨距为 1 524 mm；以西班牙和南美为主的一些国家所采用的轨距为 1 600 mm。

3）窄轨距线路

小于 1 435 mm 的铁路轨距为窄轨距。如南非、印度及东南亚一些国家所采用的铁路轨距为 1 067 mm、1 000 mm 和 762 mm。

2. 按行车速度分

铁路线路按行车速度分为客运专线、客货运共线和既有提速改造线等。

1）客运专线

客运专线的列车时速为 200～350 千米。

2）客货运共线

客货共线的列车时速：主要干线可达 200 千米、一般干线可达 160 千米、其他线路可达 120 千米。

3）既有提速改造线

既有提速改造线的列车运行速度应努力达到时速 200 千米。

目前，我国将既有提速改造线列车时速达到 200 千米及以上的铁路线路和新建铁路列车时速达到 250 千米及以上的铁路线路称为高速铁路。

3. 按担负运输任务的性质分

根据铁路主要担负的运输任务，我国铁路分为客运专线、货运专线和客货混跑线。

1）客运专线

主要承担旅客运输任务的铁路线路叫作客运专线，如城际铁路、高速铁路等。

2）货运专线

主要承担货物运输任务的铁路线路叫作货运专线，如大（同）秦（皇岛）线。

3）客货混跑线

既运行旅客列车又运行货物列车的线路叫作客货混跑线。目前，我国大多数铁路线路都属于客货混跑线。

客、货分线是铁路线路发展的方向。旅客列车的要求重点是快速与舒适，而货物列车的突出要求则是多拉。

4. 按铁路线路用途分

铁路线路按用途分有正线、站线、段管线、岔线及特别用途线。

1）正　线

正线是指连接车站并贯穿或直股伸入区间的线路。

2）站　线

站线是指车站内除正线以外所设置的到发线、调车线、牵出线、货物线及指定用途的其他线路。

（1）到发线：车站上专供接发旅客列车或货物列车到发所设置的线路。

（2）调车线：车站上专供列车解体后的车辆存放和用于编组货物列车所设置的线路。

（3）牵出线：车站上专为满足调车作业需要所设置的线路。

（4）货物线：车站上专为办理货物装卸作业所设置的线路。

（5）其他线路：车站上为办理其他各种作业所设置的线路，如机走线、机待线、存车线、检修线、禁溜线、迂回线等。

3）段管线

段管线是指机务、车辆、工务、电务等段专用并由其管理的线路。

4）岔　线

岔线是指在区间或站内接轨，通向路内、外单位的专用线路，如支线、专用线、工业企业线等。

5）特别用途线

特别用途线是指为保证行车安全而设置的安全线和避难线。

二、分界点与区间

1. 分界点

为了保证行车安全和必要的铁路线路通过能力，将车站、线路所及自动闭塞区段的通过信号机作为铁路线路上的分界点。其中设有配线的分界点叫作车站，线路所与自动闭塞区段的通过信号机则为无配线分界点。

2. 区　间

由车站、线路所将铁路线路分割成若干个段落，这些段落就叫作区间。其中，车站与车站之间的区间叫作站间区间（见图 2-1-1），车站与线路所间之间的区间称为所间区间（见图 2-1-2），同方向相邻两架通过色灯信号机柱中心线之间或进站（出站）信号机柱与通过色灯信号机柱中心线之间的线路叫作闭塞分区（见图 2-1-3）。

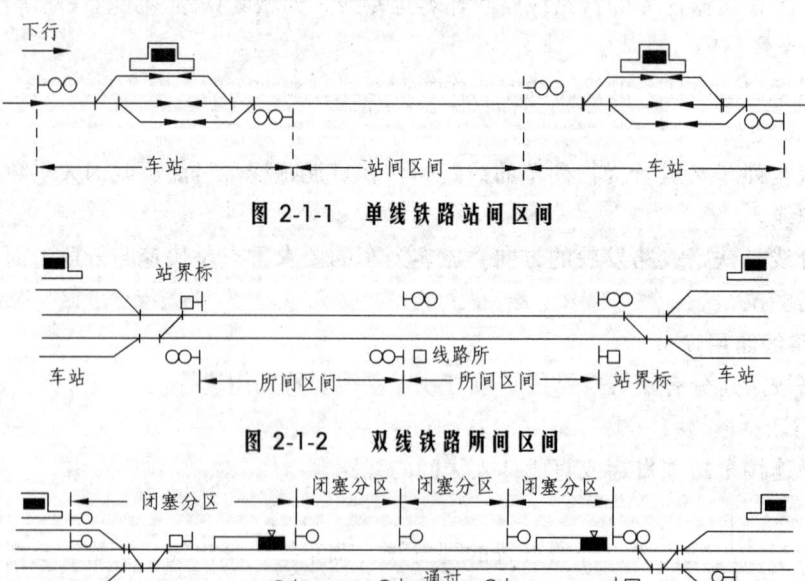

图 2-1-1　单线铁路站间区间

图 2-1-2　双线铁路所间区间

图 2-1-3　双线铁路自动闭塞分区

3. 区 段

相邻技术站间的铁路线段叫作铁路区段，它包含了若干个中间站和区间，如图 2-1-4 所示。图 2-1-4 中甲—乙和乙—丙为铁路区段，区段的长度一般取决于牵引动力的种类或路网状况。

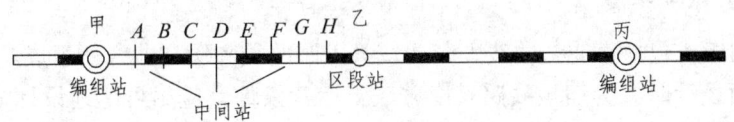

图 2-1-4　区段示意图

4. 站 界

为了保证行车安全和分清职责，在车站两端所衔接的区间之间应有明确规定的界限。在单线铁路上，车站的范围是以两端进站信号机机柱中心线为界，外方是区间，内方属于车站。在双线铁路上，站界是按上、下行正线分别确定的，进站一端以进站信号机机柱中心线为界，出站一端以站界标中心线为界，如图 2-1-1 和图 2-1-2 所示。

第二节　线路的平面与纵断面

铁路线路在空间的位置是用它的线路中心线来表示的。线路中心线是指距外轨半个轨距的铅垂线（AB）与两路肩边缘水平连线（CD）交点（O）的纵向连线，如图 2-2-1 所示。

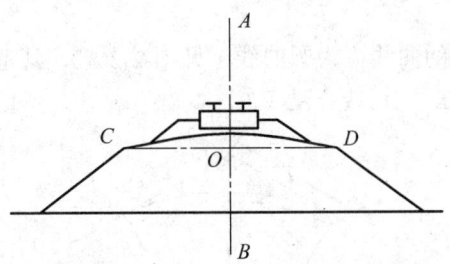

图 2-2-1　铁路线路中心线位置示意图

线路中心线在水平面上的投影叫作线路平面，它表明线路的曲、直变化与走向；线路中心线纵向展直后在铅垂面上的投影叫作线路纵断面，它表明线路的起伏变化与高程。线路的平面和纵断面不但确定了线路在空间的位置，同时也为路基、桥隧建筑及站场等其他设备的设置提供了依据，也对铁路通过能力及输送能力的大小有直接的影响。

从铁路运营角度考虑，铁路线路最好是既平又直，这样可提高列车运行速度、增大牵引质量、节省运营费用、提高运输能力。但由于地形、地物和地质条件等的限制，若将线路设计成既平又直，势必会增大土石方工程量，从而大大提高造价。因此，铁路线路的平面与纵断面必须结合线路的具体情况，并按线路等级和《铁路线路设计规范》所规定的技术标准进行设计。

一、线路平面

（一）线路平面组成

线路平面的组成包括直线与曲线，其曲线又由圆曲线和缓和曲线所组成。

在线路平面设计时，为缩短线路长度并改善运营条件，应尽可能地设计为直线。但当线路遇到地形、地质与地物等障碍时，为躲避障碍并减少工程量或进行展线降坡以及实现线路控制点的连接等，都需要通过设置线路曲线来实现，如图 2-2-2 所示。

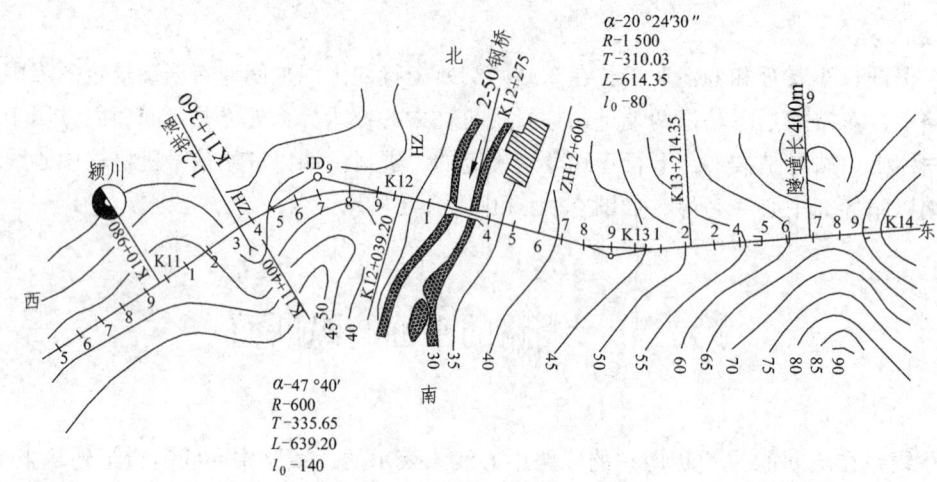

图 2-2-2 线路平面示意图

1. 圆曲线

铁路线路在转向处所设的曲线应为圆曲线（见图 2-2-3），其基本要素有：曲线半径（R）、曲线转角（α）、曲线长度（L）、切线长度（T）。

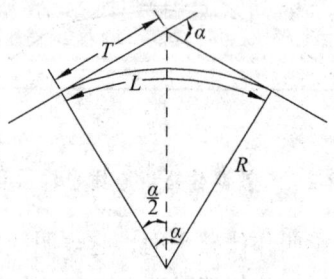

图 2-2-3 圆曲线要素图

曲线半径（R）是铁路线路平面设计非常重要的技术标准，影响它大小的主要因素有列车运行速度、地形地质条件、机车类型等。其中，列车运行速度是决定线路最小曲线半径（R）的主要依据。

在设计线路平面时，通常应根据具体条件尽可能选用较大曲线半径（R），以得到较好的列车运行条件和较大的通过能力。在选择较大曲线半径（R）有困难时，为保证线路的基本运行条件和通过能力，我国《铁路线路设计规范》规定的最小曲线半径（R），如表 2-2-1 所示。对于客运专线铁路的曲线半径（R）选择应遵循《高速铁路设计规范》的规定，如表 2-2-2 所示。

表 2-2-1　客货共线 I、II 铁路区间线路最小曲线半径

线路等级	I			II	
路段设计行车速度/(km/h)	200	160	120	120	80
一般地段最小曲线半径/m	3 500	2 000	1 200	1 200	600
困难地段最小曲线半径/m	2 800	1 600	800	800	500

表 2-2-2　客运专线铁路区间最小曲线半径

设计速度/(km/h)	一般地段/m	困难地段/m
200	2 200	2 000
250	4 000	3 500
300	4 500	—
350	7 000	

2. 缓和曲线

为保证列车由直线进入圆曲线或由圆曲线进入直线安全、顺畅、平稳，线路应平顺地由直线过渡到圆曲线或由圆曲线过渡到直线，以避免离心力的突然产生或消失。因此，需要在直线与圆曲线之间设置一个曲率变化的曲线（理论上应为渐开线，在实际设计中通常使用三次抛物线），这个曲线就是缓和曲线，如图 2-2-4 所示。

缓和曲线从所衔接的直线一端起，它的曲率（ρ）由无穷大逐渐减小到它所衔接的圆曲线半径（R）。它可以使离心力逐渐增加或减小（见图 2-2-5），不至于造成列车强烈的横向摇摆，保证列车运行安全和平顺。

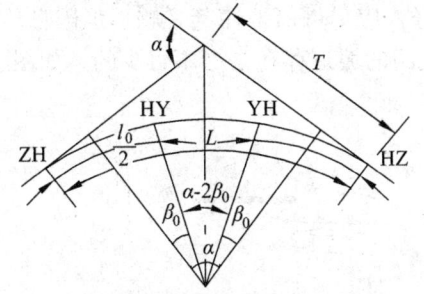
图 2-2-4　缓和曲线与圆曲线设置示意图

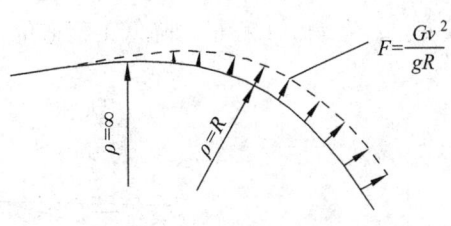
图 2-2-5　离心力变化示意图

3. 夹直线

为了保证列车运行安全与平稳，在两相邻曲线之间应设置一段有一定长度的直线，这段直线就叫作夹直线。两相邻曲线转向相同就叫作同向曲线（见图 2-2-6（a）），若转向相反则称为反向曲线（见图 2-2-6（b））。

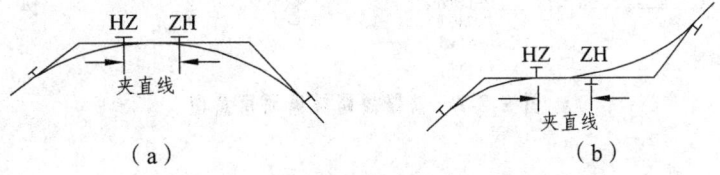
图 2-2-6　相邻曲线间的夹直线示意图

车辆运行在同向曲线上，由于相邻曲线半径不同、超高高度不同，因此，车体内倾角度

也不同；车辆运行在反向曲线上，由于相邻曲线超高方向相反，因此，车体时而向左倾斜、时而向右倾斜。这两种情况都会造成车体摇晃振动，夹直线越短，摇晃振动越大。

根据运营实践，为保证旅客舒适，夹直线长度应不短于 2～3 辆客车的长度；极困难条件下，也不应短于 1 辆客车长度。

（二）曲线附加阻力（W_r）

当列车通过圆曲线时，由于离心力的作用，外侧车轮的轮缘紧压外轨，使其磨耗增大。又由于圆曲线外轨长于内轨，外轮在外轨上的滑行等原因，使得运行中的列车所受阻力比在直线上所受阻力大，两者之差即为曲线附加阻力，用 W_r 来表示。

曲线附加阻力与列车质量之比叫作单位曲线附加阻力，用 w_r 来表示。其计量单位为 N/kN，它的大小通常用试验公式求得

$$w_r = 600/R \quad (\text{N/kN})$$

式中　600——试验常数；
　　　R——圆曲线半径（m）。

二、线路纵断面

（一）线路纵断面组成

线路纵断面由平道、坡道和设于变坡点处的竖曲线组成。

在线路纵断面设计时，为使线路的运营条件良好，应尽可能地使其平顺。但因自然地貌的起伏变化，为减少工程量，降低工程造价，铁路线路的坡道存在是必不可少的，如图 2-2-7 所示。

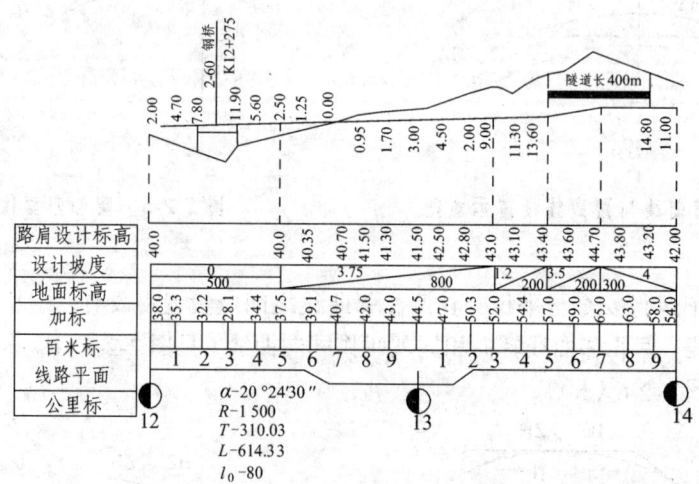

图 2-2-7　铁路线路纵断面示意图

1. 坡　度

坡度是一段坡道两端点的高差（H）与水平距离（L）之比，即坡道仰角（α）的正切值，如图 2-2-8 所示。

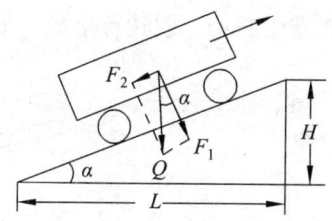

图 2-2-8　坡道示意图

在铁路线路设计中,由于坡道的仰角(α)一般都比较小,为了便于计算,铁路线路的坡度习惯用千分率($i‰$)来表示。则

$$铁路线路坡度 = \tan\alpha = \frac{H}{L} = i ‰$$

式中　H——一段坡道两端点的高差(m);

　　　L——一段坡道两端点的水平距离(m);

　　　i——坡度值。

铁路线路根据地形的变化,可分为上坡、下坡和平道。上、下坡是按列车运行方向来区分的,通常用"+"号表示上坡、用"-"号表示下坡、用"0"表示平道。例如:+6‰表示线路每 1 000 m 的水平距离升高 6 m;-6‰则表示线路每 1 000 m 的水平距离降低 6 m。

2. 竖曲线

1) 变坡点与最小坡道段

线路纵断面上坡度的变化点叫作变坡点;相邻变坡点间的距离叫作坡段长度。从运营角度来看,纵断面坡段一般应尽量长些,有利于行车平稳,但也应考虑地形条件及工程量的大小。一般情况下,纵断面坡段长度不短于远期列车长度的 1/3,使一个列车长度范围内不超过两个变坡点,以减少变坡点附加力的叠加而引起列车运行的不平稳。所以《铁路线路设计规范》规定了铁路线路的最短坡道段,如表 2-2-3 所示。

表 2-2-3　最小坡道段长度

远期到发线有效长度/m	1 050	850	750	650
最小坡道段长度/m	400	350	300	250

在高速铁路线路的纵断面设计中,由于考虑到旅客列车高速运行的平稳要求,《高速铁路设计规范》规定的最短坡道段,如表 2-2-4 所示。

表 2-2-4　高速铁路最小坡道段长度

设计行车速度/(km/h)	350	300	250
一般条件/m	2 000	1 200	1 200
困难条件/m	900	900	900

2) 竖曲线的设置要求

车辆经过变坡点时,将产生振动和竖向加速度,从而引起旅客的不舒适;同时由于坡度变化,车辆在经过凹凸地点时,使得相邻车辆同时处在不同的坡道上,而产生车钩上下错移,并使车钩遭受一种附加应力的作用。当相邻坡段坡度代数差过大时,附加应力也会过大,两车车钩上下错移量就将过大，可能发生断钩、脱钩等事故，如图 2-2-9 所示。

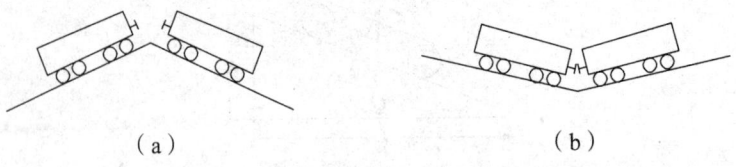

图 2-2-9　车辆经过变坡点的状态

为保证列车运行平稳，防止脱钩、断钩，当相邻坡道段的坡度代数差超过一定数值，就应在相邻坡段间用一圆顺曲线连接，使列车顺利地由一个坡道段过渡到另一个坡道段，这个在纵断面变坡点处所设置的曲线就叫作竖曲线，如图 2-2-10 所示。

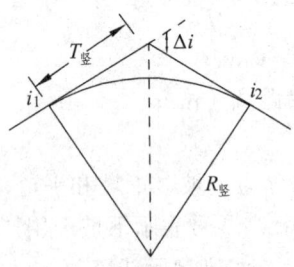

图 2-2-10　竖曲线示意图

竖曲线的切线长（$T_竖$）可由下式计算：

$$T_竖 = R_竖 \cdot \tan\frac{\alpha}{2} \approx \frac{1}{2\,000} \cdot R_竖 \cdot \Delta i \quad (\text{m})$$

竖曲线的曲线长（$L_竖$）可由下式计算：

$$L_竖 \approx 2T_竖 \quad (\text{m})$$

竖曲线对列车通过变坡点的运行条件改善起着决定性的作用。但是，竖曲线的设置是有一定限制的。因此，《铁路线路设计规范》对于竖曲线的设置作了具体规定。其规定为：

（1）竖曲线的设置条件。

① 路段设计速度为 160 km/h，相邻坡道段的坡度代数差大于 1‰时，应设竖曲线，其竖曲线半径为 15 000 m。

② 路段设计速度小于 160 km/h，相邻坡道段的坡度代数差大于 3‰时，应设竖曲线，其竖曲线半径为 10 000 m。

（2）不能设置竖曲线的地段（或当路段设计速度大于 120 km/h，不得设变坡点的地段）。

① 缓和曲线地段。在线路平面上的缓和曲线范围内，外轨以一定的递增（或递减）来实现超高。如果同时在线路纵断面上设置竖曲线，竖曲线范围内的轨顶也以一定的曲率圆顺地变化。这两种变化若重叠在一起，不但轨道铺设和养护时外轨超高不易控制，而且影响行车的平顺。为了不使竖曲线与缓和曲线重叠，竖曲线的变坡点应距缓和曲线起点或终点不少于一个竖曲线的切线长度，如图 2-2-11（a）所示。

② 明桥面上。明桥面（无砟桥面）上若设有竖曲线，则需要用轨枕厚度来调整以满足竖曲线的形状，这就给施工和养护维修带来很大困难。所以，在明桥面应使竖曲线的变坡点离

开无砟桥面两端各不少于一个竖曲线的切线长度,如图 2-2-11(b)所示。

③正线道岔范围内。道岔的辙叉与尖轨是轨道的薄弱环节,应尽量避免将道岔设于竖曲线上,以免影响道岔的正常使用和增加养护维修的困难。一般情况下,竖曲线的变坡点至道岔始端基本轨接缝和道岔末根岔枕中心的距离不应小于竖曲线的切线长,如图 2-2-11(c)所示。

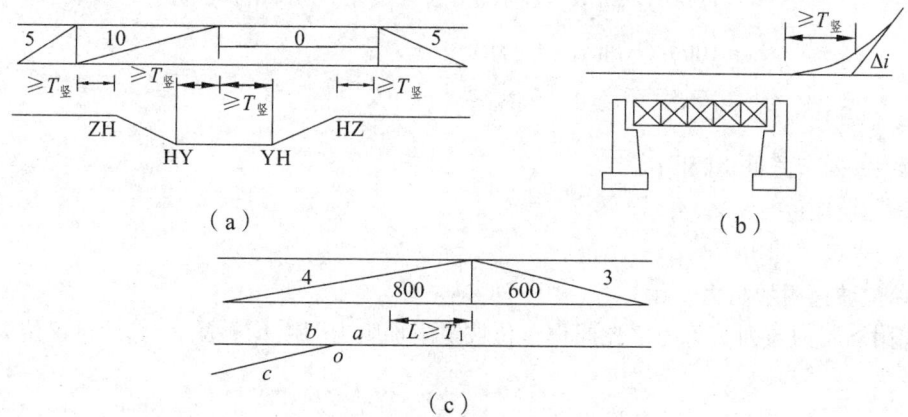

图 2-2-11 不能设置竖曲线的地段

在高速铁路上,为了改善列车通过变坡点的行车条件,提高旅客舒适度,《高速铁路设计规范》也对竖曲线的设置作了具体规定。其规定为如下。

(1)当相邻坡道段的坡度代数差大于或等于 1‰时,应设竖曲线,其竖曲线半径应根据所处区段设计行车速度按表 2-2-5 选用,其最大竖曲线半径不应大于 30 000 m,最小竖曲线长度不得小于 25 m。

表 2-2-5 高速铁路最小竖曲线半径

设计行车速度/(km/h)	350	300	250
最小竖曲线半径/m	25 000	25 000	20 000

(2)竖曲线与缓和曲线、道岔、钢轨伸缩调节器不得重叠设置。

(3)竖曲线与平面圆曲线不宜重叠设置,困难条件下应符合表 2-2-6 的规定。

表 2-2-6 高速铁路竖曲线与平面圆曲线重叠设置的曲线半径最小值

设计行车速度/(km/h)		350	300	250
平面最小曲线半径/m	有砟轨道	7 000	5 000	3 500
	无砟轨道	6 000	4 500	3 000
最小竖曲线半径/m		25 000	25 000	20 000

(二)坡道附加阻力(W_i)

1. 坡道附加阻力的性质

从图 2-2-8 中可以看出,列车在坡道上行驶时,其重力 Q 可以分解为 F_1 和 F_2 两个分力,其中 F_1 为垂直于坡面的正压力;F_2 为平行于坡面的下滑力,也是列车上坡运行必须克服的运行阻力，在这里我们将 F_2 叫作坡道附加阻力，用 W_i 来表示。

根据三角函数关系得

$$W_i = Q \cdot \sin\alpha \quad (\text{kN})$$
$$= 1\,000 \cdot Q \cdot \sin\alpha \quad (\text{N})（因 \alpha 很小，则 \sin\alpha \approx \tan\alpha）$$
$$\approx 1\,000 \cdot Q \cdot \tan\alpha \quad (\text{N})$$
$$= Q \cdot i \quad (\text{N})$$

式中　Q——列车总重（kN）；

　　　i——坡度值（N/kN）；

　　　α——坡道仰角（°）。

2. 单位坡道附加阻力（w_i）

坡道附加阻力与列车重力之比叫作单位坡道附加阻力，用 w_i 来表示。其计量单位为 N/kN，它的计算为

$$w_i = \frac{W_i}{Q} \quad (\text{N/kN})$$
$$= i \quad (\text{N/kN})$$

根据公式推导可知，列车在坡道上运行时所受单位坡道附加阻力（w_i）在数值上等于坡度值。因此，在铁路设计与应用时，我们可以根据铁路坡度的大小直接了解到列车在坡道上运行所受的单位坡道附加阻力的大小。

（三）换算坡度（$i_{换}$‰）与限制坡度（i_x‰）

1. 换算坡度（$i_{换}$‰）

如果在坡道上同时存在曲线，列车在坡道上运行时所遇到的单位附加阻力应为单位曲线附加阻力与单位坡道附加阻力之和，即

$$i_{换} = w_r + w_i \quad (\text{N/kN})$$

式中　$i_{换}$——换算坡度值（N/kN）。

如果将换算坡度值（$i_{换}$）加上千分率，就得换算坡度（$i_{换}$‰）。

2. 限制坡度（i_x‰）

限制坡度是指所设计的铁路全线能够用一台机车牵引规定质量的货物列车，并以规定的计算速度进行匀速运行时所能爬上的最大换算坡度。它是铁路线路纵断面设计最主要的技术标准。如何选择限制坡度是一个非常重要的问题，因为限制坡度大小的选择直接影响线路修建的工程造价与线路修建后的运营效率。

影响限制坡度选择的因素主要有铁路等级、牵引机车种类与型号、地形类别、运输需求及邻线的牵引定数等。

为了满足运输要求和保证行车安全，《铁路线路设计规范》规定了Ⅰ、Ⅱ级铁路线路的限制坡度，如表 2-2-7 所示。

表 2-2-7　限制坡度（i‰）

线路等级		I			II		
地形类别		平原	丘陵	山区	平原	丘陵	山区
牵引种类	电力机车	6.0	12.0	15.0	6.0	15.0	20.0
	内燃机车	6.0	9.0	12.0	6.0	9.0	15.0

当线路在高程障碍比较集中的越岭展线地段，仍采用全线统一的限制坡度时，则会引起大量展线，增大额外工程。此时若采用比全线统一的限制坡度大的加力牵引坡度（即双机坡或多机坡），不但可大量缩短线路长度、减少土石方和桥隧工程，还统一了全线的牵引质量。

在高速铁路上，由于只运行旅客列车，其列车质量相对较小，而牵引动力则相对较大。因此，高速铁路对限制坡度的要求可适当放宽，这样有利于减少工程量，降低工程造价。其具体规定为：

高速铁路区间正线的最大坡度不宜大于 20‰，困难条件下经技术经济比选后不应大于 30‰。动车组走行线的最大坡度不宜大于 30‰，困难条件下不应大于 35‰。当动车组走行线的最大坡度大于 30‰时，宜铺设无砟轨道。

第三节　线路的路基与桥隧建筑物

路基与桥隧建筑物是铁路线路的重要组成部分。路基是铁路线路的基础，桥隧建筑物则是铁路线路跨越或穿越障碍的重要设施。路基及桥隧建筑物的质量如何，对铁路线路的稳定以及满足列车高速、安全、平稳地运行起着至关重要的作用。

一、路　基

路基直接承受轨道传递的压力，并将其传递到地基。路基状态如何直接关系到线路的质量，并影响行车速度及行车安全。

垂直于线路中心线的路基断面叫作路基横断面。

路基的横断面形状因路段填挖方式的不同有路堤式路基、路堑式路基、不填不挖式路基、半堤式路基、半堑式路基、半堤半堑式路基 6 种基本断面形式。其路堤和路堑是路基的主要形式。

（一）路基的横断面组成

1. 路　堤

如图 2-3-1 所示为一般黏性土路堤横断面示意图。它由路基顶面、边坡、护道和取土坑（或纵向排水沟）等组成。

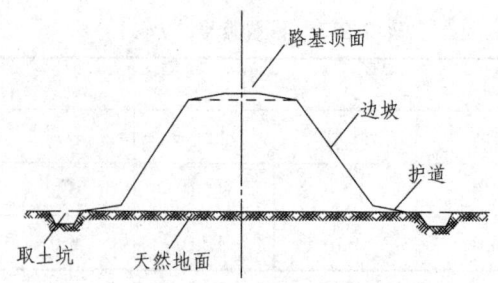

图 2-3-1　直线地段一般黏性土路堤示意图

路基顶面为铺设轨道的工作面，其宽度为两侧路肩边缘之间的距离，其值应根据线路等级、正线数目、轨道类型及道床标准形式等因素确定。

2. 路　堑

如图 2-3-2 所示为一般黏性土路堑横断面示意图。它由路基顶面、侧沟、边坡、隔带、弃土堆、天沟等组成。

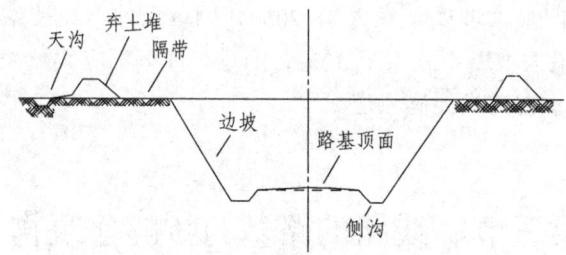

图 2-3-2　直线地段一般黏性土路堑

路堑顶面形状与路堤顶面形状相同。

侧沟位于路基顶面两侧，用以排泄路堑边坡和路基顶面流下来的地表水，其横断面呈梯形，沟深一般不小于 0.6 m，沟底宽度不小于 0.4 m，两侧边坡 1∶1.0～1∶1.5，沟底纵向坡度不小于 2‰。

边坡即侧沟底至路堑开挖侧面的斜坡，其坡度一般为 1∶1.0～1∶1.5。

隔带指堑顶边缘至弃土堆坡脚的地带，其宽度一般为 2～5 m，设置隔带可以减少弃土堆对边坡的压力，有利于边坡稳定。

弃土堆指开挖路堑时堆放在隔带外的弃土。弃土堆于迎水一侧，可以阻挡地表水流入路堑。弃土堆的高度一般不超过 3 m，内、外侧边坡均不应陡于 1∶1.5，弃土堆顶部应做成向外的横向坡，其坡度不小于 2‰。

天沟位于路堑顶弃土堆的外侧，用以截排路堑上方流向路堑的地表水。

（二）路基排水及防护加固

1. 路基排水

为防止地表水和地下水对路基的冲刷、侵蚀，需修建排泄或拦截建筑物，使地表水能顺畅流走、地下水的水位得到降低。

1）排泄地表水

排泄路基地表水的设备有侧沟、天沟、截水沟和矩形水槽等。各种水沟应位于距路基本体不太远的范围内，以节省用地，但应不影响路基边坡的稳定。

2）排泄地下水

排泄或降低路基地下水的设备主要有渗沟和渗管等，如图 2-3-3 所示。

2. 路基防护加固

路基坡面长期裸露在自然界中，由于自然风化及雨水冲刷的破坏作用，路基坡面会出现边坡剥落、局部凹陷、表土溜滑、坡脚被掏空崩塌等不同的坡面变形。

为保证路基的坚固和稳定，路基坡面常用种草、抹面、喷浆、勾缝、砌石和修建挡土墙（见图 2-3-4）等方式加以防护加固。

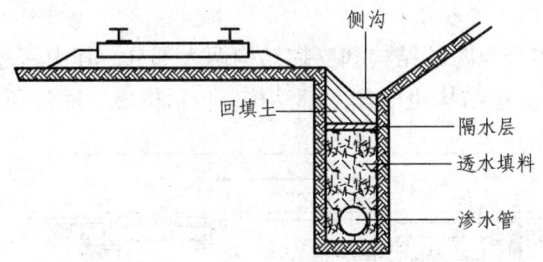

图 2-3-3 渗沟、渗管横断面示意图

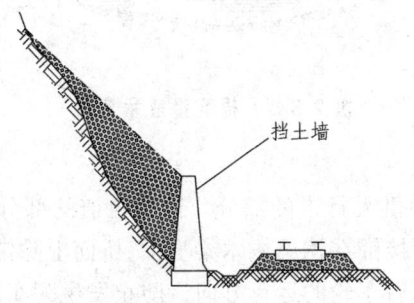

图 2-3-4 挡土墙设置示意图

二、铁路桥隧建筑物

铁路桥隧建筑物包括桥梁、隧道、涵洞、明渠、天桥、地道、跨线桥、调节河流建筑物等。本节主要介绍桥梁、隧道、涵洞。

（一）铁路桥梁

当修建一条铁路时，常常会碰到江河、山谷、公路及另外一条铁路的阻挡。为了让铁路跨越这些障碍，就需要修建各种各样的铁路桥梁。因此，铁路桥梁是引导铁路线路跨越障碍的空中建筑物，也是铁道线路非常重要的组成部分和重要的工程节点。

中国最早的铁路桥梁要追溯到 19 世纪 70 年代修筑的吴淞铁路，由于当地河网密布，短短十几千米的铁路修建了中小桥梁十余座，其中最大的是长 50 米左右的吴淞字号浜桥。吴淞铁路一年后即被拆除，那些桥梁也就不在称为铁路桥。1887 年，当中国人在自己修筑的第一条铁路——唐胥铁路向西延伸时，在茶淀与汉沽间的蓟运河上修建了长 173.72 米，具有近代建筑水平的铁路钢桥——蓟运河桥，此桥经过多次改造，直到今天仍在使用，它可以算是中国铁路历史上最悠久的钢桥。

铁路桥梁荷载大、冲击力大、行车密度大，要求能抵抗自然灾害的标准高，特别是结构上要求有一定的竖向、横向刚度和动力性能。100多年来，中国铁路的建桥技术取得了举世瞩目的进步，研究制造出高强度耐久的新材料，设计出先进合理的桥式结构，拥有科技先进的制造和施工工艺设备。现在，桥长可达11 700米，墩高可达183米，最大跨度可达300多米；另外，多跨连续梁桥、斜腿刚构桥、柔性拱刚性桁梁桥、栓焊梁桥、平弯桥、双薄壁墩桥、高墩"V"形支撑桥、斜拉桥、钢拱桥等科技含量很高的铁路桥，都出现在我国的大江大河上。中国桥梁的设计和施工已经达到了世界先进水平。

1. 铁路桥梁组成

铁路桥梁的组成大体分为跨越结构和支撑结构两大部分。其中跨越结构也叫作上部结构，包括桥面、梁、支座等；支撑结构也叫作下部结构，包括桥墩、桥台和基础。如图2-3-5所示。

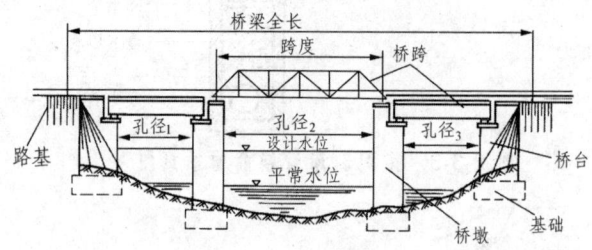

图2-3-5　桥梁组成示意图

1）桥　面

桥面主要是指铺设轨道和供人行走的部分。铺设轨道的部分通常又分有砟桥面和无砟桥面（无砟桥面的钢轨和轨枕直接铺在钢梁或木梁上）。桥面上除铺设基本轨外还设有护轮轨，其作用是控制列车在桥上脱轨后车轮的运行方向，防止发生列车脱轨后的坠桥事故。

2）梁

梁是桥的跨越结构主体，它支承桥面并承受由桥面传来的作用力。梁应有足够的强度，且因采用的材料和结构的不同而不同。

3）支　座

支座是桥梁墩台上支承桥跨的构件，分为固定支座和铰支座。

4）桥　墩

桥墩是桥梁中部支承桥跨结构的建筑物。

5）桥　台

桥台是桥梁两端支承和连接路基的建筑物。

6）基　础

基础设置在桥墩和桥台的下部，支承墩台自身的重量、桥跨重量、列车重量和冲击力等，并把这些力传到地基。

每个桥跨两支点间的距离叫跨度；每个桥孔至设计水位处的距离叫孔径；设计水位与桥跨底部之间的高度称为净空高度；两端桥台挡砟墙之间的距离为桥梁全长。

2. 铁路桥种类

铁路桥梁种类繁多且多姿多彩，其分类大致可按照桥跨结构、建桥材料、承重方式及桥梁长短来分。

1）按桥跨结构分

（1）梁桥。

将架桥的梁支承在桥梁的墩、台上所形成的桥就是梁桥，如图 2-3-6 所示。

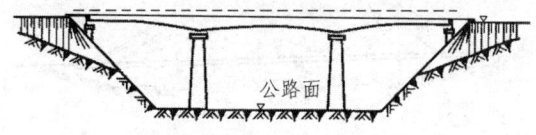

图 2-3-6　梁桥

梁桥是一种最古老且最简洁的桥梁，也是铁路建设采用最多的基本桥式。它可细分为简支梁桥、连续梁桥和悬臂梁桥。简支梁桥是指梁的两端分别为铰支（固定）端与活动端的单跨式梁桥。连续梁桥是指桥跨结构连续跨越两个以上桥孔的梁桥。在桥墩上连续，在桥孔内中断，线路在桥孔内过渡到另一根梁上的称为悬臂梁，采用这种梁的桥称为悬臂梁桥。梁桥的梁身可以做成实腹的，也可做成空腹的；空腹的称为桁梁，桁梁也叫桁架，桁架的类型五花八门，有三角形、双斜杆形、菱格形、米字形、多腹杆密格形、"K"形、"W"形、空腹形等。

（2）拱桥。

桥跨结构的主体呈拱形的桥梁就叫作拱桥，如图 2-3-7 所示。

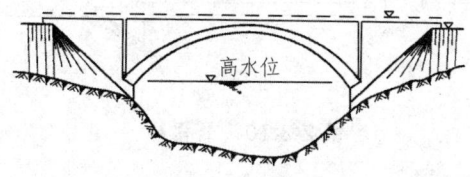

图 2-3-7　拱桥

拱桥是早期人类智慧的结晶，早在 2000 多年前人类就利用石料修建拱桥，我国隋代（公元 605—公元 616 年）修建的赵州桥在当时就为世界之最。在今天铁路建设中，拱桥也是常被采用的基本桥式。

拱桥由拱上建筑、拱圈和墩台组成。在竖直荷载作用下，作为承重结构的拱肋主要承受压力，拱桥的支座既要承受竖向力，又要承受水平力，因此，拱桥对基础与地基的要求比梁式桥要高。拱桥按桥面位置可分为上承式拱桥、中承式拱桥和下承式拱桥。

（3）钢架桥。

梁与墩台连成一个整体的桥梁就叫作钢架桥，如图 2-3-8 所示。

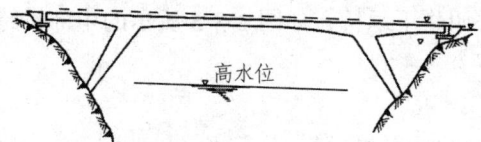

图 2-3-8　钢架桥

钢架桥根据外形可分为门形钢架桥、斜腿钢架桥和箱形桥。斜腿钢架桥可应用于山谷、深河陡坡地段，避免修建高墩或深水基础。箱形桥的梁跨、腿部和底板连成整体，刚性好，适用于地基不良的情况和在既有线下采用顶推法施工。

（4）斜拉桥。

由梁、斜拉索、塔架组成的桥叫作斜拉桥，如图 2-3-9 所示。

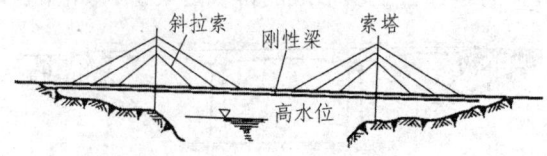

图 2-3-9　斜拉桥

斜拉桥是一种自锚式体系，斜拉索的水平力由梁承受、梁除支承在墩台上外，还支承在由塔柱引出的斜拉索上。按梁所用的材料不同可分为钢斜拉桥、结合梁斜拉桥和混凝土梁斜拉桥。

（5）悬索桥。

用缆索作为主要承重结构，桥面用吊索或吊杆挂在缆索上的桥梁叫作悬索桥，如图 2-3-10 所示。

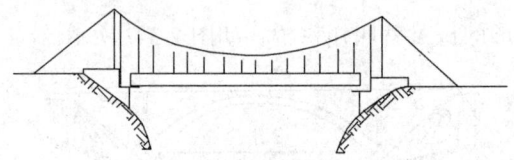

图 2-3-10　悬索桥

悬索桥是以悬索跨过塔顶的鞍形支座锚固在两岸的锚锭中作为主要承重结构。在缆索上悬挂吊杆，桥面悬挂在吊杆上。由于这种桥可充分利用悬索钢缆的高抗拉强度，具有用料省、自重轻的特点，是现在各种体系桥梁中能达到最大跨度的一种桥型。

除以上 5 种桥梁基本结构型式外，还有一种其承重结构是由两种结构型式组合而成的，称为组合体系桥梁；如梁与拱的组合，以九江长江大桥为代表；梁与悬吊系统的组合，以丹东鸭绿江大桥为代表；梁与斜拉索的组合，以芜湖长江大桥为代表等。

2）按桥面所在位置分

（1）上承桥。

桥面位于主梁上面的桥叫作上承桥，如图 2-3-5 所示的两端桥跨结构。

（2）下承桥。

桥面位于主梁下面的桥叫作下承桥，如图 2-3-5 所示的中部桥跨结构。

3）按桥梁跨越的障碍分

（1）跨河桥。

跨越江河、湖泊的桥梁叫作跨河桥。

（2）跨线桥。

铁路与铁路、铁路与公路相互交叉时所建的桥梁叫作跨线桥（又称立交桥），如图 2-3-11 所示。

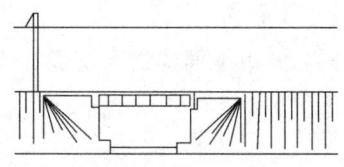

图 2-3-11　跨线桥

（3）高架桥。

跨越宽谷、深沟的桥梁叫作高架桥（又称栈桥或旱桥），如图 2-3-12 所示。

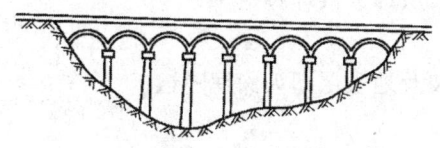

图 2-3-12　高架桥

4）按桥梁长度分

小桥：桥长 < 20 m；中桥：20 m≤桥长 < 100 m；大桥：100 m≤桥长 < 500 m；特大桥：桥长≥500 m。

（二）隧　道

铁路隧道是修建在地下或水下并铺设铁路供机车车辆及列车通行的地下建筑物。当修建一条铁路时，通常会碰到山岭、江河、湖泊甚至海峡及地表建筑物等障碍，为了引导铁路线路穿越这些障碍，就需要修建铁路隧道。铁路隧道也是铁道线路非常重要的组成部分和重要的工程节点。

京张铁路关沟段最早修建的 4 座隧道（五桂头、石佛寺、居庸关、八达岭），是中国人凭借自己的技术力量修建的第一批铁路隧道，这其中最长的八达岭铁路隧道长为 1 091 米，于 1908 年建成。中国在 1950 年以前，仅建成标准轨距铁路隧道 238 座，总长为 89 千米。自 20 世纪 50 年代以来，隧道修建数量大幅度增加，1950—1984 年期间共建成标准轨距铁路隧道 4 247 座，总长为 2 014.5 千米。此外，中国还建有窄轨距铁路隧道 191 座，总长为 23 千米，成为世界上铁路隧道最多的国家之一。

1. 铁路隧道的种类

1）按照隧道所在位置分

根据隧道所在的地层位置不同有山岭隧道、水下隧道和城市隧道。这三类隧道中修建最多的是山岭隧道。

（1）山岭隧道。

在山区修建铁路时，为避免开挖深路堑、修建大坡道或过长的迂回线，从山岭或丘陵下开凿隧道往往会改善线路条件、提高运输效率、节省运营费用。像这样为缩短距离和避免大坡道或深路堑而修建的隧道称为山岭隧道。

（2）水下隧道。

在有江河、湖泊以及海峡等障碍阻挡铁路的地段，当架桥存在一定的技术难题（如地质结构不利于架桥）时，可选用修建隧道的方法来延展铁路线路。像这样修建在江河、湖泊甚至海峡底部的隧道叫作水底隧道。

（3）城市隧道。

为适应铁路通过大城市，不影响城市地面建筑与交通，而需要在城市地下穿越的隧道称为城市隧道。

2）按照隧道埋置的深度分

隧道内钢轨顶面至地表面的垂直距离叫作隧道埋深。埋置深浅的标准是以隧道开挖是否对地表产生变形来确定。根据隧道埋深的不同有浅埋隧道、深埋隧道和特深埋隧道。

（1）浅埋隧道。

开挖隧道的影响波及地表层即为浅埋隧道。

（2）深埋隧道。

开挖隧道的影响一般不波及地表层即为深埋隧道。

（3）特深埋隧道。

当开挖的隧道埋深达 500 m 时则为特深埋隧道。

3）按照隧道的长度分

短隧道：隧道长≤500 m；中长隧道：500＜隧道长≤3 000 m；长隧道：3 000 m＜隧道长≤10 000 m；特长隧道：隧道长＞10 000 m。

4）按照隧道内的线路数分

按照隧道内的线路数分有单线隧道、双线隧道和多线隧道。

2. 隧道结构

隧道一般由洞身、衬砌、洞门和附属建筑物几部分组成。

1）洞　身

洞身是隧道的主体部分，是列车运行的通道，其长度由两端洞门的位置来决定。为保证行车安全，洞身应具有一定的净空（隧道内轨面以上的横断面积）要求。

根据《铁路隧道设计规范》规定，旅客列车时速小于等于 160 km/h 时，单线隧道净空面积不得小于 42 m²，双线隧道净空面积不得小于 76 m²。《高速铁路设计规范》规定，列车速度为 250 km/h 时，单线隧道净空面积不得小于 58 m²，双线隧道净空面积不得小于 90 m²；列车速度为 300 km/h 或 350 km/h 时，单线隧道净空面积不得小于 70 m²，双线隧道净空面积不得小于 100 m²。

2）衬　砌

衬砌指沿隧道周边用石料、混凝土等砌筑的支撑结构。它的作用是用来承受地层压力，阻止坑道周围地层的变形，防止岩石的风化、坍塌，维护坑道轮廓不侵入建筑限界，以保证行车安全。衬砌通常由拱圈、边墙、仰拱等组成，如图 2-3-13 所示。

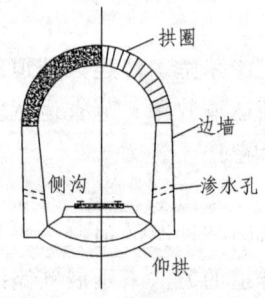

图 2-3-13　隧道内部衬砌

3）洞门

洞门指隧道进出口的建筑装饰结构，如图 2-3-14 所示。它的作用是用来保持洞口上方及两侧坡面的稳定，并将洞口上方流下的水通过洞门处的排水沟引离隧道，保证隧道的正常使用。常见的洞门有普通洞门和带翼墙的洞门。

图 2-3-14　隧道洞门

4）附属建筑物

附属建筑物包括为工作人员、行人及运料小车避让列车而修建的避人洞和避车洞（避车洞每隔 300 m 设一个，避人洞在相邻避车洞之间每 60 m 设一个）；为防止和排除隧道漏水或结冰而设置的排水沟及盲沟；为机车排出有害气体修建的通风设备，电气化铁道的接触网、电缆槽等。

（三）涵　洞

涵洞埋设在路堤下部填土中，用以通过水流或行人的建筑物。它与桥的区别是：桥的上部一般无填土，而涵洞顶部则有一定厚度的填土。涵洞的孔径一般为 0.75～6 m。

涵洞主要由洞身、基础、端墙等组成，如图 2-3-15 所示。洞身埋在路基中，从进口向出口有一定的纵向坡度，以利排水。两端进、出口处，可砌端墙和翼墙，便于水流进出涵洞，并保护路堤边坡免受水流冲刷。

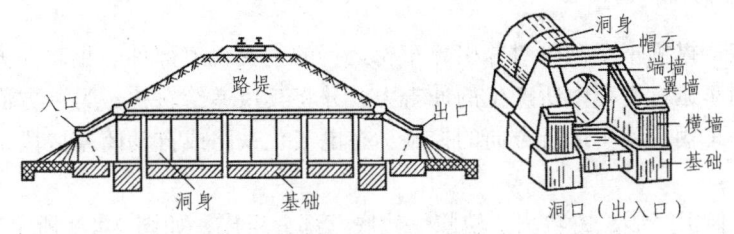

图 2-3-15　涵　洞

涵洞按其使用的建筑材料不同，有石涵、混凝土涵、钢筋混凝土涵及铁涵等；按其结构形式有管涵、箱涵及拱涵等。

涵洞的类型应根据水流情况、排水量、地质条件、材料来源及施工期限等因素综合考虑确定。管涵施工快、工程量小，但它的过水能力小、易淤积；拱涵过水能力大，还可就地取材，但它施工较复杂；箱涵的特点介于管涵和拱涵之间。

第四节 轨 道

轨道是铁路线路的上部建筑,是一个整体的工程结构,是在路基与桥隧建筑物修建完成后铺设的。它的作用在于引导列车运行,并将列车的质量及列车运行所产生的冲击力进行逐级向下传递至路基或桥隧建筑。轨道结构的状况如何直接影响着列车的运行效果。

一、轨道的组成

轨道的组成包括钢轨、轨枕、道床、连接零件、轨道加强设备及道岔,如图 2-4-1 所示为轨道组成示意图。

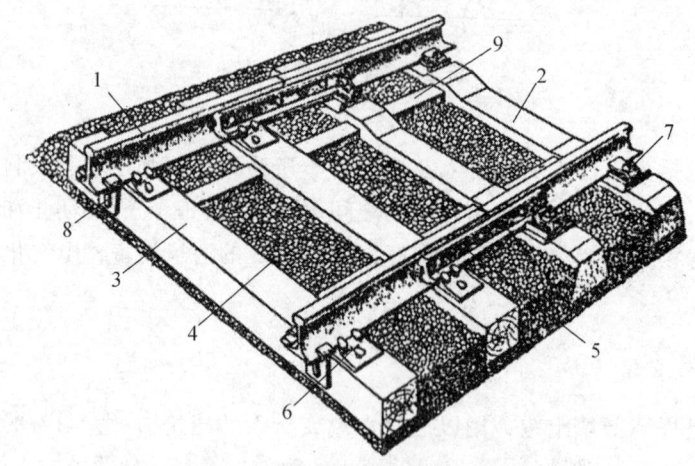

图 2-4-1 轨道组成示意图

1—钢轨;2—钢筋混凝土轨枕;3—木枕;4—道床;5—接头连接零件;6—木枕用扣件;
7—钢筋混凝土轨枕用扣件;8—防爬器;9—防爬撑

(一)钢 轨

钢轨是直接支撑机车车辆轮对并引导车轮运行的主要轨道部件。钢轨一方面要承受机车车辆的重力及列车运行过程中所产生的冲击力,并将其传递给轨枕;另一方面要引导车轮运行,实现对机车车辆或列车运行方向的控制。在电气化铁路或自动闭塞区段,钢轨还兼作轨道电路的导电体。

钢轨的断面似工字形,由轨头、轨腰、轨底三部分组成,如图 2-4-2 所示。

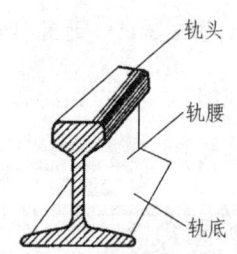

图 2-4-2 钢轨断面示意图

钢轨头部呈弧形以适应轮轨的接触；为了耐磨和抵抗压溃，它应有足够的面积和厚度；钢轨的腰部应有足够的高度，以提高钢轨抵抗挠曲的能力；钢轨底部应有足够的厚度和宽度，以保证其稳定性。

钢轨类型以每米大致质量来表示。目前，我国钢轨主要有 75 kg/m、60 kg/m、50 kg/m、43 kg/m 等几种。

（二）轨　枕

轨枕的作用是承受钢轨传来的作用力，并将其传递至道床，使之有效地保持钢轨和钢轨之间的距离。因此，轨枕应具有一定的坚固性、弹性和耐久性。

轨枕按材料分为木枕和钢筋混凝土枕；按用途分为普通轨枕、岔枕和桥枕等。

木枕具有弹性好、易加工、铺设和养护维修方便、绝缘性能好、成本低等优点。但它的使用寿命短，且每根轨枕的强度、弹性和耐久性不完全一致，在机车车辆荷载作用下易出现轨道不平顺。

钢筋混凝土枕具有稳定性好、坚固耐用又可以节省大量木材等优点。钢筋混凝土枕有普通钢筋混凝土枕和预应力钢筋混凝土枕两种。普通钢筋混凝土枕因强度低、易开裂，已基本被淘汰；预应力钢筋混凝土枕采用了高强度材料，由于预应力的作用使轨枕受拉区的混凝土未承受荷载以前就预先受到压应力，因此，提高了混凝土轨枕的抗裂能力。

钢筋混凝土宽轨枕与钢筋混凝土枕相似，但其断面比钢筋混凝土枕薄且宽。它在线路上是连续铺设的，这样可以增大钢轨与轨枕、轨枕与道床的接触面积，能有效降低道砟应力，防止线路不均匀下沉，轨道平顺性较好，使得线路质量有所提高。但因实际铺设过程中，调试均匀周期较长且难度较大。因此，人们主要利用它轨枕间缝隙小、道床不易脏污、外观整洁等特点，在大型客、货运站站场及长大隧道内使用。

（三）道　床

道床是指铺设在路基顶面上的道砟层。它的主要作用就是支撑轨枕，并均匀地传递轨枕压力至路基上；保持轨枕位置；排除地面雨水；使轨道具有足够的弹性，减缓列车的冲击振动。

我国铁路采用的道床材料主要是碎石和筛选的卵石。道床断面包括道床厚度、顶面宽度及边坡坡度 3 个主要特征，如图 2-4-3 所示。

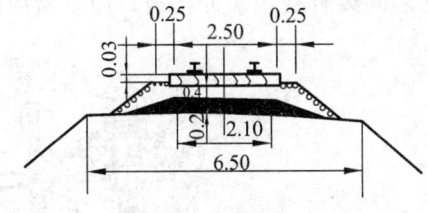

图 2-4-3　道床断面示意图（单位：m）

道床可以是单层的或双层的，正线上一般是双层的。不同线路条件有不同的道床断面尺寸，可以参阅《铁路线路设计规范》。

（四）连接零件

连接零件有接头连接零件和中间连接零件两种。

1. 接头连接零件

接头连接零件由夹板、螺栓和垫圈等组成，如图 2-4-4 所示。通过它们把钢轨连接起来，使钢轨接头部分具有与钢轨一样的整体性，以抵抗弯曲和移位。为满足钢轨热胀冷缩的要求，在两钢轨进行连接时需预留一定的缝隙，这一缝隙叫作轨缝。

夹板是用来夹紧钢轨的。目前，我国标准钢轨采用斜坡支承双头对称型夹板（简称双头式夹板），如图 2-4-5 所示。夹板上下两面的斜坡能楔入轨腰空间，但又不贴住轨腰，当夹板稍有磨耗连接松弛时，可以重新拧紧螺栓，保持钢轨连接的牢固。每块夹板都要用 4 枚或 6 枚螺栓上紧。为防止车轮万一在接头部位脱轨时切割全部螺栓，螺栓帽的位置在钢轨的内外侧应相互交错。

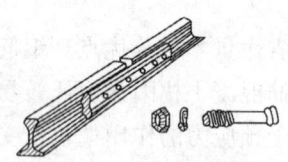
图 2-4-4　接头连接零件示意图

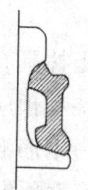
图 2-4-5　双头式夹板示意图

2. 中间连接零件

中间连接零件又称轨枕扣件。它的主要功用是将钢轨固定在轨枕上，并保持其稳固位置，防止钢轨作相对于轨枕的纵向或横向移动。

木枕扣件主要是道钉、垫板，其连接方式为先用道钉将垫板与木枕扣紧，再另用道钉将钢轨、垫板与木枕一同钉连在一起，如图 2-4-6 所示。垫板设于钢轨与木枕之间，可增大钢轨与木枕的接触面积，以免木枕被压坏；垫板的双肩抵住轨底侧面又可保持轨距；垫板上设有坡度，使钢轨形成 1∶40 向内的轨底坡，以便两根钢轨向内倾斜，更好地与车轮踏面接触，且保持钢轨中部受力，并减轻列车的"蛇行运功"。

钢筋混凝土轨枕扣件按其结构分为扣板式、弹片式和弹条式等。

扣板式扣件用硫黄锚固法把螺旋道钉固定在轨枕上预留的孔内，再装上扣板，拧上螺帽使扣扳压紧轨底。轨底与轨枕之间设有绝缘缓冲垫板，用以增加轨道弹性和作为绝缘垫层。如图 2-4-7 所示。

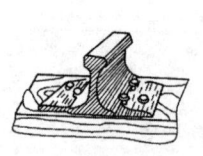
图 2-4-6　木枕扣件

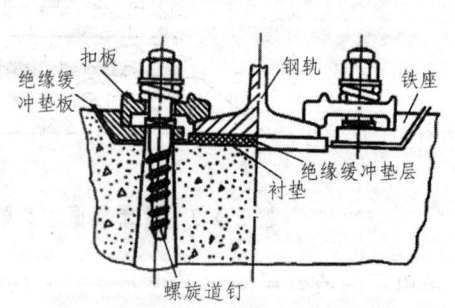
图 2-4-7　扣板式扣件

弹片式、弹条式扣件与扣板式扣件的扣压基本相同，只是用弹片或弹条代替了扣板，改善了钢轨与混凝土枕连接的弹性，增强了紧扣力。由于弹条式扣件的扣紧力比弹片式扣件的扣紧力要好很多，因此，弹条式扣件得到了广泛使用。

（五）轨道加强设备

轨道加强设备主要是指轨距杆与轨撑、防爬器与防爬撑。

1. 轨距杆与轨撑

轨距杆与轨撑是保持轨距的设备，多用于曲线地段。

曲线上，钢轨在列车运行的作用下要承受很大的横向作用力，以致钢轨横移而导致轨距扩大，从而危及行车安全。

为避免钢轨横移，防止轨距扩大，保持曲线轨道的稳定性，应在曲线地段安装轨距杆或轨撑。

2. 防爬器与防爬撑

防爬器和防爬撑为防爬设备。我国铁路广泛采用穿销式防爬器，它由带挡板的轨卡和穿销组成，如图2-4-8所示。

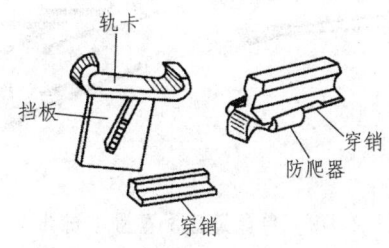

图 2-4-8　穿销式防爬器示意图

列车运行时，车轮作用于钢轨上除产生竖直力和横向力外，还产生一个纵向水平推力，能引起钢轨的纵向移动，有时甚至带动轨枕沿着线路方向一起移动，这种现象称为轨道的爬行。

轨道爬行后，会造成轨缝不匀，一端轨缝顶严，而另一端轨缝拉大。轨缝顶严部位，夏季轨温升高，钢轨内产生较大的压应力，严重时会造成胀轨跑道。轨缝拉大部位，冬季轨温降低，钢轨内产生较大拉应力，严重时会拉弯甚至拉断螺栓。轨道爬行还会造成轨枕移位，使轨枕处于松软的道床上，易造成轨面凹凸不平，同时还会造成轨距的变化，严重危及行车安全。

轨道爬行与列车速度、机车和车辆轴重等有关。单线区间会发生双方向爬行，在运量不等的情况下，重车方向的爬行量大，特别是在重车下坡的方向爬行量更大；双线地段，由于单向行车，轨道的爬行方向与列车运行方向相同，且运行下坡道方向爬行量较大；进站地段是列车经常减速的地段，也是线路爬行严重的地段。

安装防爬器时需注意轨道的爬行方向。应将带挡板的一边顺钢轨爬行的方向紧贴轨枕（见图2-4-1），并将有轨卡的一边卡住轨底，再用楔形穿销楔紧，使整个防爬器牢固地卡在轨底并与钢轨组成一体。这样钢轨一旦爬行就会带动防爬器，而轨枕则会通过防爬器挡板产生防爬阻力，阻止钢轨爬行。

（六）道　岔

道岔是轨道的基本组成部分之一。在铁路线路上，实现线路间的相互连接或交叉的设备总称为道岔。它的作用是引导机车车辆由一条铁路线路转入或越过另一条铁路线路。

1. 道岔种类

道岔种类很多，常见的道岔有：普通单开道岔、对称道岔、三开道岔、交分道岔、交叉设备等。

1）单开道岔

在铁路线路上，用得最多的道岔是单开道岔。单开道岔能将一条铁路线分出一条侧线来连接到另一条铁路线路上。根据侧线相对主线的位置，道岔有左侧和右侧之分。站在道岔前部，面向尖轨尖端，凡侧线由主线左侧岔出的称为左开道岔，侧线由右侧岔出的称为右开道岔。

单开道岔主要由转辙器部分、连接部分、辙叉及护轨部分所组成，如图 2-4-9 所示。

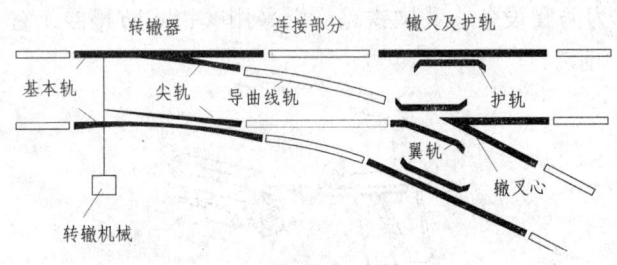

图 2-4-9　单开道岔示意图（右开）

2）对称道岔

对称道岔是单开道岔的一种特殊形式。它的结构和单开道岔基本相同，只是连接部分没有直轨，只有导曲线轨，如图 2-4-10 所示。

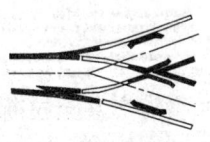

图 2-4-10　对称道岔

3）三开道岔

在站场线路布置中，当需要连接的线路较多且又受场地限制不能在主线上连续铺设两组单开道岔时，可把一组道岔纳入另一组道岔中，从而形成三开道岔。

如图 2-4-11 所示为对称三开道岔。这种道岔有两对尖轨（一长一短为一对），每对由一组转辙机控制并决定尖轨的位置；连接部分有两根直轨，两对导曲线轨；辙叉及护轨部分有三副辙叉、四根护轨。三开道岔的优点是道岔长度短；缺点是结构复杂、尖轨削弱较大、使用寿命短、后辙叉无法在主线内设护轨、主线行车速度受到限制。它一般只用于尽端式车站线路和驼峰调车场头部。

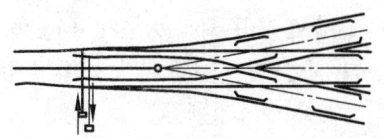

图 2-4-11 对称三开道岔

4）菱形交叉

一条铁路线路与另一条铁路线路在同一平面上相交，为使机车车辆能够跨越运行，所设置的交叉角度小于 90° 的连接设备叫作菱形交叉。菱形交叉由两组相同角度的锐角辙叉和两组相同角度的钝角辙叉所组成，如图 2-4-12 所示。

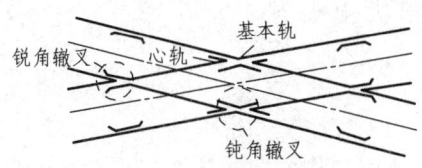

图 2-4-12 菱形交叉

5）交分道岔

交分道岔有复式交分道岔和单式交分道岔两种。在菱形交叉一侧增添两副转辙器和一对连接曲线，即构成单式交分道岔；在菱形交叉两侧各增添一对连接曲线，则构成复式交分道岔。

一组复式交分道岔相当于一组交叉渡线，可以开通四个方向八条通路。它占地长度短，广泛用于地面狭窄而又繁忙的站场咽喉区。复式交分道岔又有固定式复式交分道岔和活动式复式交分道岔两种，固定式交分道岔如图 2-4-13 所示。

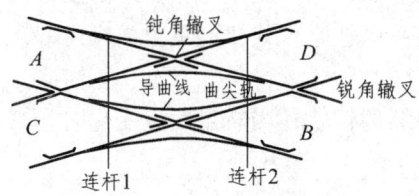

图 2-4-13 固定式交分道岔

2. 道岔的辙叉号数

道岔辙叉号数也称道岔号数。我国规定以辙叉角（α）的余切值表示辙叉号数（N），如图 2-4-14 所示。

$$N = \frac{AC}{BC} = \cot\alpha$$

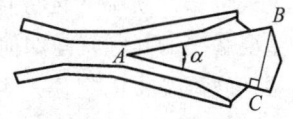

图 2-4-14 辙叉号数表示图

式中　BC——辙叉心的一工作边任意一点至另一工作边的垂直距离；

AC——辙叉心理论尖端沿工作边至垂足的距离；

α——辙叉两工作边的夹角；

N——辙叉号数。

现场检测道岔号数的最简单方法是用脚量法，即先在辙叉心轨顶面上找出一脚长的宽度处,然后由此向前量至辙叉理论尖端处是几脚,就是几号道岔。

从 $N=\cot\alpha$ 可以看出,辙叉角越小,辙叉号数越大;辙叉角越大,辙叉号数越小。我国常见道岔号数与辙叉角的对应关系,如表 2-4-1 所示。

表 2-4-1 道岔号数与辙叉角的对应关系

道岔号数（N）	6（对称）	7（三开）	9	12	18
辙叉角（α）	9°27′44″	8°07′48″	6°20′25″	4°45′49″	3°10′47″
导曲线半径（R）	180 m	180 m	180 m	330 m	800 m

二、无缝线路与新型轨下基础

（一）无缝线路

普通线路上的钢轨接头是轨道结构的薄弱环节之一,它不仅对线路设备、机车和车辆的使用寿命、旅客的舒适程度等有一定的不良影响,还直接威胁到铁路行车安全。为减少接头,把许多根普通长度的钢轨焊接起来形成的长钢轨线路称为无缝线路。

无缝线路通常是采用未经钻眼与淬火的 25 m 长度的标准轨,先在工厂焊接成 250～500 m 的长轨条,然后运抵线路铺设地,再用气压焊焊接成 1 000～2 000 m 或设计要求长度铺设到线路上。目前,我国在无缝线路轨道结构方面又有了新的发展,已开始铺设超长轨条,它可以穿行车站、跨越桥隧,钢轨完全焊接或胶接起来。

无缝线路与普通线路比较,大大减少了钢轨接头,因此,使行车平稳、旅客舒适,并可以延长轨道和机车车辆的使用寿命,降低线路的养护维修工作量,适应高速、重载行车要求,是轨道结构的发展方向,也是我国铁路现代化的重要内容之一。

1. 无缝线路的基本原理

一根不受限制可以自由伸缩的钢轨,当轨温发生变化时,其自由伸缩量为:

$$\Delta L = \alpha \cdot L \cdot \Delta t \quad (\text{m})$$

式中　α——钢轨的线膨胀系数,取 $\alpha=0.000\,011\,8$ m/(m·°C);
　　　L——钢轨长度（m）;
　　　Δt——轨温变化值（°C）。

由上式可知,轨温变化将直接影响无缝线路钢轨的伸缩和轨道的稳定。因此,修建无缝线路,主要解决的问题就是如何限制钢轨的自由伸缩。

如果钢轨两端被固定住,不能自由伸缩,那么随着轨温的变化,钢轨内部就会产生力,这个力是由轨温变化引起的,所以叫作温度力应力（简称温度力）。夏季轨温升高,钢轨内部产生温度压力;冬季轨温降低,钢轨内部产生温度拉力。钢轨内部因温度变化所产生的温度力（P）可按下式计算:

$$P = 250 \cdot \Delta t \cdot F \quad (\text{N})$$

式中　F——钢轨横断面面积（m²）。

从上式可知,钢轨内部的温度力,仅与轨温变化幅度和钢轨横断面面积成正比,而与钢轨长度无关。根据这个理论，无缝线路可以铺设得无限长；但在现实中，由于施工、养护与维修等技术要求，无缝线路的长度大约为 2 000 m。

2. 无缝线路的锁定轨温

在无缝线路施工时，用强力扣件和防爬设备将钢轨扣紧在轨枕上的过程叫作锁定线路。锁定线路时的轨道温度称为锁定轨温。此时，钢轨内的纵向温度应力为零。

选择无缝线路的锁定轨温是一件十分重要的工作。锁定轨温偏高，冬季产生的温度拉力大，易造成钢轨折断；反之，夏季产生的温度压力大，又易使线路胀轨跑道，给行车带来危害。

当设计无缝线路时，为保证安全，从强度和稳定条件来计算确定一个锁定轨温，这个锁定轨温被称为设计锁定轨温。根据多年来铺设无缝线路的经验，在实际铺设时，无缝线路的锁定轨温一般取稍高于当地历年最高轨温与最低轨温的中间值。如北京地区，常年最高轨温为 62.6 °C、最低轨温为-22.8 °C，中间轨温为 19.9 °C，设计锁定轨温则为 24 °C。

（二）新型轨下基础

新型轨下基础通常是指宽混凝土轨枕和整体道床。

宽混凝土轨枕（又称轨枕板）的外形和普通钢筋混凝土轨枕相似，但比普通混凝土轨枕宽而且稍薄，它在线路上是连续铺设的。如图 2-4-15 所示。

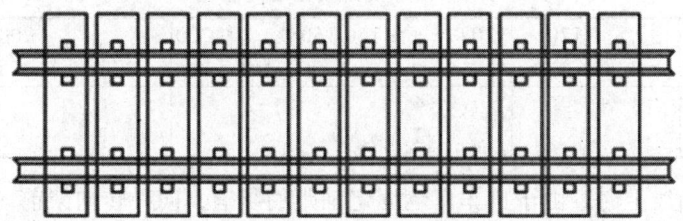

图 2-4-15 宽混凝土轨枕线路

采用宽混凝土轨枕的轨道沉陷小，也不易发生坑洼不平和道床的脏污现象。同时，由于它的底部和道床、上部和轨底的接触面积增大了，因此，提高了线路的稳定性，改善了钢轨的受力条件，有利于高速行车。宽混凝土轨枕已在隧道内、大桥桥头、大客运站上采用，并在主要干线上逐步扩大使用。

整体道床就是用碎石加水泥浆，或用钢筋加混凝土直接在路基面上筑成坚固的轨道基础，用以代替通常的碎石道床。这是一种钢性轨下基础，它平顺稳定、坚固耐久、线路的强度高、维修工作量少，适合于高速运行；但造价贵，技术要求高。目前，我国在大部分隧道内以及在高速铁路上大量铺设整体道床。如图 2-4-16 所示。

图 2-4-16 整体道床

三、轨道平顺技术要求

1. 轨　距

轨距为两股钢轨头部顶面内侧向下 16 mm 范围内两作用边之间的最小距离。因为钢轨铺设在线路上是向内倾斜的，车轮轮缘与钢轨侧面接触点在钢轨顶面下 10~16 mm，所以规定轨距测量部位在钢轨顶面下 16 mm 处（见图 2-4-17）。轨距分为直线轨距和曲线轨距。

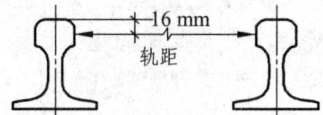

图 2-4-17　轨距量取示意图

由于保持精确的 1 435 mm 轨距很不现实，因此，在验收线路时，线路轨距应有一定的容许偏差。其容许偏差又因列车的运行速度不同而有所不同（不同速度的轨距容许偏差见表 2-4-2）。例如：轨距增宽过大会增大轮缘对钢轨的横向冲击，行车不平稳甚至车轮掉道；减窄过小，又会增加行车阻力和轮轨磨耗。

表 2-4-2　线路轨距容许偏差

线路允许速度 /km/h	$v_{max} \leqslant 120$ 正线及到发线	$120 < v_{max} \leqslant 160$ 正线	$160 < v_{max} \leqslant 200$ 正线	其他站线	$200 < v_{max}$ 正线	$200 < v_{max}$ 到发线
轨距容许误差 /mm	+6 −2	+4 −2	+2 −2	+6 −2	+1 −1	+3 −2

列车运行在曲线上时，由于机车车辆固定轴距的影响，同一转向架前一轮对的外轮轮缘和后一轮对的内轮轮缘都将紧贴钢轨，致使行车阻力增大，轮轨磨耗加剧。如图 2-4-18 所示。

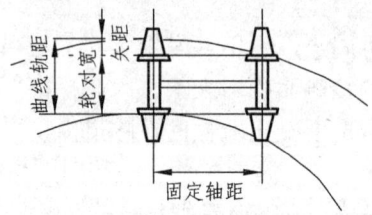

图 2-4-18　转向架通过曲线示意图

为使机车车辆能顺利通过曲线，对曲线的轨距要适当加宽。其加宽量按《铁路技术管理规程》（以下简称《技规》）的规定执行。

我国铁路的新建、改建及成段更换轨枕的线路大修地段，曲线轨距加宽标准按表 2-4-3 规定执行。

表 2-4-3　曲线轨距加宽

曲线半径/m	加宽值/mm	轨距/mm
$R \geqslant 350$	0	1 435
$350 > R \geqslant 300$	5	1 440
$R < 300$	15	1 450

2. 水 平

在线路同一断面处左、右两股钢轨顶面的高度差简称"水平"。为使两股钢轨受力均匀，直线地段两股钢轨顶面应保持在同一水平，但要求保持绝对同一水平则很不现实。因此，直线地段的水平允许有一定的高差，其允许高差，如表2-4-4所示。

表 2-4-4　线路水平容许高差

线路允许速度/km/h	$v_{max} \leqslant 120$ 正线及到发线	$120 < v_{max} \leqslant 160$ 正线	$160 < v_{max} \leqslant 200$ 正线	其他站线	$200 < v_{max}$ 正线	$200 < v_{max}$ 到发线
水平容许高差/mm	4	4	3	5	2	4

3. 轨 向

钢轨工作边纵向的平顺程度叫作轨道的方向，简称轨向。如果直线不直，曲线不圆顺，势必会加剧车辆左右摇摆振动，增加横向水平推力，产生车轮、钢轨的不正常磨耗，破坏轨距，对高速行车尤为不利。

为保证行车安全，必须定期检测轨向并及时校正。《铁路线路维修规则》规定，直线轨向必须目视顺直，用10 m弦绳沿钢轨头部内侧测量，允许误差如表2-4-5所示。

表 2-4-5　钢轨容许轨向误差

线路允许速度/km/h	$v_{max} \leqslant 120$ 正线及到发线	$120 < v_{max} \leqslant 160$ 正线	$160 < v_{max} \leqslant 200$ 正线	其他站线	$200 < v_{max}$ 正线	$200 < v_{max}$ 到发线
轨向容许高差/mm	4	4	3	5	2	4

4. 高 低

轨道上一股钢轨顶面纵向凹凸不平的现象叫作轨道前后高低，简称高低。《铁路线路维修规则》规定：钢轨顶面要目视平顺，前后高低差用10 m弦绳量最大矢度，其容许高低误差如表2-4-6所示。

表 2-4-6　钢轨容许高低误差

线路允许速度/km/h	$v_{max} \leqslant 120$ 正线及到发线	$120 < v_{max} \leqslant 160$ 正线	$160 < v_{max} \leqslant 200$ 正线	其他站线	$200 < v_{max}$ 正线	$200 < v_{max}$ 到发线
高低容许高差/mm	4	4	3	5	2	4

5. 轨底坡

由于车轮与钢轨顶面接触的踏面为1∶20的圆锥面，为使轮轨间能够良好的接触，保证钢轨中心受力，减少列车运行的"蛇行运动"，需将钢轨适当地向道心倾斜。钢轨的这种内倾度称为轨底坡。我国铁路直线轨道地段的轨底坡规定为1∶40。木枕线路，轨底坡通常设于楔形垫板上；钢筋混凝土枕线路，通常是将轨枕的承轨槽按轨底坡的规定做成斜面。

6. 曲线外轨超高

当列车在曲线上运行时，列车实际在沿曲线做圆周运动。由于离心力的作用，列车在任何瞬间都欲往曲线的切线方向运行，然而由于曲线外轨和轮缘的接触，外轨迫使列车沿曲线运行。这样，外轨就有一个力作用于轮缘，力的方向与线路速度方向垂直并沿着半径指向圆心，这个力就是迫使列车进行曲线运动的向心力。当然列车的离心力会通过轮缘同样作用于外轨，从而使轮缘和外轨之间产生磨损。若是客车，则旅客同样由于要沿曲线切线方向运动而产生不舒适感（似乎自己欲往曲线外侧倾压）。如果离心力大于向心力，则可能导致列车翻车出轨。

如何来解决列车在曲线上运行时轮轨间的磨损，避免列车翻车出轨？常用的办法是将曲线外轨轨枕下的道床加厚，使外轨高于内轨，即曲线外轨超高（见图 2-4-19）。这种外轨与内轨的高差用 H 表示。

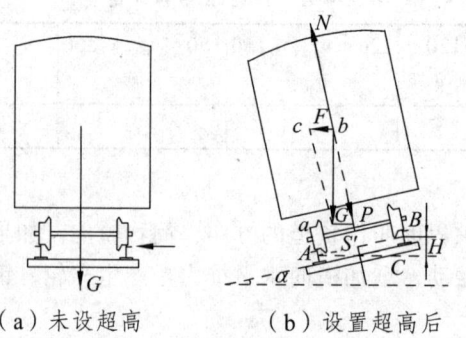

（a）未设超高　　　（b）设置超高后

图 2-4-19　外轨超高示意图

外轨超高后，车辆向内侧倾斜，车辆所受的重力 G 可分解成两个分力，分力 P 与轨面的支持力平衡；水平分力 F 为向心力，用于克服离心力，并使列车不断改变运行方向沿曲线运行。

从物理学知道，列车在曲线上运行时需要的向心力（F）为

$$F = m \cdot \frac{v^2}{R} = \frac{G \cdot v^2}{g \cdot R} \quad (\text{N})$$

式中　F——向心力（N）；

　　　m——列车质量（kg）；

　　　G——列车重力（N）；

　　　v——列车在曲线上运行的速度（m/s）；

　　　g——自由落体加速度（9.8 m/s²）；

　　　R——曲线半径（m）。

当列车沿曲线运行时，所需向心力（F）的大小取决于列车重力（G）、列车在曲线上运行的速度（v）、曲线半径（R）及外轨超高值（H）。由于外轨超高一旦设定，则不能随便变更；因此，外轨超高设置必须恰当。其计算为

由图 2-4-19 可知：$P \perp AB$、$G \perp AC$，则

$$\triangle ABC \sim \triangle abc,$$

$$\tan\alpha = \frac{F}{G}, \quad \sin\alpha = \frac{H}{S'}$$

式中　H——曲线外轨超高（mm）；

　　　S'——两钢轨中心间的距离，取 S'=1 500 mm。

因为 α 值很小，可以认为 $\sin\alpha = \tan\alpha$。则得

$$\frac{F}{G} = \frac{H}{S'}, \quad H = \frac{F \cdot S'}{G}$$

将向心力公式代入得

$$H = \frac{G \cdot v^2}{g \cdot R} \cdot \frac{S'}{G} = \frac{v^2 \cdot S'}{g \cdot R} \quad (\text{mm})$$

在实际工作中,铁路行车速度的计算单位惯用 km/h 表示,并以通过该曲线各种列车平均速度取值,则得

$$H = \frac{\left(\frac{1\,000}{3\,600}\right)^2 \times 1.5 v_p^2}{9.8R} \times 1\,000 = 11.8 \frac{v_p^2}{R} \quad (\text{mm})$$

由于各类列车在曲线上的运行速度与计算超高的平均速度不同,因此,设置的外轨超高不能与各类列车运行速度完全吻合。

1)欠超高

当实际速度大于平均速度(v_p)时,则实设超高不足,这时存在一个欠超高(H_q)(即外轨超高所产生的向心力会小于需要的向心力 F),这会导致外轮轮缘与外轨产生磨耗。欠超高越大,这种磨耗就越严重。

为了保证列车运行安全和旅客舒适,减轻钢轨磨耗必须对未被平衡的欠超高加以限制。《铁路线路维修规则》规定,未被平衡的欠超高一般不大于 75 mm,困难情况不应大于 90 mm。

有了按平均速度设置的超高(H)及未被平衡的允许的欠超高(H_q),就可以根据超高公式求出在 $H+H_q$ 条件下列车通过曲线时的最高允许速度($v_{\max}$),即

$$H + H_q = (11.8 v_{\max}^2)/R \quad (\text{mm})$$

$$v_{\max} = \sqrt{(H - H_g)R/11.8} \quad (\text{km/h})$$

2)过超高

当列车实际速度小于平均速度(v_p)时,实设超高会大于实际需求的超高,这就是过超高(H_g)(即未被平衡的超高)。过超高(H_g)也会使旅客感觉不舒适,导致内轨磨耗加剧,货物发生向内移动或滚动。当货物位移使车辆重心严重偏向内轨时,列车将发生向内倾覆。因此对未被平衡的过超高也要加以限制。《铁路线路维修规则》规定,未被平衡的过超高不得大于 30 mm,困难情况不应大于 50 mm。

有了按平均速度设置的超高(H)及允许未被平衡的过超高(H_g),就可以根据超高公式求出在 $H-H_q$ 条件下的列车通过曲线时的最低允许速度 $v_{\min}$,即

$$H - H_q = (11.8 v_{\max}^2)/R \quad (\text{mm})$$

$$v_{\min} = \sqrt{(H - H_g)R/11.8} \quad (\text{km/h})$$

第五节 线路标志与限界

一、线路标志

为满足行车和线路养护维修的需要,在铁路沿线设有许多用来表明铁路设施、设备等位

置和技术状态的标志,这些标志就是线路标志。

线路标志应设在线路里程增加方向的左侧机车车辆限界以外,距钢轨头部外侧不小于 2 m 处。如曲线标等不超过钢轨顶面的标志,在不妨碍某些特种车辆(如除雪车、底开门车等)工作状态下顺利通过线路,曲线标可设在距钢轨头部外侧不小于 1.35 m 处。

1. 公里标

公里标表示从铁路起点开始计算的连续里程,每一千米设一个,白底黑字,如图 2-5-1 所示。

2. 半公里标

半公里标设于相邻两个公里标的中间,白底黑字,用 "$\frac{1}{2}$" 字样表示,如图 2-5-2 所示。

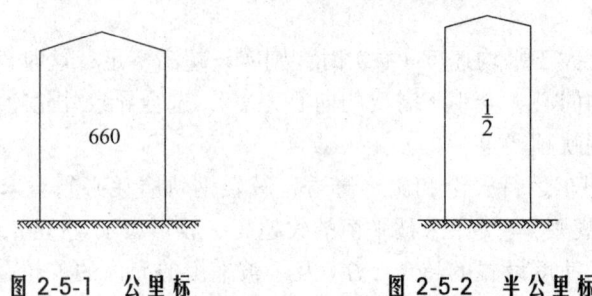

图 2-5-1　公里标　　　　　图 2-5-2　半公里标

3. 曲线标

曲线标设在曲线中部(见图 2-5-3),白底黑字,其上标有曲线长度、缓和曲线长度、曲线半径、外轨超高和轨距加宽等,侧面还标有曲线中部里程。

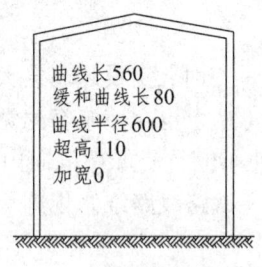

图 2-5-3　曲线标

4. 圆曲线和缓和曲线的始终点标

圆曲线和缓和曲线的始终点标标志呈三棱柱形,侧面标有缓、直、圆字样,分别设在直缓、缓圆、圆缓、缓直点处,如图 2-5-4 所示。其设置位置如图 2-5-5 所示。

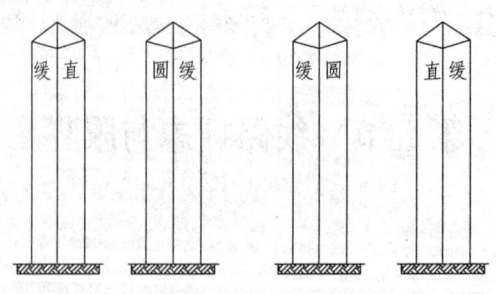

图 2-5-4　圆曲线和缓和曲线的始终点标

图 2-5-5　曲线标和始终点标的设置位置示意图

5. 坡度标

坡度标设在线路的变坡点处，白底黑字，两面各标明其前进方向的坡度值及坡段长度。箭头向上斜为上坡，箭头向下斜为下坡，横线为平道。坡度标的侧面数字为变坡点里程（见图 2-5-6）。坡度标的设置位置如图 2-5-7 所示。

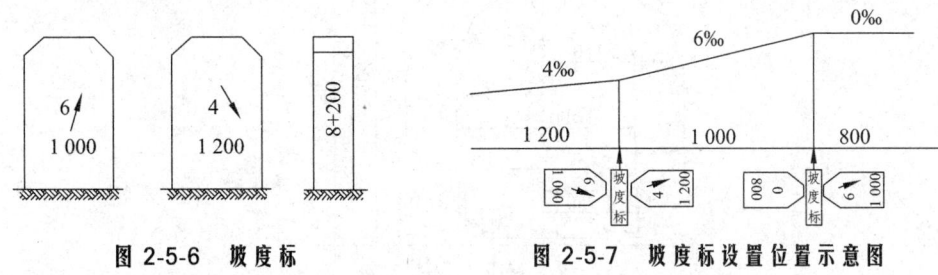

图 2-5-6　坡度标　　　　　　图 2-5-7　坡度标设置位置示意图

6. 桥涵标

桥涵标设于桥头或涵洞前方，其上标有桥涵编号和中心里程，如图 2-5-8 所示。

7. 管界标

设在各单位管辖地段的分界点处，白底黑字，两侧标明所向的单位名称，如图 2-5-9 所示。

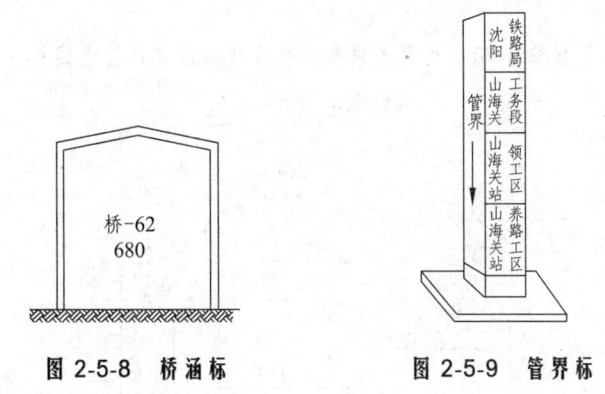

图 2-5-8　桥涵标　　　　　　图 2-5-9　管界标

二、限　界

为了确保机车车辆在铁路线路上的运行安全，防止机车车辆撞击邻近线路的建筑物和设备，对机车车辆和接近线路的建筑物、设备所规定不允许超越的轮廓尺寸线就叫作限界。铁路基本限界有机车车辆限界和建筑接近限界两种。

机车车辆限界是机车车辆横断面的最大极限，规定了机车车辆不同部位宽度和高度的最大尺寸，以及底部零件至轨面的最小距离。机车车辆限界与桥梁、隧道等限界相互对应，当机车车辆在满载状态下正常运行时，也不会因摇晃、偏移等现象而与桥梁、隧道及线路上的其他设备相接触，从而保证行车安全。

建筑接近限界是一个和线路中心线相垂直的横截面，规定了保证机车车辆安全通行所必需的横截面最小轮廓尺寸。凡靠近铁路线路的建筑物和设备，其任何部位（和机车车辆有相互作用的设备除外）都不得侵入限界之内。

机车车辆限界及直线地段建筑接近限界如图 2-5-10 所示。客运专线铁路建筑限界如图 2-5-11 所示。

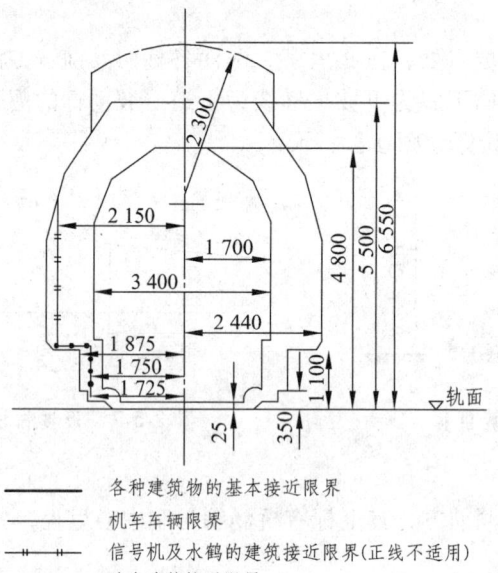

——— 各种建筑物的基本接近限界
——— 机车车辆限界
—×—×— 信号机及水鹤的建筑接近限界(正线不适用)
—●—●— 站台建筑接近限界
- - - - 适用于电动机车牵引的线路的跨线桥、天桥及雨棚等建筑物

图 2-5-10 机车车辆限界及直线地段建筑接近限界

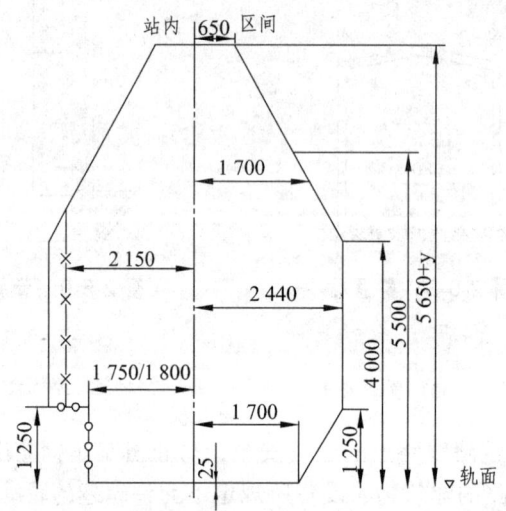

—×—×— 信号机、高架候车室结构柱和接触网、跨线桥、天桥、电力照明、雨棚等杆柱的建筑限界（正线不适用）
—○—○— ① 站台建筑限界（侧线站台为 1 750 mm；正线站台，无列车通过或列车通过速度不大于 80 km/h 时为 1 750 mm，列车通过速度大于 80 km/h 时为 1 800 mm）；
　　　　② 站内反方向运行矮型出站信号机的限界为 1 800 mm
——— 各种建（构）筑物的基本限界，也适用于桥梁和隧道
y 为接触网结构高度

图 2-5-11 客运专线铁路建筑限界

第六节　高速铁路线路的技术要求

一、高速铁路的平、纵断面特点

高速铁路的高平顺性要求线路的空间曲线尽可能的平滑，即线路的平、纵断面的变化尽可能的平缓。因为无论是线路的平面还是纵断面，曲率变化快的地段，轮轨间的相互作用力就会增加，产生轨道不平顺，极大地影响了行车的安全性与稳定性，而且线形也不易保持。列车在曲线上运行，产生的离心力加速度与列车速度的平方成正比，会影响列车运行的舒适性和平稳性。因此，行车速度越高，平面曲线和竖曲线的半径越大。此外，列车通过缓和曲线时产生的超高时变率也随着行车速度的增加而增加，不利于乘车的舒适性。为满足高速行车舒适性的要求，直线与曲线间过渡的缓和曲线应有一定的长度，使线形平缓过渡。同时，由于列车在通过平面直缓点、缓圆点、圆缓点、缓直点、纵断面坡圆点及圆坡点时，会产生冲击振动叠加，影响行车的平稳运行与乘坐舒适度。因此，夹直线和圆曲线以及纵断面坡段也要有足够的长度。

（一）线路平面

1. 超　高

一般情况下，欠超高达到 13 mm，就会产生 0.01 g 的离心加速度，而舒适度标准规定的离心加速度值为 0.10 g。因此，减少欠超高值应作为高速铁路平面曲线设计的一个原则。各国规定，欠超高的数值为 60～130 mm；法国最大采用 90 mm，个别采用 130 mm；日本东海道新干线最大采用 60 mm，个别采用 100 mm；德国 ICE 科隆—法兰克福线达到 150 mm。英、日等国 20 世纪 60 年代的试验结果认为，欠超高与过超高对旅客的乘坐舒适度的影响是相同的。但在既有客货混运干线上，最大过超高通常远小于最大欠超高，主要是货车的通过的总重大于旅客列车，对曲线钢轨的磨耗及对线路的破坏作用较大，易导致内、外轨磨耗不均匀，从而破坏线路的稳定性，因此，对过超高进行了严格的限定。中速旅客列车对线路的破坏作用及对钢轨的磨耗远小于货物列车，因此，当高、中速旅客列车共线运行时考虑过超高的允许值可以放宽。

在我国，中国铁道科学研究院通过环形铁道进行了广深准高速客车运行试验和广深线开通后进行的旅客舒适度的不同等级试验，提出我国京沪高速铁路的欠超高允许值采用如表 2-6-1 所示值。考虑到京沪高速铁路的高、中速列车共线的运营模式是以高速为主，重点在保证高速列车的旅客舒适度，因此，取过超高与欠超高的最大允许值一致。

表 2-6-1　京沪高速铁路的欠、过超高允许值

条　件	舒适度良好	舒适度一般	舒适度较差
最大欠超高/mm	40	80	110
最大过超高/mm	40	80	110

2. 最小曲线半径

线路平面是由直线和曲线组成的。高速铁路的曲线同样也包括圆曲线和缓和曲线。线路

上设置曲线可以很好地适应地形的变化,减少工程量。但是车辆在运行时,曲线地段会增加轮轨的磨耗;曲线半径越小,磨耗增加越大,影响列车的安全、稳定运行。

最小曲线半径是线路平面设计时允许选用的曲线半径最小值。有条件时应尽可能选用较大的值,这样可以改善运营条件,节省运营费用。

最小曲线半径的选定主要考虑行车速度、地形条件和机车牵引种类等因素。其中行车速度是选定最小曲线半径的主要依据。

对于只运行高速或快速列车的客运专线,由于速度比较单一,最小曲线半径的选择由下式确定:

$$R_{\min} = \frac{11.8 \times v_{\max}^2}{[h_m + h_q]}$$

式中　$R_{\min}$——最小曲线半径(m);
　　　$v_{\max}$——列车最大速度(km/h);
　　　$[h_m+h_q]$——实设超高与欠超高和的允许值(mm),当确定设计超高时,往往要为现场适应运输条件变化预留调整实设超高的变化幅度,一般$[h_m+h_q]<[h_m]+[h_q]$。

在客货混跑的高速与快速线上,由于旅客列车与货物列车的速差较大,此时,一方面要保证旅客的安全舒适;另一方面应使低速列车通过曲线时,不过于挤压与磨耗内轨,保证轮轨的接触应力不超过钢轨接触强度的要求,并且使载运的货物不发生移位。因此,在此类线路上,最小曲线半径不但与最高行车速度有关,还受到低行车速度的影响,同时也与过超高与欠超高之和的允许值$[h_q + h_e]$有关,其最小曲线半径应为

$$R_{\min} = 11.8 \times \frac{v_{\max}^2 - v_{\min}^2}{[h_m + h_q]}$$

式中　$v_{\max}$、$v_{\min}$——旅客列车最高行车速度、货物列车最低行车速度(km/h);
　　　$[h_q+h_e]$——欠超高与过超高之和的允许值(mm),当确定设计超高时,考虑实际运行时,列车开行方案不同存在一定速度差等因素,要求预留可调整的幅度,取$[h_q+h_e]<[h_q]+[h_e]$。

德国的客货混运的高速铁路,最大速度为250 km/h,货车速度为120 km/h,半径7 000 m的曲线欠、过超高之和为89 mm;半径5 100 m的曲线欠、过超高之和为121 mm。日本新干线部分中间站附近曲线欠、过超高之和为110～130 mm。

参考国外的资料,考虑到我国京沪高速的距离较长、本线与跨线旅客列车共线、以高速列车为主的特点,即最小曲线半径不仅要满足350 km/h行车的要求,还要满足高、中共线运行300/200 km/h的要求,其各种允许值参考《京沪高速铁路设计暂行规定》。

因此,我国京沪高速铁路取最小曲线半径为7 000 m,若考虑满足各种不同速度列车组合运行条件的舒适性,最小曲线半径一般采用9 000～11 000 m较好。

从国外情况来看,日本新干线一直坚持高速客运专线模式,并积极采用无砟轨道,尽管运营速度在提高,但其最小曲线半径仍保持在4 000 m;德国科隆—法兰克福高速铁路,运营速度达到300 km/h,采用无砟轨道后,最小曲线半径为3 250 m。但是,曲线半径的选用一定要通过技术、经济两方面因素综合比较后确定,适当地增大曲线半径对长期运营来说是有利的。

3. 缓和曲线长

在直线与圆曲线之间设置的缓和曲线，其作用为列车由直线驶向圆曲线（或直线）时，使离心力逐渐产生或消失，并减缓外轮对外轨的冲击，保证行车平顺。因此，为保持高速铁路的正常运行，在设计高速铁路的缓和曲线时，应考虑在缓和曲线始终点与缓和曲线范围内运行的列车应有较好的稳定性，以确保行车的安全性和舒适性，进而提高平顺性，同时缓和曲线线型要力求简单，便于铺设与养护。

4. 夹直线与圆曲线最小长度

当车体的转向架由具有渐变超高的缓和曲线进入直线或圆曲线时，由于惯性与动力作用会继续振动、摆动 1.5~2 个周期后才能平稳运行。因此，为了防止列车在缓和曲线与夹直线与圆曲线接点处发生振动叠加，使列车平稳地通过该地段，夹直线与圆曲线的长度应使转向架运行 1.5~2 个周期，以便振动衰减后再进入下一个缓和曲线。

夹直线应尽量长些，这对运营是有利的，特别是反向曲线时的夹直线更应长些，因为列车通过反向曲线时，其曲线单位附加阻力比单个曲线增大，影响运行中列车的稳定性与安全性。规定时速为 300 km 时，同向曲线或反向曲线之间夹直线长度至少为 150 m，特殊情况下至少为 100 m。日本高速铁路规定：夹直线一般应大于 100 m；列车速度低于 110 km/h，可大于 50 m。国外高速铁路的夹直线与圆曲线最小长度为 $0.4\,v_{max} \sim 1.0\,v_{max}$（m）（最高运营速度 200 km/h~300 km/h）。参照国外高速铁路的规定，我国京沪高速铁路考虑高舒适性，拟取夹直线与圆曲线最小长度一般为 $0.8\,v_{max}$（m），困难条件下为 $0.6\,v_{max}$（m）。

5. 线路间距

在高速复线铁路上，当两列车相遇时，最初的风压力使列车相互排斥，到接近列车尾部时变为相互吸引。不论是作用在相互排斥的方向还是相互吸引的方向，所发生的最大压力是不相上下的。国内外试验研究表明，会车压力的最大值与列车的运行速度 v_{max}、列车外形及其尺寸、交会车列车侧壁间净距 Y 等因素有关。一般来说，压力波大小与邻线来车的速度平方成正比；与列车的侧壁间净距成反比；与列车外形（列车头部的流线程度、列车车宽、列车长度和车体流线型程度）密切相关，其中列车头部的流线程度影响最为显著。因此，为避免强大风压造成的损害，许多国家根据其具体情况选择了适当的线路间距。

日本铁路曾对此做过研究与试验，在区间线路上，当两列 250 km/h 的列车相对开行时，作业人员站在两车距离为 0.8 m 的中间还是安全的，从而规定线路中心距至少为 4.2 m（车辆限界宽度 3.4 m）。在站内线路上，除考虑安全距离 0.8 m 外，还应考虑人宽约 0.4 m，则站内线路间距定为 4.6 m。

另外，线间距的选定是一个比较灵活的问题，需要结合具体的国情、路情予以合理的解决。如日本的交会列车侧壁间净距取值最窄，允许的会车压力波最大，但对列车车辆的设计和制造要求最高，这对国土面积窄小的日本是十分重要的，同时还可以节省工程投资。德国和法国的列车侧壁间净距则较大，但是降低了机车相关设计要求，如机车车辆的气密性、门窗等设计要求，但土建方面的投资要相应增加。

我国京沪高速铁路结合国外高速铁路的线间距取值方法，通过试验，并考虑上线的中速列车对向运行时的行车安全，同时结合我国车辆的制造水平和工程的投资等因素，线间距最终选定为 5.0 m。

(二)线路纵断面

1. 最大坡度

与传统铁路相比,高速铁路比较突出的特点是允许采用较大的坡度值。采用坡度的大小,对设计线的运营和工程影响很大。在运营方面,限制坡度增大,牵引质量减少,列车速度降低;而在工程方面,可以适应地形,减少建设线路的工程量,从而降低造价。

高速铁路采用大坡度的有利条件如下。

(1)现代高速铁路机车的功率大,特别是动力分散式动车组,可以提供强劲动力支持,为大坡度运营奠定基础。例如:TGV 机车功率达到 9 000 kW,而传统的铁路初期采用的蒸汽机车功率只有 750 kW。

(2)列车速度越快,爬同样的坡,减速度越小,重力作用时间越短,为设置大坡度提供了条件。

法国由于 TGV 机车功率较大,在东南干线通过丘陵地区时,就充分利用了列车在坡脚的动能,配合机车的牵引力,采用了 35‰ 的大坡度有 12 处,全线无隧道,桥梁长度仅占 1.2%,工程量小,造价成为当时高速铁路中造价最低的。日本新干线早期采用的最大坡度均小于 20‰,1997 年建成的北陆新干线采用了 30‰ 的最大坡度值,2004 年 3 月开通运营的九州新干线的最大坡度值达到 35‰。法国铁路一直取较大的坡度值,东南线和地中海线采用 35‰,其他几条高速铁路为 25‰。德国起初修建的客货共线高速铁路最大坡度为 12.5‰,到修建科隆—法兰克福线路时,采用了 40‰ 的坡度值,节省投资达到 25%。我国台湾高速铁路最大坡度为 35‰,我国京沪高速铁路最大坡度为 12‰,个别困难情况下可大于 12‰,但不宜大于 20‰。

2. 竖曲线半径

当高速铁路线路的相邻坡度差大于 1‰ 时,应设置竖曲线。竖曲线一般采用圆曲线形。竖曲线半径的大小,除应保证列车经过变坡点时车钩不脱钩、车轮不脱轨外,还应考虑在竖曲线上产生的竖向离心加速度和离心力对旅客舒适度的影响。通过理论分析认为,在一定机车车辆构造等条件下,竖曲线半径与行车速度有关,行车速度越高,竖曲线半径也应越大。

竖曲线的半径通常按下式确定

$$R_s = \frac{v^2}{3.6 \times a_s}$$

式中 R_s——竖曲线半径(m);

v——列车速度(km/h);

a_s——竖向离心加速度(m/s²),根据国外取值经验一般为 0.4 m/s²,困难为 0.5 m/s²。

法国 TGV 东南线的竖曲线半径为 25 000 m;而日本除东海道新干线竖曲线半径为 10 000 m 以外,其余各线均为 15 000 m。

根据我国《京沪高速铁路设计暂行规定》中的规定,最小竖曲线半径按所处区段远期设计速度取值(见表 2-6-2),考虑养修问题,规定最大竖曲线半径不大于 40 000 m。

表 2-6-2 竖曲线半径采用标准

v/km/h	300 及以上	250~300	160~250	160 以下
R_s/m	25 000	20 000	15 000	10 000

3. 最小夹坡段长度

同夹直线的原理一样，高速铁路线路除了最小坡段长度满足两个竖曲线不重叠外，还要考虑两个竖曲线间有一定的夹坡段长度，保证列车在前一个竖曲线终点处产生的振动在夹坡度长度范围内衰减完毕，不会导致在进入下一个竖曲线起点时产生叠加，保证高速铁路的运行舒适性。法国曾有此规定，夹坡段长度不小于 $0.4v_{max}$。我国京沪高速铁路夹坡段长度暂定不小于 $0.4v_{max}$。

二、高速铁路的路基、桥隧建筑物特点

（一）高速铁路路基

1. 高速铁路路基要求

1）高速铁路路基的多层结构系统

高速铁路线路结构，已经突破了传统的"轨道-道床-土路基"这种结构型式，既有有砟轨道，也有无砟轨道。对于有砟轨道，在道床和土路基之间，已抛弃了将道砟层直接放在土路基上的结构形式，而做成了多层结构系统。

2）控制路基变形

高平顺性是高速铁路得以正常运营的基础保证。因此，高速铁路对轨道的不平顺管理标准要求非常严格。路基是铁路基础工程的重要组成部分，承受着轨道结构重量和列车荷载，路基的变形，自然会引起轨道的几何不平顺，特别是有砟轨道，其轨下基础是由散体材料组成的道床和路基，它是整个线路结构中最薄弱，也是最不稳定的环节，是轨道变形的主要来源，它们在多次重复荷载作用下所产生的累积永久性下沉（残余变形）将造成轨道的不平顺；同时它们的刚度对轨道的弹性变形也起到关键性的作用，从而，列车的高速走行条件有重要的影响。因此，高速铁路路基除了应具备一般铁路路基基本性能外，还需要满足高速铁路轨道对路基提出的性能要求，满足静态平顺和列车运行状态下的动态平顺。

所以，在路基设计中，一般的铁路路基是基于强度控制设计的；对于高速铁路路基，变形控制是路基工程设计的主要控制因素，因为在强度破坏前，可能已出现了不允许的过大变形。

3）保证路基刚度的均匀性

列车速度越高，要求路基的刚度越大，弹性变形越小。因为弹性变形过大，就会导致高速行驶的列车无法正常运行；同样刚度也不能过大，过大就会导致列车的振动和噪声加大，也不利于车辆的平稳运行。研究表明，由刚度变化引起的列车振动和速度的平方成正比；列车速度越高，刚度变化越急剧，引起的列车振动越强烈，影响列车高速运行的舒适性和安全性。因此，高速铁路要求路基在线路上应做到刚度均匀、变化缓慢，不允许出现刚度突变的情况。

4）在列车运行及自然条件下的稳定性

在列车运营时，路基不仅要承受轨道结构和附属建筑物的静荷载，还要承受列车多次的反复作用；同时还要抵抗气温变化、雨雪作用、地震破坏等自然因素的侵蚀和破坏。因此，为了保证高速行车，路基工程必须要具有抵抗这些不良因素的能力，保证强度不降低，弹性不改变、变形不加大，真正做到长寿命、少维修，只有这样才能保证高速行车，减少维修费用，并增加行车的舒适性和安全性。

2. 高速铁路路基结构

世界各高速铁路国家通过多年的实践，在铁路路基结构方面都形成了适应本国铁路情况的技术标准。以日本、德国、法国为代表的路基结构特点各有不同，但归纳起来，高速铁路路基，一般是由基床表层、基床底层、路堤下部和地基几部分组成的。其中，基床表层是轨道的直接基础，是基床的重要组成部分，受到列车荷载的剧烈作用，对轨道的平顺和稳定影响很大，通常称为承载层和持力层，这是高速铁路路基结构中最为重要的部分之一。基床表层除了给轨道提供坚实稳定的基础外，还必须具有：① 较大的强度来抵御外力作用，避免破坏；② 足够的刚度，抵抗变形；③ 较好的稳定性，以免基床的表层刚度与强度在外界不利因素作用下发生改变；④ 给路基提供保护，具有良好的扩散应力的能力。据日本铁路的观测资料，不良基床表层产生的轨道变形是好的基床表层的数倍，而且差距还会随着速度的提高而增大。因此，高速铁路为提供较大的路基刚度和强度，需对基床表层进行特别的加固。

1) 日本铁路的路基结构

日本铁路路基结构分为基床表层、上部填土和下部填土三部分，其中基床表层是指道床下面直接承载轨道的垫层，上部填土指基床表面以下 3 m 以内的部分，下部填土指上部填土以下的填土部分。基床表层有强化基床表层和土基床表层两种。强化基床表层按材质可分为碎石基床表层和水硬性矿砟基床表层；土基床表层采用优质自然土填筑，与强化路基相比，工程造价低。基床表层的选用可根据线路或区间的重要程度进行选择。重要线路或区间选择强化基床表层，而一般线路或区间选择土基床表层。如图 2-6-1 所示。

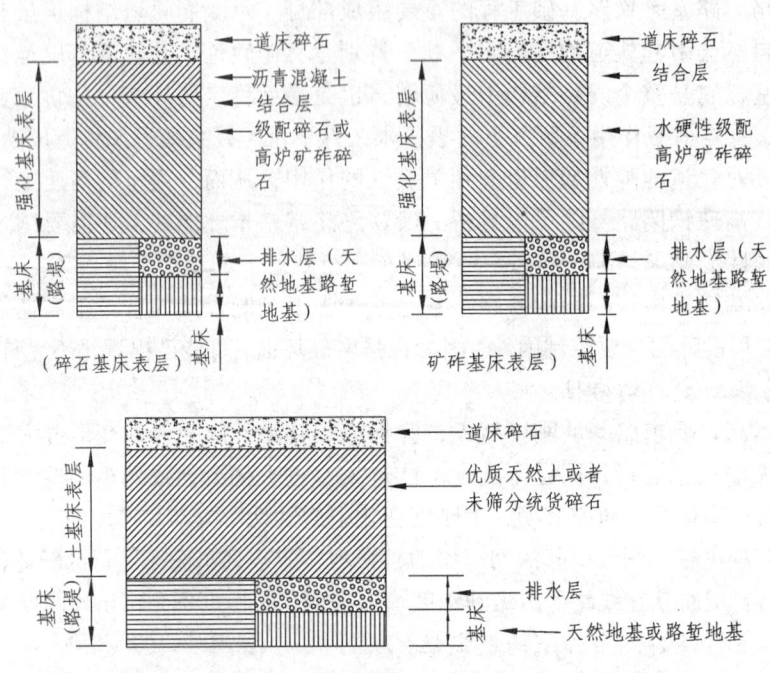

图 2-6-1 日本铁路基床表层结构图

2) 法国铁路的路基结构

法国对铁路路基的质量控制，是从运营维修、机车类型、轨道结构和铁路路基各组成部分统一考虑，根据具体情况来确定的。路基断面，如图 2-6-2 所示，其结构依次是：道砟层、垫层和路基层。道砟层一般是运输条件越艰难（吨数、轴重、速度等）道砟层越厚，同时道砟厚度也取决于轨枕的类型。垫层是放在道砟和路基之间的调整层，该层呈 3% ~ 5% 的坡度。垫层可以根据其下部的路基类型呈单层或多层。垫层起多重作用，一是保护路基的上部免受道砟压伤和雨水的侵蚀；二是保护路基不受冻害影响；三是使传输过来的荷载均匀分布，使路基上部的荷载应力在承载力的允许范围内。垫层一般包括砟垫层、底基层、防污染层三个层面。路基层由运来的土或现场的土构成，路基上面的部分被整成横向倾斜的路基表层。路基可分为三类：PF1——不良路基；PF2——中等路基；PF3——优良路基。垫层厚度与路基种类和路基表面应力有关。

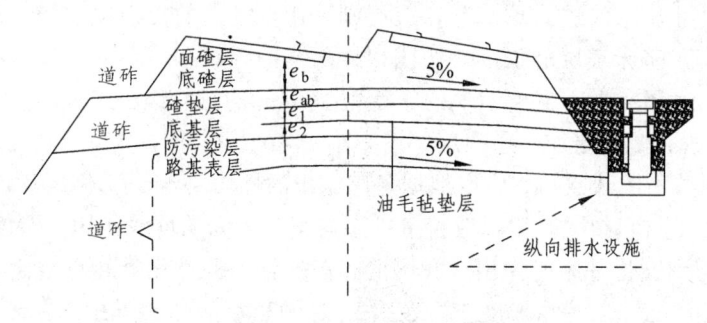

图 2-6-2　法国铁路基床结构图

3）我国铁路的路基结构

在我国客运专线上，基床为路基上部列车应力作用较显著的部分，由表层与底层组成，其总厚度为 3.0 m（见图 2-6-3）。对于高度小于基床厚度的路堤，基床包括路堤和地基的一部分；对于路堑则为开挖路基面以下基床厚度的范围；对于无砟轨道路基，基床表层由两部分组成，即 30 cm 的混凝土支撑层和 40 cm 的级配碎石层；对于有砟轨道路基，基床表层采用级配砂砾石或级配碎石材料。

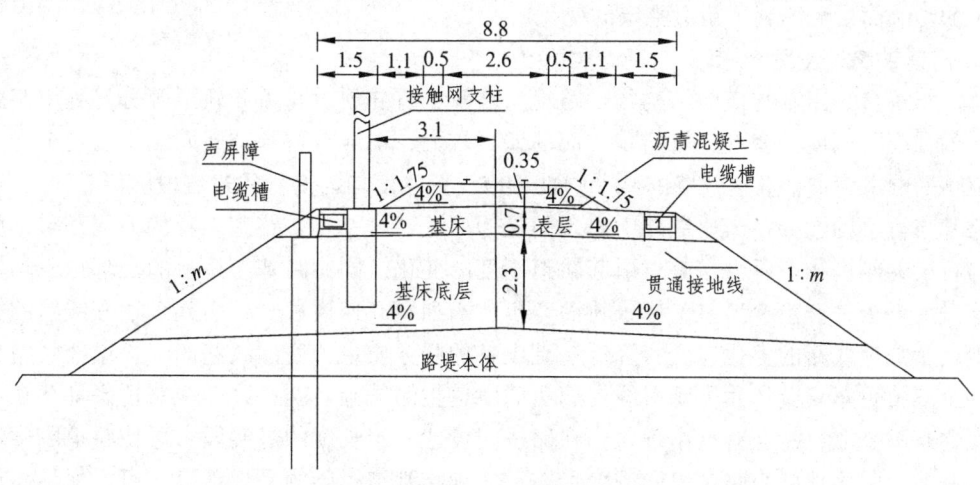

图 2-6-3　我国单线路堤标准断面示意图（单位：m）

在基床表层的厚度方面：我国基床表层厚度是根据应力和变形确定的，主要考虑列车的轴重和速度的影响，但没有细致考虑冻胀影响，当遇到气候寒冷、土性和水文地质条件不利时，可能会出现超过允许的冻胀变形。

3. 高速铁路路基填料与压实标准

1）基床表层

基床表层的材料应具有较高的强度和弹性模量及耐磨、反滤等特性。根据国内外的经验，基床表层的材料一般由级配碎石、砂砾石、高温炉渣和各种结合材料（如石灰、水泥等）的稳定土构成。级配砂砾石是欧洲铁路基床表层普遍使用的材料。德国、法国、西班牙等国都采用级配砂砾石作为基床表层的材料。日本则较多采用级配碎石。

日本在东海道新干线及山阳新干线的基础上，提出了基床表层的强化结构形式：碎石基床表层和炉渣基床表层。在碎石基床表层上铺 5 cm 厚的沥青混凝土，增加了与道床道砟接触部位的摩擦力，防止雨水渗透。炉渣基床表层则采用水硬性的高级配炉渣，加大了路基的承载能力，极大提高了基床表层的强度。法国根据路基的等级和填料的质量，将路基表层分为三层；第一层为砟底层，由不少于 30% 的粒径为 30 mm 的颗粒级配组成，其压实系数达到重型击实标准的 100%，此砟层加上道砟层厚度不小于 60 cm；第二层为基础层，由级配良好的砾石填筑，压实系数不小于 95%，厚度根据基床床土的性质决定，但不小于 15 cm；第三层为防污层，由砂和土工材料组成，用以改善基础层与道床之间的反滤作用，厚度不小于 15 cm。这三层填料可以起到强化基床的作用。我国的《高速铁路路基设计暂行规定》中规定，路基基床的表层厚度应为 0.7 m、底层厚度应为 2.3 m、总厚度为 3.0 m。其中，基床表层由 5~10 cm 厚的混凝土和 60~65 cm 厚的级配碎石及级配砂砾石组成。

2）基床底层

我国高速铁路对于基床底层材质的要求是有足够的强度和稳定性，并且不会因含水量的增加而产生强度的大幅降低和翻浆冒泥等病害，因此，一般采用优质填料或改良土。

3）路堤下部

路基下部的填料一般应满足下列 3 个要求：① 在列车和路堤自重荷载作用下，路堤能保持长期稳定；② 路堤本体的压缩沉降能很快完成；③ 其力学特性不会受其他因素（水、温度、地震）的影响而发生不利于路堤稳定的变化。

4. 高速铁路过渡段

路基与桥台、路基与横向结构物、路堤与路堑、有砟轨道与无砟轨道等分界处由于两端结构物的强度、刚度、变形、材料等方面的差异较大，引起轨道基础竖向刚度出现突变，引起轨道不平顺，为保证高速铁路的高平顺性，应设置刚度均匀变化的过渡段。

路基与桥梁的连接在高速铁路上出现的最为广泛，这一直是路基工程的薄弱环节。由于路基与桥梁的刚度相差巨大，必将引起轨道刚度的变化。同时路基与桥台的沉降也不均匀，在桥路过度点极易产生变形差，导致轨面弯折。当列车高速通过时，引起车辆和线路的相互作用加剧，加速线路的劣化速度，降低基础设备的服务质量，增加线路的养护维修费用，严重时甚至威胁行车安全。我国既有线提速后的轨道检测试验表明：许多线路桥头都存在严重的轨道动态不平顺，甚至有跳车现象。在路桥间设置一定长度的过渡段，可使轨道刚度逐渐变化，并最大限度地减小路桥之间的变形差，实现路基与桥梁的平稳连接过渡，保证高速行车的安全、平稳、舒适。

随着高速铁路的修建，国外很多国家在处理路桥过渡段时提出了一些经实际工程检验是可行技术的处理措施，归结主要有以下 3 种：① 在过渡段较软一侧，增大路基基床的竖向刚度值，减少路基结构物的工后沉降，具体的处理方法是加筋土法、土质改性法、过渡板法和碎石材料填筑法；② 在过渡段较软的一侧，增大轨道结构的竖向刚度，具体处理方法：调整轨枕长度和间距来提高轨道刚度、增大轨排抗弯模量来增加轨道刚度、加厚道床厚度提高轨道刚度；③ 在过渡段较硬的一侧，减少轨道结构的竖向刚度，通过设置轨下、枕下、砟底橡胶垫块（板）减小轨道竖向刚度。德国、法国、日本、西班牙等国在新线上就曾采用了级配碎石和级配砂砾石掺入3%水泥填筑过渡段的方法。我国高速铁路对路桥过渡段的处理给予了高度重视，经过多年的摸索研究，我国的主要处理措施有：桥头设搭板和枕梁、粗粒级配料填筑、加筋土路基结构、桥头桥面结构的改进。我国秦沈客运专线采用了级配碎石填筑的过渡方式。

另外，由于高速铁路广泛地采用了无砟轨道结构形式，在线路上存在大量有砟轨道与无砟轨道交替铺设的情况，由于无砟轨道其整体刚度大于有砟轨道，在其连接处，存在着一定的刚度差。当列车高速通过时，同样会增加列车与轨道的振动，引起列车与轨道结构作用力的增加，导致轨道的平顺性变差，影响轨道结构的稳定性以至危及行车安全。因此，有砟轨道与无砟轨道之间设置的过渡段同样也是我国修建高速铁路值得重点关注的地方。对于过渡段的具体处理措施，各国都有各自的特点，但总体上使刚度均匀变化的处理原则是一致的，归纳起来有：调整轨枕长度和间距、改变扣件刚度、改变轨道结构类型、延长无砟轨道基础、改变道砟的胶结方式等处理方法，这些均取得了较好的效果。

5. 高速铁路路基处理

根据《铁路特殊路基设计规范》的规定，路基在竣工铺轨后继续发生的沉降就是路基的工后沉降。

路基工后沉降量的大小对高速铁路行车的安全性、稳定性、舒适性、线路的养护维修量及轨道结构部件的使用寿命有重要的影响。路基的工后沉降一般由路基在列车荷载作用下发生的变形、路基本体在自重作用下的压密沉降和地基引起的工后沉降这 3 部分组成。在路基填料的材质与施工质量有保证的前提下，前两部分的数值是有限的，因此，控制路基的沉降主要是控制地基的工后沉降，特别是针对不良地基，如饱和软弱黏性土质的地基，变形数量大、完成时间长。如果不采取有效的处理措施，下沉量可达几十厘米到几米，变形过程长达几十年。工程实践说明，绝对消除工后沉降是很困难的，一般在地基设计和养护中，将工后沉降控制在一定的、可以允许的范围内，使其对高速铁路的正常运行影响不大。因此，严格控制路基变形和工后沉降是十分重要的，也是保证路基施工质量的重要环节。

控制路基工后沉降标准，主要依据如下。

（1）根据高速铁路行车线路的要求和线路的维修能力决定。如果高速线路对路基的工后沉降的维修能力能够保证速度要求的平顺度，这样的工后沉降就是允许的，反之就是不允许的。

（2）根据前期建设投资与后期养护费用的经济比较确定。在地基不良地段，工后沉降与地基处理费用成正比关系。如果沉降标准规定过严，地基的处理费用就会大幅上升，虽然后期的养护维修费用会减少，但是从整个工程经济的角度上看是不合理的。因此，工后沉降标准要有一个最佳的经济值。

我国 2004 年的《京沪高速铁路设计暂行规定》规定：路基工后沉降不应大于 5 cm，年沉降速率应小于 2 cm，过渡段工后沉降不应大于 3 cm。

路基整体的工后沉降是易于控制并完全有把握满足暂规要求的，其主要难点在于路基以下的软土地基。由于软土地基具有高压缩性、低渗透性、低强度等特点，使得软土地基上的路基在建成后不仅沉降量大，而且需延续很长时间，给运营后的高速行车带来困难，甚至根本无法高速行车。因此，为满足设计上的要求就得对天然软土地基进行加固。通常针对软土、松软土不同的沉积特点和埋深等工程力学特性，我国路基施工暂规列入了十几种软土地基的加固方法，这些方法对于提高软基承载能力，减少路基的沉降量，并在尽可能短的时间内完成绝大部分沉降量，使工后沉降量满足要求，都是有效的。设计采取不同的工程措施有：对位于地表以下 2 cm 范围内的软弱土层（以下无其他软弱土层），采用翻挖换填、抛石挤淤等措施处理；对位置较深的软弱土层，且加固区内无较厚的硬土层或砂层时，采用水泥搅拌桩处理；对挤密效果好的土层，则采用砂桩或碎石桩处理；对于软弱土层埋深较浅、地下水位较深时，可采用强夯处理；对个别工后沉降较大、加固深度较大的地段采用旋喷桩、CFG 桩或预制钢筋混凝土管桩处理。至于能否取得较好的效果，关键在于沉降量在设定的时间内是否能做到可控。

随着我国高速铁路、客运专线的修建，许多线路都铺设了无砟轨道，针对土质路基上的无砟轨道，又提出了一些新型的加固地基的方法。在我国遂渝线上就采用了桩网结构地基和桩板结构地基处理技术来解决软土地基工后沉降问题（见图 2-6-4 和图 2-6-5）。桩网结构地基是在地基处理过程中，下部土体得到竖向增强体"桩"的加强从而形成复合地基加固区，在桩顶得到水平向增强体"网"的加强从而形成复合地基加固区，从而使网、桩、土三者协同作用，构成一个整体共同承担上部荷载的人工地基，具有竖向沉降变形小、变形稳定时间短的突出优点，且施工质量易控，可用于无砟轨道铁路深厚软弱地基加固、已建土质路堤的加固、无砟轨道道岔区加固等。桩-板结构路基是高速铁路无砟轨道的一种新的结构形式，由下

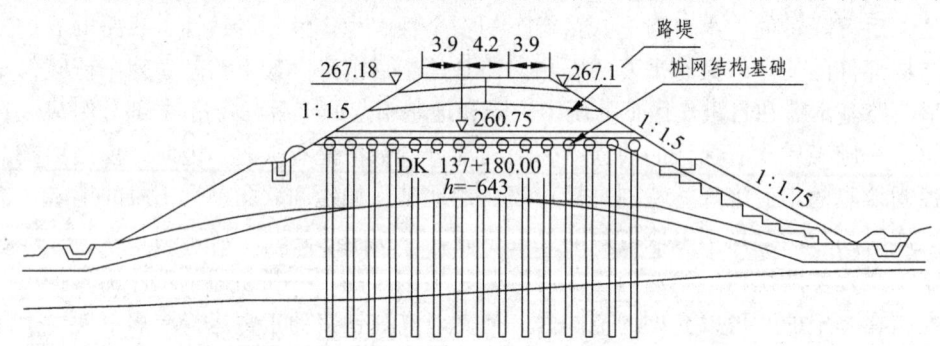

图 2-6-4　遂渝线无砟轨道综合试验段桩——网结构路基代表性横断面（单位：m）

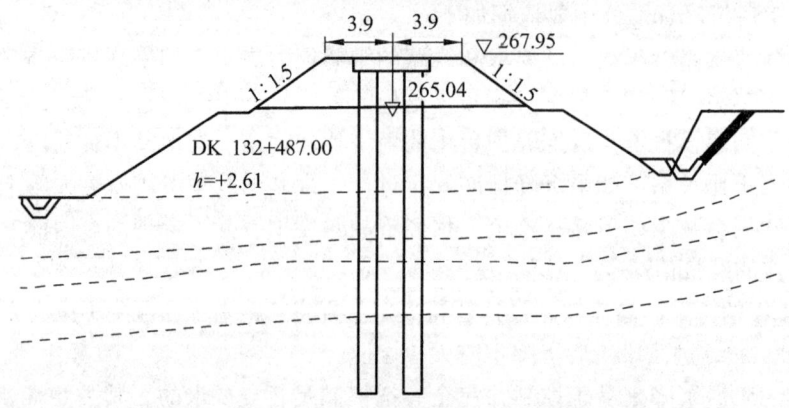

图 2-6-5　遂渝线无砟轨道桩——板结构路基代表性横断面（单位：m）

部钢筋混凝土桩基和上部钢筋混凝土承载板组成，钢筋混凝土承载板直接与轨道结构相连接，综合了板式无砟轨道或双块式轨枕埋入式无砟轨道结构与桩基础各自的特点，充分利用了桩土、板土之间的共同作用，以满足对无砟轨道强度和沉降变形的要求。桩-板结构路基具有施工技术简单的显著优点，与桥相比其工程造价低。桩-板结构路基主要用于无砟轨道铁路已建土质路堤的加固、工程地质条件复杂的路堑地段、无砟轨道道岔区的加固等。

（二）高速铁路桥隧建筑物

1. 高速铁路桥梁的特点

1）桥梁所占比例大

高速铁路设计参数限制严格，曲线半径大、坡度小，并且需要全封闭的行车，导致桥梁建筑物数量要大大多于普通铁路。德国高速铁路桥梁总延长约占线路总长的8%左右；日本高速铁路桥梁所占比例平均达到48%，其中高架桥要占线路总长的37%；韩国在建的高速铁路的桥梁约占整个线路的1/3。国外高速铁路桥梁所占比例，如表2-6-3所示。

表 2-6-3　国外高速铁路桥梁所占比例

国家	线路总长/km	桥梁总长/km	桥梁所占比例/%
日本	1 953	930	48
德国	603	46	8
韩国	411	135	33

我国京沪高速铁路的桥梁总延长也占80%以上，合计超过1 000 km；尤以高架线路为主，最长的高架桥达20 km。

2）以中小跨度为主

由于高速铁路对线路、桥梁、隧道等土建工程的刚度要求严格，因此，高速铁路桥梁的跨度不宜过大，应以中小跨度为主。法国高速铁路直到修建地中海线时才首次采用100 m跨度的桥梁。如表2-6-4所示为各国高速铁路跨度最大的桥梁。

表 2-6-4　各国高速铁路跨度最大的桥梁

国家	桥名	所在线路名称	主跨/m	结构型式
日本	第二千曲川桥	北陆新干线	135	预应力混凝土密索斜拉桥
德国	法伊茨赫希海姆美茵河桥	汉诺威—维尔茨堡线	162	上承式钢筋混凝土拱桥
法国	旺塔布伦桥	地中海线	100	预应力混凝土连续梁桥
西班牙	阿姆波斯特桥	巴塞罗那—瓦朗斯线	158	预应力混凝土连续梁桥
瑞典	伊格尔斯塔桥	格鲁亭线	158	预应力混凝土刚构桥

我国京沪高速铁路线上桥梁绝大多数为中小跨度，常用桥式为等跨布置的双线整孔简支梁式桥，桥面宽12.8 m，跨度有24 m、32 m、40 m几种，并且以32 m居多，其中20 m以下跨度的桥梁由4~5片T梁组成，架设就位后施加横向预应力连成双线整孔，以保证桥梁具有足够的刚度和良好的整体性。

3）刚度大、整体性好

列车高速、舒适、安全行驶要求高速铁路桥梁必须具有足够大的刚度和良好的整体性，以防止桥梁出现较大挠度和振幅，同时必须限制桥梁的预应力突变上拱和不均匀温差引起的结构变形，以保证轨道的高平顺性。一般来说，高速铁路桥梁设计主要由刚度控制，强度基本上不控制其设计。尽管高速铁路货载小于普通铁路；但实际应用的高速铁路桥梁在梁高、梁重上均超过普通铁路。

4）在限制纵向力作用下结构产生的位移，避免桥上无缝线路钢轨的受力出现过大的附加应力

高速铁路要求依次铺设跨区间的无缝线路，而桥上无缝线路钢轨的受力状态不同于路基，结构的温度变化、列车制动、桥梁挠曲会使桥梁在纵向产生一定的位移，引起桥上钢轨的附加应力。过大的附加应力会造成桥上无缝线路失稳，影响行车安全。因此，墩台基础要有足够的纵向刚度，以尽量减少钢轨附加应力和梁轨间的相对位移。

5）重视改善结构耐久性，便于检查、维修

高速铁路行车都采用高密度运行，任何中断性行车都会造成巨大的经济损失和社会影响。因此，桥梁结构物应尽量做到少维修或免维修，这就需要在设计时将改善结构物耐久性作为主要设计原则，统一考虑合理的结构布局和构造细节，并在施工中严格控制，保证质量。另一方面，高速铁路运营繁忙，列车速度高，维修时间都放在夜间"天窗"时间进行，一般为 4 h。因此，桥梁结构构造应易于检查与维修。

6）强调结构与环境的协调

高速铁路作为重要的现代交通运输方式，应强调结构与环境的协调，重视生态环境的保护。由于行车时的轮轨动力作用，高速铁路需要考虑轮轨振动与噪声问题，特别是针对居民点附近的桥梁。另外，桥梁造型要与周围环境相一致并注重结构外观和色彩，并且避免桥面污水损害生态环境等。

2. 高速铁路对桥梁的要求

高速铁路由于具有高速度、高舒适性、高安全性、高密度连续运营等特点，一般采用全封闭的行车模式，导致桥梁的比例比普通铁路明显增大。因此，高速铁路桥梁除了满足一般铁路桥梁的要求外，还要满足一些特殊要求。

（1）高速行车要求结构物有高度的抗挠和抗扭刚度，因此，不应采用柔性结构。

（2）采用钢结构和框架结构，不仅可以减少维修工作量，而且当有局部损伤时也不会影响整体。

（3）采用多跨连续的钢筋混凝土梁桥，在受力方面，比较安全可靠。

上述这些都对高速桥梁结构的刚度及整体性提出了严格的要求。我国高速铁路桥梁基本遵循以下原则。

（1）采用双线整孔桥梁，主梁整孔制造或分片制造整体联结。双线桥梁一方面提供很大的横向刚度；同时在经常出现的单线荷载下，竖向刚度比单线桥增大了一倍。

（2）除了小跨度桥梁外，大都采用双线单室箱形截面。

（3）增大梁高，欧洲各国高速铁路预应力混凝土简支梁高跨比一般为 1∶9～1∶10。

（4）尽量选用刚度大的结构体系，如连续梁桥、钢架桥、斜拉桥。

（5）桥梁跨度不宜过大。

3. 高速铁路隧道的特点

高速铁路隧道与普速铁路隧道最大的区别就是当列车以高速通过隧道时，会产生极强的空气动力学效应，即瞬间压力、洞口微气压和行车阻力，对行车安全性、旅客舒适度及洞口环境等均产生不利影响，当列车以 200 km/h 以上的速度通过铁路隧道时，这种不利影响就已十分明显。

4. 高速铁路对隧道的要求

高速铁路隧道结构设计不仅要满足空气动力学特性的要求，还要从构造和防灾上满足高速铁路隧道建筑衔接和配置的各功能空间的要求。

1）净空有效面积

隧道的横断面由堵塞比决定，即列车的横断面面积与隧道的横断面面积比值（β）。β 值越小，压力瞬变现象越为缓解。在确定了列车的类型与速度后，就可以根据列车的断面面积来确定隧道的断面面积。

2）安全空间

安全空间是为铁路工作人员和养护维修人员预留的空间，内设把手、保护栏等。我国规定隧道的安全空间在距线路中心线 3.0 m 以外，单线隧道设在电缆槽一侧，多线隧道设在两侧，其高度不小于 2.2 m，宽度不小于 0.8 m，且地面不低于轨面规定高度，设有 3% 的排水坡。

3）救援通道

隧道内设置贯通的救援通道，用于自救或外部救援。救援通道应设置在安全空间的一侧，距线路中心线不应小于 2.3 m。救援通道走行面应不低于轨面高度，宽度不应小于 1.5 m，在装设专业设施处，宽度可减少 0.25 m，净高不应小于 2.2 m。

4）工程技术作业空间

工程技术作业空间用来预留设备安装或加强衬砌以及安装降噪声护墙板。在安全空间和救援通道以外，其宽度应为 0.3 m。

5）运营通风

在长度大于 8 km 的电气化铁路隧道内，应设置运营通风设备。该设备应考虑到防灾通风，有利于控制灾害范围和采取救援。

6）照明设备

隧道内的照明设置不仅要考虑维修养护、满足紧急情况下人员疏散及救援人员的通行要求，还要考虑列车进入隧道后的亮度和旅客舒适度的要求。

7）防灾救援

隧道内列车发生的灾害主要是脱轨翻车和隧道内列车火灾两大类。高速铁路隧道的安全防灾主要有列车火灾事故的预防、发现、消防和救援。因此，对隧道内的防火设施、隧道内外的监测通报技术，隧道的避难、通风、排烟设施有较高的要求。

对于高速铁路隧道的防灾设施，主要措施是设置救援通道、隧道照明、逃生路线标志牌、气流显示和风向测量装置以及紧急呼救电话和人行道等；另外，在靠近城市和有条件的隧道洞口处和紧急通道出口处，应设置供外部救援车辆停放的场地。

三、高速铁路轨道结构部件

(一) 钢 轨

高速铁路具有曲线半径大、列车运行速度高、对轨面平顺性要求高的特点。因此,高速铁路对钢轨质量有很高的要求,主要体现在钢质纯净度、钢轨的内在和表面质量、几何尺寸精度和外观平直度上。

为使钢轨具有足够的刚度,可适当增加钢轨高度,以保证钢轨具有较大的水平惯性矩。同时为使钢轨具有足够的稳定性,在设计轨底宽度时应尽可能使其宽一些。为使其刚度与稳定性的匹配性最佳,高速铁路通常将钢轨断面轨高与底宽之比控制在 1.14~1.20(德国 UIC60 为 1.14,日本 JIS60 为 1.2,中国 CHN60 为 1.17)。

目前,国外高速铁路使用的钢轨除日本采用 JIS60 kg/m 钢轨断面外,法国、西班牙、意大利及韩国等都采用 UIC60 kg/m 钢轨断面。UIC 对高速铁路的研究认为欧洲高速铁路采用的 UIC60E1 和 UIC60E2 断面钢轨不仅适用于 200 km/h 的高速铁路,同样也适用于速度大于或等于 300 km/h 的高速铁路。日本新干线多年的运营实践,证明采用 JIS60 kg/m 钢轨断面适用于速度 210~300 km/h 的高速铁路,但钢轨由于刚度不够,伤损比较严重,在东海道新干线应用 10 年就全部被更换。

中国 60 kg/m(CHN60)的钢轨断面轨头形式、尺寸与 UIC60E1 钢轨没有实质性的差别。经动力仿真计算表明,高速铁路采用 CHN60 和 UIC60E1 断面都是可行的,考虑到与我国既有线的兼容,以及在钢轨生产、管理、维修使用方面的方便性,高速铁路采用 CHN60 钢轨断面。如图 2-6-6 所示。

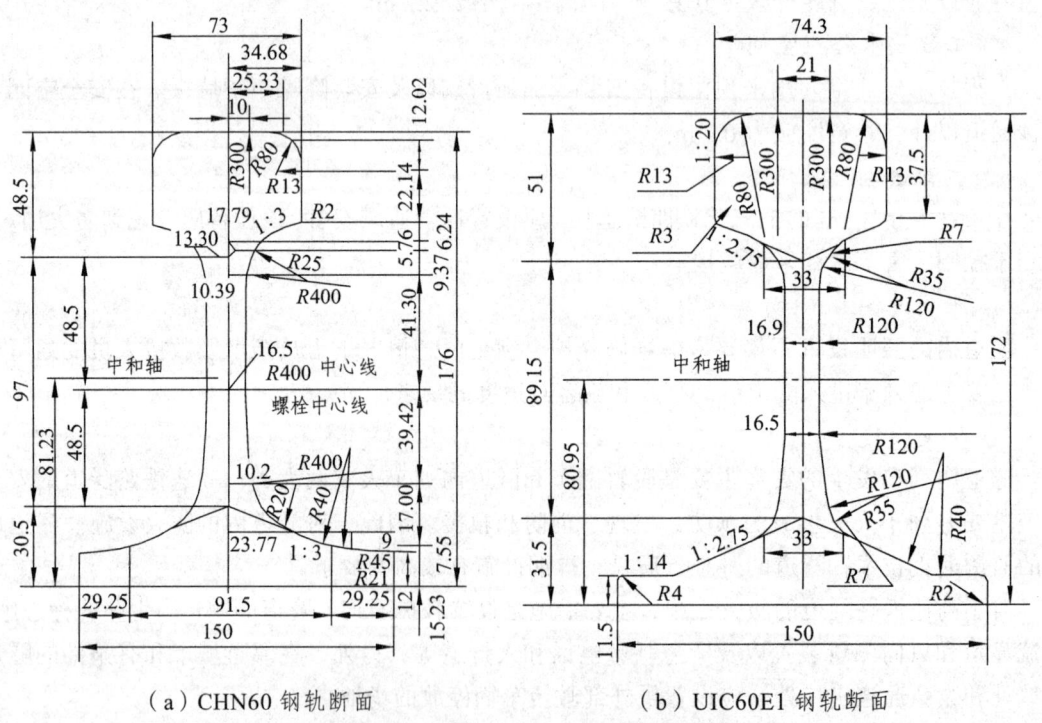

(a) CHN60 钢轨断面 (b) UIC60E1 钢轨断面

图 2-6-6 CHN60 钢轨断面与 UIC60E1 钢轨断面(单位:mm)

(二)扣 件

高速铁路钢轨与轨枕之间用扣件联结。应用在有砟轨道上的扣件,将钢轨和轨枕连接成轨排,抵抗列车荷载;应用在无砟轨道上的扣件,几乎成为影响轨道弹性和调整能力的最主要的因素,是轨道设计与施工的一项关键技术。高速铁路列车运行速度高、行车密度大,对轨道的平顺性有很高的要求,因此,对钢轨扣件也有更高的要求。

高速铁路对扣件的要求如下:

(1)可在各类运营条件下固定钢轨,保持轨距能力强。

(2)具有足够的防爬能力,适用于较大的运营温度范围和较大的轴重范围,维持轨道稳定性。

(3)具有较高的弹性和良好的减振性能。

(4)零部件精度高、可靠性好。

(5)足够的调高能力和调距能力。

(6)结构简单、少维修、寿命长。

(7)足够的电绝缘性能。

为适应国内高速铁路的发展需要,研制出了无螺栓式的弹条Ⅲ型扣件(见图 2-6-7),经过反复的性能试验和试铺,它作为我国高速铁路有砟轨道建议使用的扣件。这种扣件扣压力大、弹性好、取消了混凝土挡肩,消除了轨底在横向力作用下发生横移导致轨距扩大的可能性,因此,保持轨距的能力很强;另外取消了螺栓联结的方式,减小了扣件的养护工作量,装卸简便,在性能上能够满足高速铁路的要求。弹条Ⅲ型扣件无挡肩、无螺栓的特点也符合世界各国扣件的发展趋势。同时由于无砟轨道的应用与发展,建立了秦沈客运专线板式无砟轨道和长枕埋入式无砟轨道等无砟轨道试验段,对无砟轨道扣件进行了研究和试验,试验段内除了应用较为通用的Ⅱ型弹条扣件外,还采用了 WJ-1 型、WJ-2 型等扣件。此外,为了适应我国高速铁路的发展需要,我国还研制了针对高速铁路无砟轨道的新型扣件,如遂渝铁路无砟轨道综合试验段采用的 WJ-7 型扣件即为针对 250 km/h 客运专线研发的扣件。

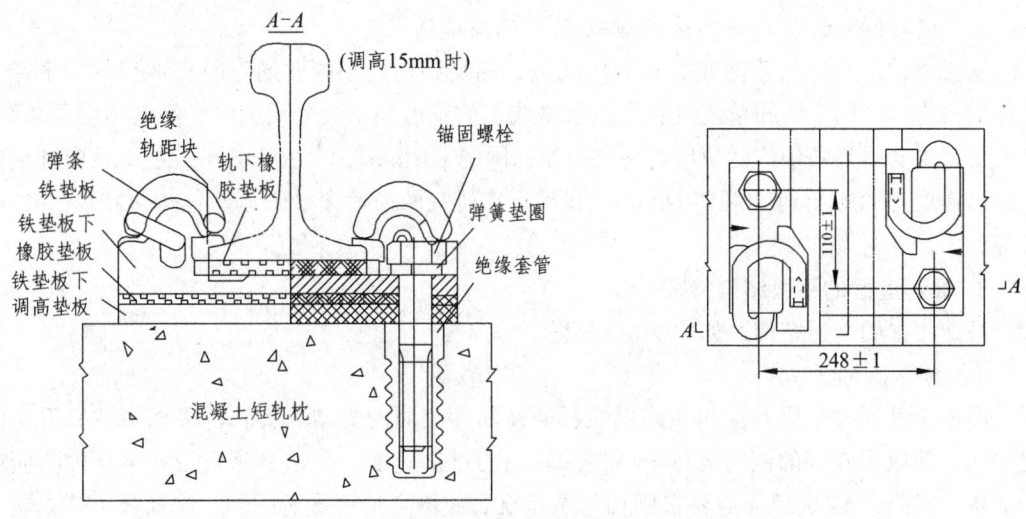

图 2-6-7　弹条Ⅲ型分开式扣件(单位:mm)

（三）道　岔

高速铁路道岔在功能和构造上，相对于普通道岔没有太大的差别，只是对安全性和舒适性有了更高的要求。

1. 高速铁路对道岔的基本要求

1）具有足够的强度和稳定性

为保证列车运行的平稳、安全及旅客乘坐的舒适，道岔结构型式与通过道岔设计速度相适应，包括道岔的冲击角、转向角、导曲线曲率半径等参数；道岔的尖轨、辙叉和其他部件的材质应具有足够的强度及韧性，良好的耐磨性和可焊性；道岔部件的尺寸应能保证道岔的整体稳定，满足刚度匹配且均匀变化的要求；道岔的轨下基础（路基、基床和道床）应具有与道岔配套的相应强度；道岔的构造尺寸满足高速铁路界限要求。

2）具有足够的坚固耐久性，保证道岔制造和使用的通用性和经济性

为减少道岔零部件的品种数量，尽量采用通用件，形成高速道岔系列产品；尽量采用新材料、新工艺降低道岔成本，保证安装、维修、养护方便，且便于运输；道岔零部件的使用寿命尽可能接近区间轨道设备的大修周期。

2. 高速铁路道岔的分类

目前，在高速铁路上使用的道岔仍以单开道岔为主。高速道岔按高速通过道岔的股道方向还可分为直向高速道岔和大号码高速道岔两类。

1）直向高速道岔

直向高速道岔是适用于直向高速行车的道岔。当改造客货混流的既有线以提高客车运行速度时，多半保留原有车站的平面布置以避免较大的工程改造量，道岔的长度和辙叉角没有较大的改动。为保证列车直向通过道岔的速度与区间线路一致，从局部上改善道岔的几何形状、强化结构的强度、增强稳定性及延长使用寿命等。另外，此类道岔还要满足进站道岔对侧向速度要求不高，对正线通过时却要求高速行车的要求。我国在秦沈客运专线上采用的就是侧向过岔速度为 80 km/h 的 18 号道岔。

2）直向和侧向都允许高速通过的大号码高速道岔

这类道岔应用于新建高速客车专用线上，满足高速列车侧向通过时对运行的安全性和舒适性的要求。应用于区间单渡线和高速联络线上的一般都是大号码道岔，侧向速度要求较高。这类道岔更为世界各国广泛研制与应用，如德国的 UIC60 轨 1∶26.5 单开道岔，直向和侧向容许通过速度为 250 km/h 和 130 km/h。我国正在研制的高速大号码道岔包括 42 号、62 号道岔等。

3. 高速道岔的平面结构特征

高速道岔的平面结构，如图 2-6-8 所示。

1）转辙器部分

高速道岔通常采用与区间线路钢轨材质及断面相同的类型。尖轨的平面形式只采用曲线型尖轨，能获得较好的侧向运行平顺性和较高的过岔速度。高速道岔采用矮型特种断面钢轨（AT 轨）制造，AT 尖轨无需要求刨切基本轨轨底或抬高尖轨轨面标高，既加强了基本轨，又消除了水平不平顺。此外，AT 尖轨还为弹性可弯尖轨提供了强度保证。尖轨尖端采用藏尖式

结构，使尖轨尖端最薄弱的部分受到基本轨的庇护，免除被车轮轧伤的危险，并增强了竖向稳定性。尖轨根端采用弹性可弯式结构，具有构造简单、坚固可靠、稳定性好、使用方便等优点。因此，弹性可弯式结构在我国提速道岔以及在法国、德国、俄罗斯等欧洲国家的铁路道岔中得到了广泛应用。

2）转换设备部分

高速道岔的辙叉，分为直线型和曲线型两种。世界多数国家铁路采用直线型辙叉，只有德国、奥地利等少数国家铁路采用曲线型辙叉。

高速道岔中采用外锁闭装置来改善转辙机械的工作条件，通过这种方式还可以确保转辙机的安全。大号码道岔的尖轨一般较长，为了保证尖轨转换的可靠及搬动到位，常使用多根转辙杆。

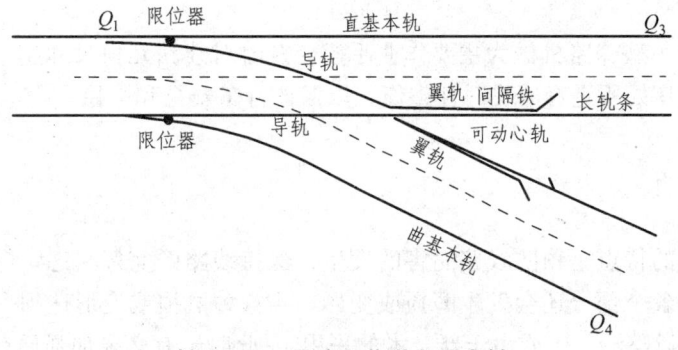

图 2-6-8　可动心轨道岔示意图

第七节　工务工作

根据运输需要及线路设备损耗规律，有计划的、周期的对线路设备进行更新和修理、恢复和提高线路设备强度，增强轨道承载能力。线路设备维修的基本任务是保持线路设备的完整性和质量均衡，使列车能以规定速度安全、平稳和不间断地运行，并尽量延长线路设备的使用寿命。

线路设备大修贯彻"运营条件匹配，轨道结构等强，修理周期合理，线路质量均衡"的原则，坚持全面规划、适度超前、区段配套的方针，并应采用无缝线路。

线路设备维修应贯彻"预防为主，防治结合，修养并重"的原则，按线路设备技术状态的变化规律和程度，相应的进行综合维修、经常保养和临时补修，有效地预防和整治线路病害，有计划地补偿线路设备损耗，以取得较好的技术经济效益。

线路设备维修主要由工务段负责。线路维修一般需要在"维修天窗"内进行。线路设备大修应由大修设计和施工专业队伍承担，目前，主要由大修段和工务机械段来负责。大修时，应采用必要的施工机械和运输车辆，并安排与施工项目相适应的"施工天窗"。

一、线路维修

线路设备维修包括线路综合维修、经常保养和临时补修。

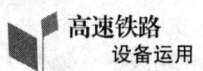

（一）综合维修

综合维修指根据线路变化规律和特点，以全面改善轨道弹性、调整轨道几何尺寸和更换、整修失效零部件为重点，以大型养路机械为主要作业手段，按周期、有计划地对线路进行综合性维修，以恢复线路的完好技术状态。

（二）经常保养

经常保养指根据线路变化情况，以养路机械为主要作业手段，对全线进行有计划、有重点的经常性养护，以保持线路质量处于均衡状态。

（三）临时补修

临时补修指以小型养路机械为主要作业手段，及时对线路几何尺寸超过临时补修容许偏差管理值及其他不良处所进行的临时性整修，以保证行车安全和平稳。

二、线路大修

线路日常维修的特点是预防线路病害的发生，保持线路的完好状态。但线路在经过较长时间的使用后，其各个部分还会发生磨损或变形。当这种磨损或变形达到一定程度时，单纯依靠经常维修就难以整治了（或由于新技术的采用），此时，有必要加强原有线路，提高线路质量。因此，除经常维修以外，还必须进行线路大修。

线路大修工作和线路日常维修不同，要根据专门的勘测调查和设计文件对线路进行一次全面、彻底地翻修或加强。当安排大修工作时，要全面规划，有步骤地解决线路设备的薄弱环节。

线路大修施工的内容有：矫正并改善线路的平面和纵断面；全面更换或抽换、修理钢轨；更换或补充轨枕；清筛和更换道床、补充道砟，全面起道并捣固、改善道床断面；整治路基和安装防爬设备等。线路经过大修后，其质量标准应符合设计要求或得到加强。

三、线路作业机械化

线路作业在过去是一项既费时费工又极为繁重的体力劳动，它需要占用大量的人力、物力和财力。为了改变人工作业的落后面貌，提高维修质量和作业效率，节约劳动力和维修费用，世界各国都在努力研制各种养路机械。

目前，养路机械已由小型到大型、由低级到高级、由单机到联合机械，逐步发展到采用先进技术设备的大型、高效、多功能的机械。例如：大型起道、拨道、捣固联合作业机，每小时可以捣固线路 600~1 000 m；清筛机每小时可清筛道砟 650 m^3；线路大修列车能够完成拆卸旧轨排直到铺设新轨排的全部作业，每小时作业进度为 200 m 以上等。实践证明，由于实现维修作业机械化，使线路质量和作业效率大为提高，维修费用和人力也得到大量节省。为了便于线路机械化作业，在各路局成立了工务机械段，对路局管内的线路进行线路大中修作业；在工务段普遍设立了机械化工队和养路工区，配备了以单项、小型为主的养路机械，如电动捣固机、扒砟机、边坡回填机、液压起道机等,从而减轻了劳动强度,提高了作业效率。

2005 年,我国在引进、消化、吸收国外先进制造技术的基础上,成功地实现了对大型养路机械捣固车、清筛机、动力稳定车和配砟整形车等设备的国产化,使我国的大型养路机械装备规模、综合能力、作业水平都有了显著提高,为提速扩能,保证繁忙干线和快速线路的运输安全,实现养路机械的现代化作出了巨大的贡献。

机械化维修机械比较笨重,综合作业时占用线路的时间较久,往往需要封闭线路,《铁路主要技术政策》(原铁道部令第 34 号)明确规定繁忙干线应在列车运行图上安排工务、电务、供电等设备综合维修"天窗"。"天窗"时间规定:"维修天窗"最少不少于 60 min;"施工天窗"不少于 180 min;"高速铁路维修天窗"为 240 min。

复习思考题

1. 高速铁路的平、纵断面参数与运行速度有何关系?
2. 高速铁路路基和桥梁有何特点?
3. 高速铁路隧道与普通隧道有什么不同?
4. 在轨道结构中,高速铁路的高平顺性和高稳定性具体体现在哪里?
5. 总结一下有砟轨道和无砟轨道的优缺点。主要的无砟轨道类型有哪些?
6. 高速道岔有何特点?
7. 什么是超高?什么是欠超高、过超高?
8. 线路曲线半径为 $R = 472$ m;通过列车的平均速度 $y = 40$ km/h;计算线路超高为多少?如果列车运行速度为 80 km/h,其欠超高为多少?如果列车运行速度为 $y = 20$ km/h,其过超高又为多少?
9. 高速铁路路基基床表层需具备哪些特征?
10. 高速铁路桥梁有哪些主要的结构形式?
11. 高速铁路对轨道有哪些具体要求?
12. 高速铁路道岔有哪些类型?

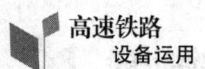

第三章 高速铁路车站

为了运送旅客和货物,在全国铁路线上设置了许多车站。旅客上下和货物装卸及有关作业都是在车站上进行的。车站既是铁路办理客、货运输的生产基地,也是铁路运输的基层单位。车站除了办理与旅客、货物运输有关的作业之外,还办理列车接发、会让、越行,列车解体与编组,机车的摘挂和车辆的检修等作业。

为了完成上述作业,车站上设有客、货运输设备以及与列车运行有关的各项技术设备,并配备了客运、货运、行车、装卸等方面的工作人员。

第一节 车站概述

一、车站的分类

目前,我国铁路网上有大小车站几千个,这些车站按所担负的任务量、业务性质和技术作业的类型不同,有不同的分类。

1. 按车站担负的任务量和地位分

车站按其所担负客、货运量和技术作业量的大小及其在政治、经济和铁路网上所处的地位分为特等站和一、二、三、四、五等站。车站等级是确定车站规模、设备和配备定员的依据。

2. 按车站业务性质分

车站按业务性质可分为货运站、客运站和客货运站。

货运站是专门办理货物运输业务的车站,一般设在大城市、工矿地区和港口等有大量货物到发、装卸的地点。货运站的主要工作是办理货物列车的始发、终到、取送车作业等有关的行车和调车作业,以及货车装卸等与货运有关的业务。

客运站是专门办理旅客运输业务的车站,通常设在政治、经济、文化中心城市和旅游胜地等有大量旅客集散的地点。它的主要任务是组织旅客安全、迅速、准确、方便地上下车,并办理行包、邮件的装卸和搬运,组织旅客列车安全、正点到发和客车车底取送,为旅客提供舒适的服务。

客货运站是既办理旅客运输又办理货物运输业务的车站。铁路网上大多数车站都属于客货运站。

3. 按车站技术作业分

车站按技术作业性质可分为中间站、区段站和编组站。

由于区段站和编组站拥有较多的技术设备,并主要办理货物列车和车辆的技术作业,故又统称为技术站。铁路线以技术站划分为区段。

中间站设置在技术站之间的区段内,如图 2-1-4 所示。图中 $A \sim H$ 均是中间站。它的主要工作是办理列车的接发、会让和通过作业,以及摘挂列车的调车和装卸作业。有些中间站还办理市郊列车的折返、补机摘挂、列车技术检查和凉闸、列车的始发和终到等各项作业。

区段站设置在划分货物列车牵引区段或区段车流集散的地点,如图 2-1-4 所示。图中的乙站为区段站。它的主要工作是办理货物列车的中转作业,解体、编组区段列车和摘挂列车,更换货车机车和乘务员,进行车辆技术检修和货运检查整理。

编组站设置在大量车流集散的地点,如图 2-1-4 所示。图中甲站和丙站是编组站。它的主要工作是承担大量货物列车的解编作业,编组直达、直通、区段、摘挂列车,更换货运机车和乘务人员,并进行车辆技术检修和货运检查整理。

二、铁路线路的线间距

线间距是指两相邻线路中心线之间的距离。线间距既要保证行车和车站工作人员作业时的安全和便利,还要考虑通行超限货物列车和在两线间装设行车设备的需要。

线路间距由下列因素决定:

① 机车车辆限界;
② 建筑限界;
③ 超限货物装载限界;
④ 设置在相邻线路间有关设备的计算宽度;
⑤ 在相邻线路间办理作业的性质。

线路间距的大小应根据《铁路技术管理规程》有关规定确定,直线地段线路间距如表 3-1-1、3-1-2 所示。

表 3-1-1 客货共线铁路线间距表

序号	名 称			线间最小距离/mm
1	区间双线	$v \leqslant 120$ km/h		4 000
		120 km/h $< v \leqslant$ 160 km/h		4 200
		160 km/h $< v \leqslant$ 200 km/h		4 400
2	三线及四线区间的第二线与第三线			5 300
3	站内正线			5 000
4	站内正线与相邻到发线	无列检作业		5 000
		$v \leqslant 120$ km/h	一般	5 500
			改建特别困难	5 000
		有列检作业或上水作业 120 km/h $< v \leqslant$ 160 km/h	一般	6 000
			改建特别困难	5 500
		160 km/h $< v \leqslant$ 200 km/h	一般	6 500
			改建特别困难	5 500

续表 3-1-1

序号	名称		线间最小距离/mm
5	到发线间或到发线与其他线		5 000
6	站内线间设有高柱信号机时,相邻两线(含正线)均需通行超限货物列车		5 300
7	站内线间设有高柱信号机时,相邻两线(含正线)只有一条通行超限货物列车		5 000
8	牵出线与其相邻线	调车作业繁忙车站	6 500
		改建困难或仅办理摘挂取送作业	5 000

注:线间有建(构)筑物或有影响限界的设施,最小线间距按建筑限界计算确定。既有线列车最高运行速度提速到 140~160 km/h 时,可保持 4 m 线间距。

表 3-1-2 客运专线线间距表

序号	名称		线间最小距离/mm
1	区间双线	$v=160$ km/h	4 200
		160 km/h$<v\leqslant$200 km/h	4 400
		200 km/h$<v\leqslant$250 km/h	4 600
		250 km/h$<v\leqslant$300 km/h	4 800
		300 km/h$<v\leqslant$350 km/h	5 000
2	三线及四线区间的第二线与第三线		5 300
3	站内正线	$v\leqslant$250 km/h	4 600
		250 km/h$<v\leqslant$300 km/h	4 800
		300 km/h$<v\leqslant$350 km/h	5 000
4	站内正线与相邻到发线		5 000
5	到发线与相邻到发线		5 000
6	安全线与其他线路		5 000

注:线间有建(构)筑物或有影响限界的设施,最小线间距按建筑限界计算确定。

三、车站线路与道岔的编号

为了便于车站进行各项作业和对设备的管理、维修,站内线路和道岔应有统一的编号。

(一)线路编号

站内的正线规定用罗马数字编号(Ⅰ,Ⅱ,Ⅲ…),站线用阿拉伯数字编号(1,2,3…)。

1. 单线铁路车站线路编号

由靠近站房的线路起向远离站房方向顺序编号,一般先编正线和到发线,然后再按顺序编其他站线,如图 3-1-1 所示。

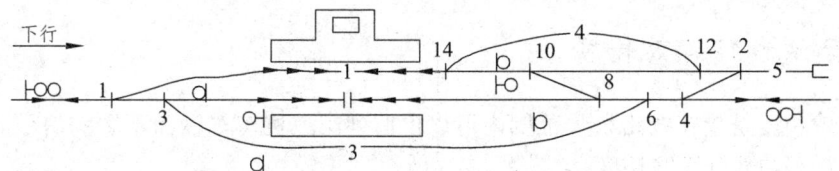

图 3-1-1 单线铁路车站线路和道岔编号

2. 双线铁路车站线路编号

从两正线起按列车运行方向分别向外顺序编号,上行正线一侧的线路编为双数,下行正线一侧的线路编为单数,如图 3-1-2 所示。

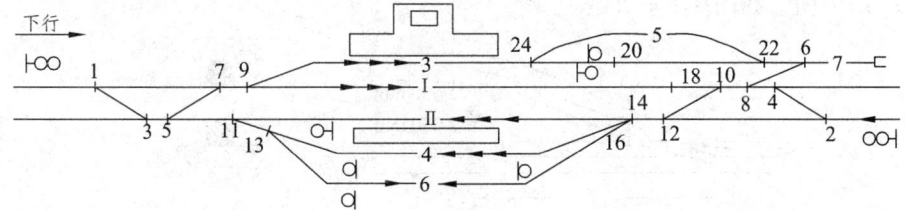

图 3-1-2 双线铁路车站股道和道岔编号

3. 尽端式车站线路编号

当站房位于线路一侧时,从靠近站房的线路起向远离站房方向顺序编号,如图 3-1-3(a)所示;当站房位于线路终端时,面向终端方向由左侧线路起顺序向右编号,如图 3-1-3(b)所示。

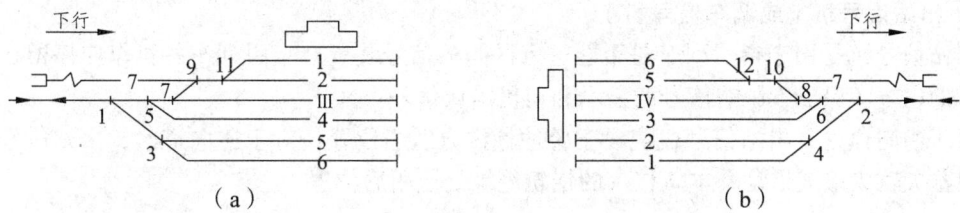

图 3-1-3 尽端式铁路车站股道和道岔编号

4. 大型车站线路编号

当大型车站有数个车场时,应按车场分别编号。当车场靠近站房时,从靠近站房线路起向站房对侧顺序编号;当车站远离站房时,顺千米标前进方向从左向右顺序编号;在线路编号前冠以罗马数字表示车场,如Ⅱ场 3 道编写为Ⅱ3。

(二)道岔编号

(1)用阿拉伯数字从车站两端由外向里依次编号,上行列车进站一端用双数,下行列车进站一端用单数,如图 3-1-1 和图 3-1-2 所示。

(2)站内道岔一般以车站站房中心线作为划分单数号和双数号的分界线。

(3)每一组道岔均编为单独的号码,对于渡线上的道岔、交分道岔等处的联动道岔则编为连续的单数或双数。

(4)当大型车站有几个车场时,每一车场的道岔必须单独编号。为区别车场道岔号码,应使用三位数字,百位数字用罗马数字表示车场号码,个位和十位数字表示道岔号码。应当避免在同一车站内有相同的道岔号码出现。

77

四、车站线路有效长度

线路有效长度是指在线路全长范围内可以停留列车或机车车辆而不影响信号显示、道岔转换、邻线行车的部分线路长度。

线路有效长度的起止范围由下列因素确定。

1. 警冲标

警冲标是信号标志的一种,用来指示机车车辆的停留位置(机车车辆需停留在警冲标内方而不影响邻线的列车或机车车辆的安全通过),防止机车车辆的侧面冲突,设在两会合线路间距为 4 m 的中间,如图 3-1-4 所示。

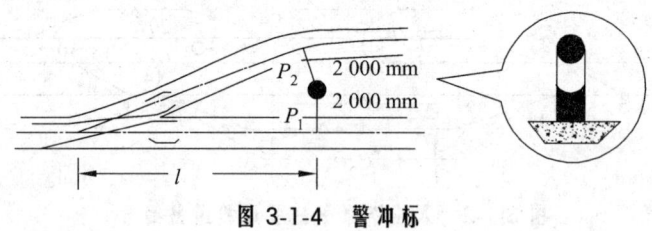

图 3-1-4 警冲标

2. 道岔尖端

道岔尖端是指道岔的尖轨尖端(无轨道电路时)或道岔基本轨接头处的钢轨绝缘(有轨道电路时)。

3. 出站信号机(或调车信号机)

出站信号机是用来指示列车是否能进入区间的信号装置。牵引列车的机车应停留在出站信号机的内方,保证不影响信号的显示和司机确认信号。

对于顺向道岔,出站信号机应设于警冲标内方适当位置;对于逆向道岔,出站信号机可设于道岔尖轨尖端或道岔基本轨接头的钢轨绝缘处或稍后位置。

4. 车 挡

车挡的位置表明线路的尽头。

根据线路用途及其连接形式,由上述各因素确定线路的有效长度,如图 3-1-5 所示。

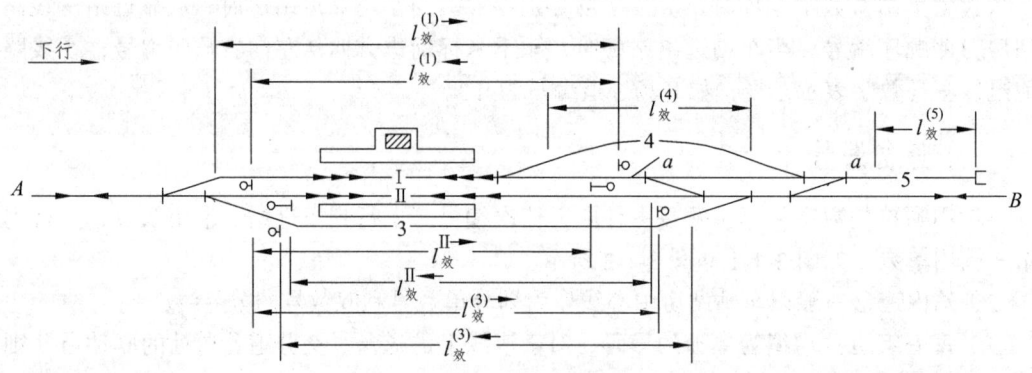

图 3-1-5 线路有效长度

货物列车到发线的有效长度,应根据规定的列车长度及列车停车时的附加距离(规定为 30 m)等因素确定。

我国铁路所采用的货物列车到发线有效长度在Ⅰ、Ⅱ级铁路上分别为1 250 m、1 050 m、850 m、750 m、650 m，在Ⅲ级铁路上为850 m、750 m、650 m或550 m。在开行以重载列车为主的铁路上可采用大于1 050 m的到发线有效长度。

采用何种股道有效长度，应由运输能力的要求、机车类型及所牵引列车的长度，结合地形条件并与相邻各车站到发线有效长度的配合等因素确定。

第二节 中间站

中间站是为沿线城乡居民及工农业生产服务，提高铁路区段通过能力，保证行车安全而设的车站。它主要办理列车的到发、会让、越行以及客货运业务，是设有配线的中间分界点。

中间站的设置位置，既要符合线路通过能力的要求，又要满足地方工农业生产发展的需要，并应考虑地形、地质等自然条件。

一、中间站的作业和设备

（一）中间站的主要作业

（1）列车的到发、通过、会让和越行。
（2）旅客的乘降和行李、包裹的承运、保管与交付。
（3）货物的承运、装卸、保管与交付。
（4）列车的车辆摘挂及货场或专用线货物车辆的取送调车作业。

有的中间站若有企业专用线接轨或加力牵引起、终点以及机车折返线，还需办理企业专用线的取送车、补机的摘挂和机车整备等作业。

（二）中间站的主要设备

为了完成上述作业，中间站应根据作业性质和工作量大小设置以下设备。

1. 客运设备

客运设备包括旅客站房（售票房、候车室、行李房）、旅客站台、雨棚和跨越设备（天桥、地道、平过道）等。

2. 货运设备

货运设备包括货物仓库、货物站台和货运室、装卸机械等。

3. 站内线路

站内线路包括到发线、牵出线和货物线等，它们分别用于接发列车、进行调车和货物装卸作业等。

4. 信号及通信设备

信号及通信设备包括控制台、信号机、轨道电路等信号设备及广播、电话、网络等通信设备。它们分别用于对列车运行及调车作业的控制和车站作业组织与指挥联络等。

此外，有的中间站还设有机车整备设备和列车技术检查设备等。

二、会让站和越行站

在我国铁路上为提高线路通过能力而设置配线的分界点称为会让站和越行站（属于无货场的中间站，它不办理摘挂列车、甩挂车组的作业），《铁路技术管理规程》规定会让站和越行站均属于中间站。

1. 会让站

会让站设在单线铁路上，主要办理列车的到发和会让，也办理少量的客货运业务。会让站设有到发线、旅客乘降设备和信号及通信设备和技术办公用房，但没有专门的货运设备。在会让站上，既可实现会车也可以实现越行。先到的列车在本站停车，等待对向来的列车到达或通过后发车叫作会让；先到的列车在本站停车，等待同一个方向来的列车通过本站或在本站停车后先开叫作越行；先行到达的列车在车站上停靠等待的过程叫待避。

2. 越行站

越行站设在双线铁路上，主要办理同方向列车的越行业务。因此，越行站设有到发线、旅客乘降设备、信号及通信设备和技术办公用房等。

三、中间站布置图

中间站布置图按到发线的相互位置，主要有横列式和纵列式两种。

1. 横列式中间站布置图

横列式中间站布置的特点：到发线沿正线横向排列。

这种布置图具有站坪长度短、工程投资小、设备布置紧凑、便于管理、到发线使用灵活等优点。因此，中间站广泛采用此种布置图，如图3-2-1所示。

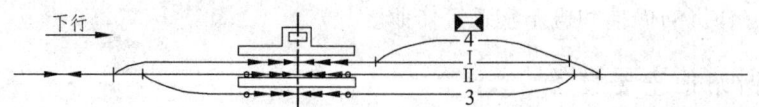

（a）单线横列式中间站布置图

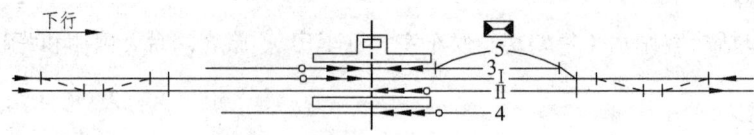

（b）双线横列式中间站布置图

图 3-2-1 横列式中间站布置图

2. 纵列式中间站布置图

纵列式中间站布置图的特点：到发线沿正线纵向排列，通常逆运转方向错移一个货物列车到发线的有效长度。

这种布置图有利于组织列车不停车交会，提高区间通过能力，适应重载列车到发的需要。但这种布置图站坪长度长、工程投资大且增加了中间咽喉使车站定员多、管理也不方便。因此，一般只在山区因地势陡窄或需组织不停车会让时采用，如图3-2-2所示。

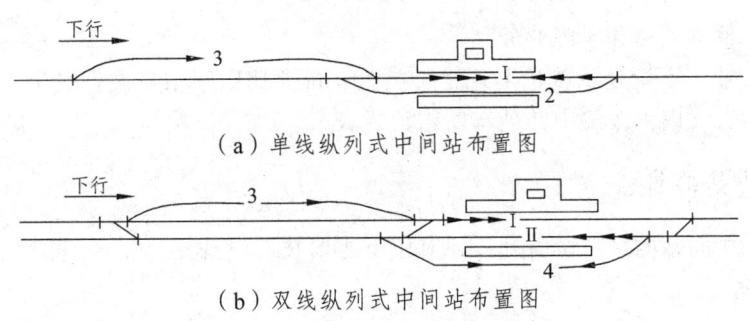

（a）单线纵列式中间站布置图

（b）双线纵列式中间站布置图

图 3-2-2　纵列式中间站布置图

第三节　区段站

区段站是铁路网上牵引区段的分界站，属于技术站，从作业内容上看又是一个综合性的铁路车站。

区段站的主要任务是为邻接的铁路区段供应机车；为无改编中转货物列车办理规定的技术作业，并办理一定数量的货物列车的解体和编组作业及客货运业务。

一、区段站的作业和设备

仅管区段站的作业和设备尽管在数量和规模上都不是最大的，但是作业和设备的种类却比较齐全。

（一）区段站的作业

根据区段站所担负的任务，它要办理的作业如下。

1. 客运业务

客运业务与中间站办理的客运业务基本相同，但业务量大于中间站。

2. 货运业务

货运业务与中间站办理的货运业务大致相同，但作业量大于中间站。

3. 运转作业

与旅客列车有关的运转作业；主要办理旅客列车通过车站的接发车作业；有的区段站还办理局管内旅客列车的始发、终到作业及个别客车的摘挂作业。

与货物列车有关的运转作业；主要办理无改编中转列车的接发等有关作业；对区段列车和摘挂列车要进行解体和编组作业，同时还要办理工矿企业到发货物的取送作业车等作业；有些区段站还担当少量的始发直达列车的编组任务。

4. 机车业务

机车业务主要是换挂机车和更换乘务组，对机车进行整备、检修作业等工作。

5. 车辆业务

车辆业务是对车列的技术检查和对车辆的检修任务，在少数设有车辆段、站修所的区段站上，还办理车辆的辅修和段修业务。

区段站的作业，不论是从数量上还是种类上，都要比中间站量大且复杂，在办理的解、编及中转列车中，又以无改编中转列车所占比重较大。

（二）区段站的设备

区段站除有中间站的全部设备外，还有以下主要技术设备。

1. 客运设备

客运设备包括旅客站房（售票房、候车室、行李房）、旅客站台、雨棚和跨线设备（天桥、地下通道）等。

2. 货运设备

货运设备包括货场、装卸线、仓库、货物站台、货运室和装卸机械等。

3. 运转设备

运转设备包括旅客列车到发线、货物列车到发场、调车场、牵出线、简易驼峰、机车走行线等。

4. 机务设备

机务设备包括机务段或折返段在内的机车检修与整备设备、站内的机车走行线和机待线等。

5. 车辆设备

车辆设备包括车辆段或列车检修所、站修线。

除上述设备外，还有信号、通信、照明及办公房用等设备。

二、区段站的布置图形

上述5项设备的合理布置，可从区段站的布置图上看出。由于区段站受地形、城乡规划、运量及运输性质、正线数目等因素的影响，因此，可以形成多种多样的区段站布置图。

区段站常见的布置图有横列式、纵列式及客货纵列式3类。

1. 横列式区段站布置图

当上、下行到发线（场）平行布置在正线一侧，调车场在到发场的一侧时，称为横列式区段站布置图，如图3-3-1所示。

图3-3-1中Ⅱ道是正线；1、Ⅱ、3道是旅客列车到发线，必要时也可以接发货物列车；4、6、7道是货物列车到发线，车站到发线的布置可以保证上、下行两个方向同时接发列车；5道是机车走行线，下行出发和到达的货物列车机车可经由5道出入段；8~12道是调车线，调车场两端均有牵出线，并设有一个简易驼峰，以保证解体、编组取送车辆等调车作业。

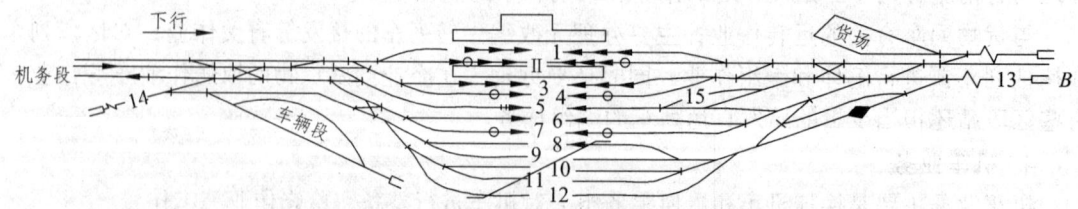

图3-3-1　单线横列式区段站布置图

现以改编列车的作业程序为例，简单说明区段站各主要设备间的相互关系。

到达解体列车，自 A 方向接入到发场后（如 6 道），机车通过 5 道入段，车列经技术检查后，由调车机车向牵出线（13 道）牵出，然后向驼峰推进，利用简易驼峰按照车辆的不同到站情况分别解体到调车线的各股道内进行集结。当某一调车线的车辆集结满至一个列车时，由调车机经牵出线（14 道或 13 道）按照相关规定进行编组，编组后再由调车机车经牵出线（14 道或 13 道）转线至到发线（如 7 道）进行技术检查、挂机车等作业，然后发车。

对于到达本站的货物作业车，按照计划由调车机车将其从调车线经由 B 端牵出线送往货场，进行装卸作业。

横列式区段站布置图的主要优点是布置紧凑、站坪长度短、占地少、设备集中、管理方便、作业灵活性大、对各种不同地形的适应性强；缺点是一个方向的机车出入段走行距离长，对站房同侧的货物取送车和正线有交叉干扰。

2. 纵列式区段站布置图

在双线铁路上，当运量较大时，为了减少站内两端咽喉区上、下行客、货列车进路的交叉干扰，区段站可采用纵列式布置图。

在区段站，当上、下行到发场分设在正线两侧，并逆向运行方向错移时，在其中一个到发场一侧，设一个双方向共同的调车场，即为纵列式区段站布置图，如图 3-3-2 所示。

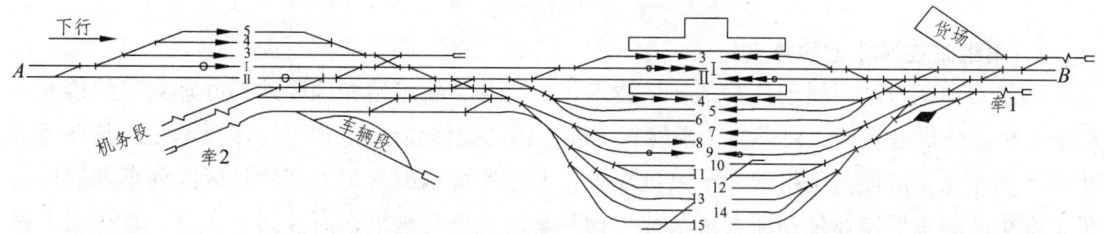

图 3-3-2　双线铁路纵列式区段站布置图

纵列式区段站的优点是作业上的交叉干扰较横列式少；机车出入段走行距离短；当机车采用循环运转制时，到发线上的整备设备比较集中；对站房同侧的支线或工业企业线的接轨也比较方便。它的缺点是站坪长度长、占地多；设备分散；投资大；定员较多，管理不便；一个方向货物列车的机车出入段要横向切正线。

3. 客货纵列式区段站

这种区段站客运运转设备（主要指旅客列车到发场）与货运运转设备（主要指货物列车到发场）纵向配列，如图 3-3-3 所示。

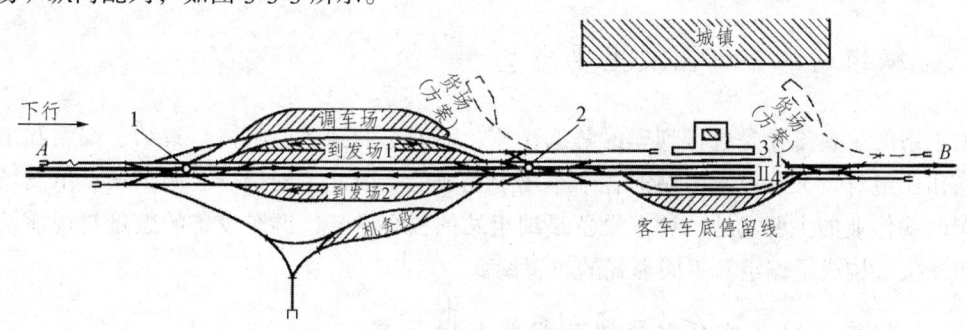

图 3-3-3　客货纵列式区段站布置图

此种布置图往往是通过改建逐步形成的，故客、货运转设备和机务设备相互位置的配置形式很多，其优缺点与纵列式图大致相同。

第四节 编组站

一、编组站的主要任务

编组站是铁路网上办理大量货物列车的解体和编组作业,并为此设有较为完善的调车设备的车站,它属于技术站。

编组站的主要任务是根据列车编组计划的要求,大量办理各种货物列车的解体和编组作业,并且按照运行图规定的时刻正点接发车。

在铁路网上,编组站是铁路运输的重要生产基地,大量的空车和重车在这里汇集后被编成各种列车送往各自的目的地。因此,我们通常将编组站比喻为货物列车的制造工厂。

二、编组站在作业和设备上的特点

1. 编组站在作业上的特点

编组站和区段站同属于技术站,从技术作业上看,编组站和区段站都办理列车的接发、解编,机车的供应换挂,列车的技术检查(即车辆的检修作业)。但是,区段站主要是办理中转列车的作业,解体和编组的列车数量较少,而且所解编的列车大多数是区段列车和摘挂列车;编组站的主要作业是办理大量各种货物列车的解体与编组,而且其中多数是直达列车和直通列车。

2. 编组站在设备上的特点

编组站的设备,从种类上看与区段站一样,也有运转、客运、货运、机车、车辆等设备。但位于大城市郊区的编组站,客、货运设备极其简陋;在货物运转设备方面,作为编组站主要设备的调车场和调车设备的规模和能力往往比区段站大得多。

编组站通常设在几条主要干线的会合处,也可以设在有大量装卸作业地点的大城市、港口或大工矿企业附近。

三、编组站的布置图及主要类型

编组站的主要工作是进行列车的解编作业,而列车的到达、解体、集结、编组和出发等一系列作业过程,又是在编组站的各个车场上完成的。因此,到达场、调车场、出发场就成为列车改编作业的主要场地。调车设备是编组站的核心设备,调车设备的数量与规模及各车场的相互位置构成了编组站不同形式的布置图。

(一)按调车设备的套数及调车驼峰方向分类

1. 单向编组站

单向编组站只有一个调车场,上、下行只有一套调车设备(包括驼峰、调车场、牵出线),

其驼峰溜车方向一般沿主要改编车流运行方向（也称顺向）。

2. 双向编组站

双向编组站有两个调车场，上、下行各有一套调车设备，一般情况下，两系统的调车驼峰应朝向各自的上行和下行调车方向。

（二）按每一套系统内车场的相互位置和数目分类

1. 横列式编组站

横列式编组站上、下行到发场与调车场并列配置。

2. 纵列式编组站

纵列式编组站到达场、调车场、出发场等主要车场顺序纵向排列。

3. 混合式编组站

混合式编组站到达场与调车场纵列，出发场与调车场并（横）列。

我国编组站布置图的基本类型归纳有 6 种：单向横列式、单向纵列式、单向混合式、双向横列式、双向纵列式、双向混合式。其他类型都是在这些布置图基础上派生出来的，并且数量很少。

此外，我国铁路现场对编组站布置图习惯上称为"几级几场"。"级"是指同一调车系统中到达场、调车场、发车场纵向排列的场间关系，一级式就是指车场横列，二级式就是指到达场、调车场纵列，三级式是指到达场、调车场、发车场顺序纵列。"场"是指车场，车站有几个车场就叫作几场。

（三）常见编组站布置图

1. 单向一级三场横列式编组站布置图（见图 3-4-1）

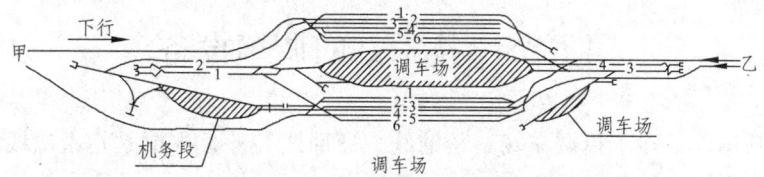

图 3-4-1　单向一级三场横列式编组站

单向一级三场横列式编组站一般适用于上、下行双方向改编车流较均衡，解编作业量为 3 200～4 700 辆的编组站，或作为站坪长度受到限制及远期无大发展的中、小型编组站，也可作为远期大型编组站的初期过渡布置图。

2. 单向二级四场混合式编组站布置图（见图 3-4-2）

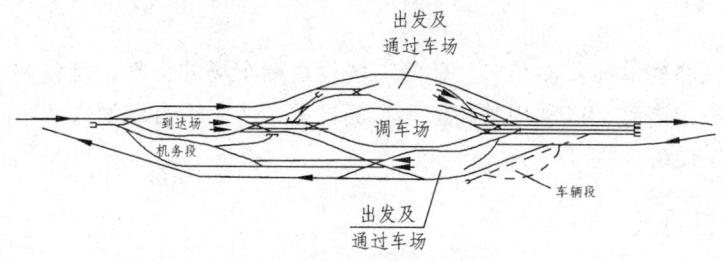

图 3-4-2　单向二级四场混合式编组站

二级式编组站的驼峰解体能力较大，它适用于编解作业量较大，或解编作业量大而地形困难的大、中型编组站。

3. 单向三级三场纵列式编组站布置图（见图3-4-3）

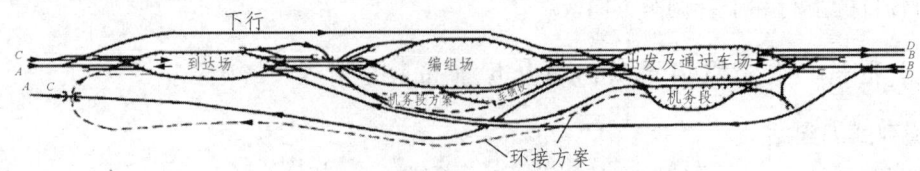

图3-4-3　单向三级三场纵列式编组站

单向三级三场纵列式编组站所有衔接方向到达的改编列车都接入一个共用的到达场；车列的解编作业集中在一个共用的调车场；发往各个方向的列车，也是在一个共用的出发场上办理。到达场、调车场和出发场是顺序配置的。

4. 双向三级六场纵列式编组站布置图（见图3-4-4）

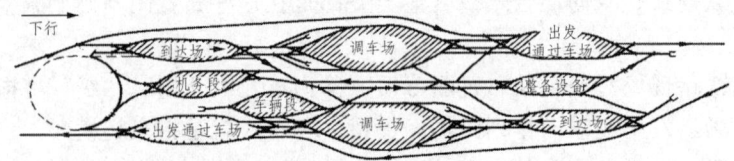

图3-4-4　双向三级六场纵列式编组站

双向三级六场纵列式编组站由于设有两套调车设备，车场又都是纵向排列，进路交叉少，因此，解编能力强。一般情况能够解编14 000～16 000 辆/日。

第五节　技术站的调车设备

技术站的调车设备除了指调车场、禁溜线、迂回线等外，主要是指牵出线和驼峰，以及用于溜放调车作业的控制设备。

平面牵出线基本设在调车场尾部的平道上，是车站的基本调车设备。牵出线多用于列车编组、列车转线、取送车倒钩、中间站的摘挂调车等调车作业。为了保证在牵出线上的调车作业安全，应采用推送调车法。

一、驼　　峰

铁路驼峰因像骆驼的峰背而得名。驼峰一般设在调车场的头部，是将调车场始端道岔区前的线路抬高到一定高度，以利用其高度和车辆自重，使车辆自动溜入调车线，用以解体溜放车辆的一种调车设备。

（一）驼峰的组成

驼峰的范围是指峰前到达场（在不设峰前到达场的时候为牵出线）与调车线之间的一部

分线段。驼峰由推送部分、溜放部分和峰顶平台 3 部分组成。如图 3-5-1 所示。

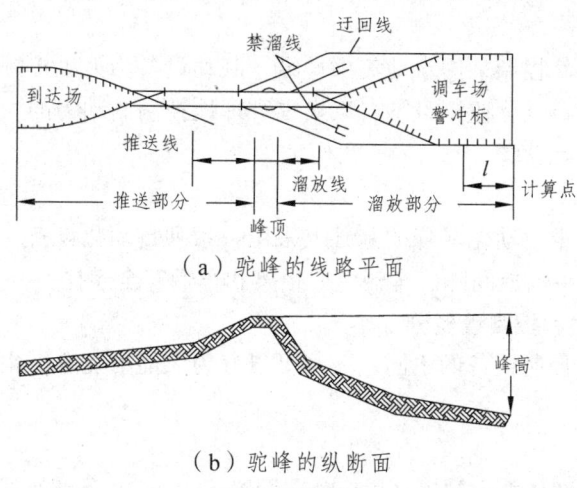

图 3-5-1 驼峰组成示意图

1. 推送部分

推送部分是指经由驼峰解体的车列，当其第一钩位于峰顶平台的始端时，车列全长所在的线路范围。从到达场出口咽喉的最外警冲标到峰顶平台始端的线段称为推送线。设置这部分的目的是使车辆得到必要的高度，并使车钩压紧以便摘钩。

2. 溜放部分

溜放部分是指由峰顶至编组场头部各股道警冲标后 50 m（非机械化驼峰或简易驼峰）或 100 m（机械化驼峰）位置的线路范围。这个线路的长度称为驼峰计算长度，计算长度的末端叫作驼峰的计算停车点。由于驼峰调车场的调速制式不同，因此，计算点的位置也不尽相同，一般每一调车线各有一个计算停车点。

3. 峰顶平台

在驼峰推送部分与溜放部分的连接处，设有一段平坦的部分为峰顶平台。

（二）驼峰的分类

1. 按技术装备和车辆溜放方式分

按技术装备和车辆溜放方式的不同，驼峰可以分为简易驼峰、非机械化驼峰、机械化驼峰、半自动化驼峰和自动化驼峰。

1）简易驼峰

简易驼峰，多数是利用原有调车场牵出线头部平地起峰修建而成的，道岔控制一般采用非集中操纵或电气集中操纵，制动工具采用铁鞋，它一般设置在调车线大于 5 股的区段站或小型的编组站。

2）非机械化驼峰

非机械化驼峰，道岔控制采用电气集中或自动集中操纵，制动工具采用铁鞋，到达场高程高于调车场；非机械驼峰一般设在调车线少于 15 股的中、小型编组站。

3）机械化驼峰

机械化驼峰，道岔控制采用自动集中操纵，制动设备主要使用人工控制的车辆减速器，到达场高程高于调车场；它一般设在调车场多于15股道的大、中型编组站。

4）半自动化驼峰

半自动化驼峰，道岔控制采用自动集中操纵，制动设备为人工控制的减速器，并装有为制动员提供监测数据的自动化监测设备，以实现合理地控制制动力的大小，其监测设备有测速、测阻、测重、测长等设备。

5）自动化驼峰

自动化驼峰，是在半自动化驼峰的基础上采用一系列自动化设备，实现自动控制车辆溜放进路、溜放速度、车组溜放间隔、车辆溜放距离和车辆安全连挂。

2. 按解体作业能力和控制设备分

按解体作业能力和控制设备的不同，驼峰可以分为大能力驼峰、中能力驼峰和小能力驼峰，具体规定如下。

1）大能力驼峰

大能力驼峰，其日解体能力超过4 000辆，设置不少于30条调车线，并配有车辆溜放速度、溜放进路控制系统以及推峰机车遥控系统，它建在路网性和区域性编组站上。

2）中能力驼峰

中能力驼峰，其日解体能力为2 000～4 000辆，设置17～29条调车线，设有溜放进路控制系统，且配有机车推峰速度自动控制系统、钩车溜放速度自动或半自动控制系统以及推峰机车遥控系统。

3）小能力驼峰

小能力驼峰，其日解体能力小于2 000辆，设置16条及以下调车线，且配有溜放进路自动控制系统、驼峰机车信号设备或机车遥控系统，也可采用简易的现代化调速设备的驼峰。

二、驼峰调速工具

驼峰调速工具主要用来调控溜放车辆的速度，按其在驼峰调车中的作用可分为间隔制动、目的制动和调速制动。

间隔制动是保证前后溜放车组间保持必要的时间间隔，以便道岔能安全转换的制动；目的制动是为保证车组能安全溜入调车线至预定地点停留的制动。

驼峰调车场调速工具，是为了提高驼峰的改编（解体）能力、保证作业安全所必需的设备。目前，铁路上常用的调速工具有人力制动机、制动铁鞋和车辆减速器、减速顶等。在机械化驼峰上，除调车场内使用铁鞋制动外，驼峰溜放部分采用车辆减速器；而在自动化驼峰上，根据车辆的走行性能、质量、预定的停车地点以及溜放速度等条件，由自动化装置控制减速器的制动能力。

（一）铁　鞋

铁鞋制动是使溜放车辆的车轮压上铁鞋，迫使铁鞋在钢轨上滑行而产生制动力。

（二）车辆减速器

目前，我国铁路采用的减速器主要有以下3种。

1. 非重力式（压力式）减速器

非重力式减速器利用压缩空气作为动力，由钢轨两侧的制动夹板挤压车轮进行制动，其构造及工作原理如图3-5-2所示。当需要对车辆进行制动时，操纵制动按钮，使压缩空气进入气缸，活塞杆5和杠杆4的末端就被压向下方，而缸体6连同杠杆3的末端则上升；由于两杠杆末端分开，使夹板1合拢而挤压车轮实现制动。

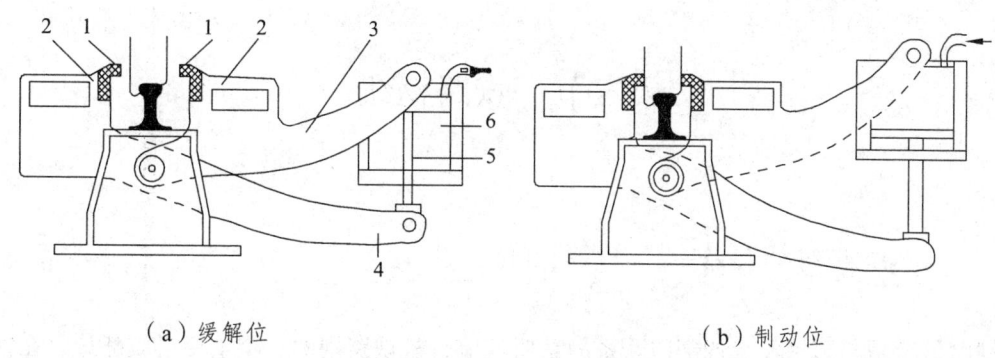

（a）缓解位　　　　　　　　　　（b）制动位

图3-5-2　非重力式减速器构造原理图

1—夹板；2—制动梁；3、4—杠杆；5—活塞；6—缸体

2. 重力式减速器

重力式减速器主要借助于车辆自身的重力使制动夹板产生对车轮的压力而进行制动的。这种减速器类型很多，我国铁路采用比较普遍的是双轨条油压重力式减速器。

重力式减速器与非重力式减速器比较，其优点主要在于制动力的大小可根据被制动车辆的自重大小进行自动调节，不需再设置测重设备，也不需要空压和储风设备，成本较低。

3. 减速顶

减速顶由吸能帽和壳体（外壳、活塞组合件、密封组合件和止冲装置）等部分组成。减速顶安装在钢轨一侧，吸能帽斜对轮缘部分，如图3-5-3所示。

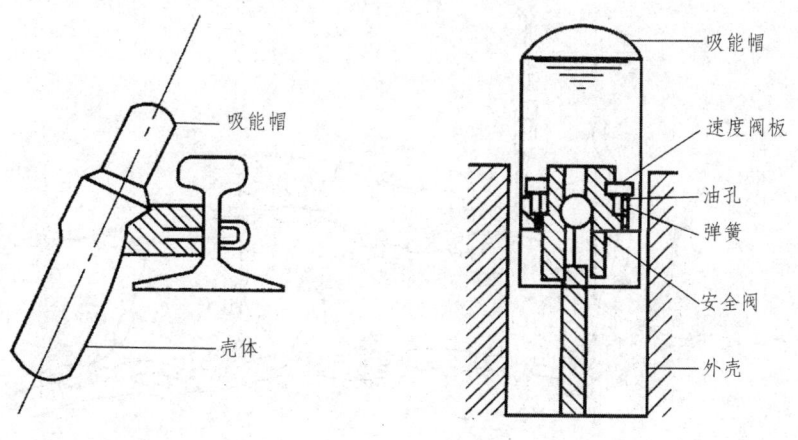

图3-5-3　减速顶

减速顶是一种不需要外部能源，就可以自动控制车辆溜放速度的调速工具。当车辆的走行速度低于减速顶的临界速度（事先设定的速度——通常为 5 km/h）时，减速顶不起减速作用；当车辆走行速度高于减速顶的临界速度时，减速顶对车辆产生减速作用。

减速顶的优点在于灵敏度高、性能良好、维修简便，是一种较好的调速工具。目前，我国铁路很多编组站上采用了减速顶。

第六节　铁路枢纽

一、铁路枢纽的概念

铁路枢纽是与国民经济各部门联系的重要环节，是铁路网的一个重要组成部分。在铁路网上，几条铁路干线相互交叉或接轨的地点，需要修建一个联合车站，或修建几个专业车站及连接这些车站的联络线、进站线路、跨线桥等设备，这些车站和设备组成的整体称为铁路枢纽。

枢纽内各站既有分工又有联系，共同担负着枢纽地区的铁路运输任务。

铁路枢纽既是客、货流从一条铁路转运到各接轨铁路的中转地区，又是城市、工业区客、货到发和联运的地区。铁路枢纽除了办理枢纽内各种车站的有关作业外，在货运业务方面还办理货物的承运、装卸、发送和保管等业务；在客运业务方面办理直通、管内和市郊旅客列车作业；在货物运转方面办理无调中转和改编列车的转线作业和小运转列车作业。此外，它还是组织车流交换、进行机车车辆检修作业、调整列车运行和供应列车牵引动力的重要据点。铁路枢纽示意图，如图 3-6-1 所示。

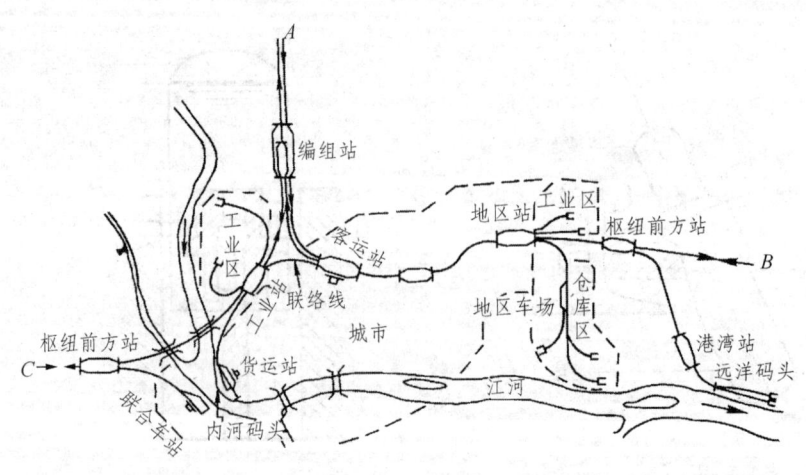

图 3-6-1　铁路枢纽示意图

二、铁路枢纽的设备

铁路枢纽为了完成所担负的各种复杂而繁重的运输任务,在枢纽内一般应具有下列设备。

1. 车 站
车站包括编组站、货运站(综合性或专业性货运站)、客运站、工业站、港湾站等。

2. 铁路线路
铁路线路包括引入正线、联络线、迂回线、环线、专用线等。

3. 疏解设备
疏解设备包括线路所、铁路线路与铁路线路的平面和立体疏解设备、铁路线路与城市道路的交叉设备(如道口和立交桥)。

4. 其他设备
其他设备包括机务段、车辆段和客车整备所等。

上述部分或全部技术设备应在分析铁路枢纽内车流的基础上,结合既有铁路现状、地理、工程条件等因素,应密切配合城市规划和工农业建设进行全面规划、分期发展。

三、铁路枢纽布置图

根据铁路枢纽范围内专业车站和铁路线路在总体结构上的特征,并结合一定的车流条件,可以形成不同的铁路枢纽布置图,如一站枢纽(见图 3-6-2)、十字形枢纽(见图 3-6-3)、三角形枢纽、顺列式枢纽、并列式枢纽、环形枢纽(见图 3-6-4)、混合式枢纽和尽端式枢纽。

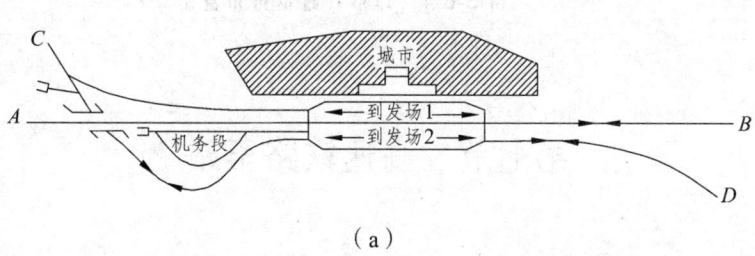

(a)

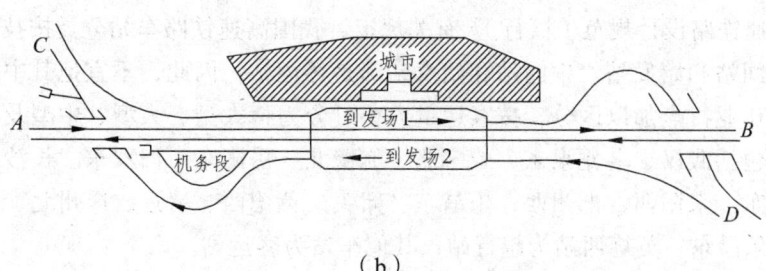

(b)

图 3-6-2 一站铁路枢纽布置图

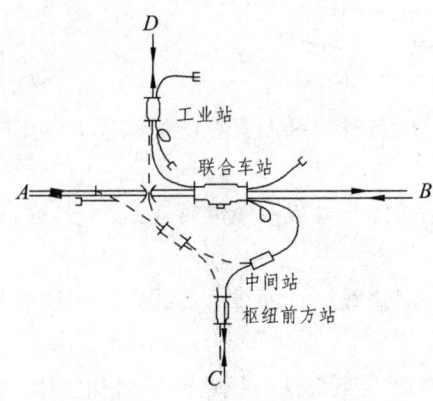

图 3-6-3　十字形铁路枢纽布置图

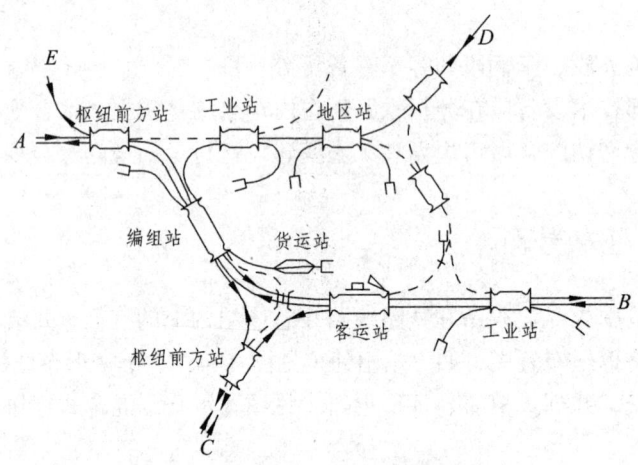

图 3-6-4　环形铁路枢纽布置图

第七节　高速铁路车站

一、高速铁路车站类型

根据《高速铁路设计规范（试行）》有关规定，我国高速铁路车站分类按技术作业性质分为越行站、中间站和始发站。中间站和始发站都是客运站，因此，不宜把其中之一叫作客运站；而应按其作业特点加以区分，按客运量大小可分为特大型、大型、中型及小型车站。如武广高速铁路包括武汉、乌龙泉东、咸宁北、赤壁北、岳阳东、汨罗东、长沙南、株洲西、衡山西、衡阳东、耒阳西、郴州西、乐昌东、韶关、英德西、清远、广州北、广州南站。其中乌龙泉东、乐昌东、英德西站为越行站，其他车站为客运站。

越行站是专为办理速度较快旅客列车越行速度较慢旅客列车而设的车站，不办理旅客乘降作业，设于站间距离较长的区间，为中速列车待避高速列车越行的车站；越行站不办理客运业务，仅设 2 条到发线，设置值班员用的小站台 1 座。日本、法国等国家高速铁路，也有不同等级速度的列车运行，速度较低的列车也要在一些车站待避高速列车越行通过，但这些车站都兼办客运业务，因此，没有单纯的越行站。

中间站主要办理列车通过和越行作业、客运业务和少量的列车折返作业。一般通过列车多于停站列车，办理旅客上、下车及换乘，一般具有 2~4 条到发线和 2 座旅客站台。较大的一些中间站还办理少量始发、终到或立即折返的高速列车作业。

始发站主要办理列车始发、终到作业及客运业务并设有动车段（所），一般位于高速铁路的起始点。如京沪高速铁路的北京和上海站，办理全部始发（终到）高、中速列车到发作业，具有全线最大的客运量；没有不停站通过列车，但有少量停站通过列车，如上海站可能担任北京至杭州方向高、中速列车的停站折返通过列车作业。始发站是全线高速列车主要检修基地和运营指挥机构所在地的车站，设有高速列车动车段和管理机构等。

按技术作业性质划分 3 种车站的目的是为根据列车技术作业需要，如越行、折返、始发及终到等确定站型、车站到发线数量及其他线路数量用。

中间站既包括沿线市、县所在车站，也包括省会车站，中间站的规模相差较大，具有 2~11 个站台面的车站均属中间站，名称体现不了其特性。因此，增加一类"枢纽站"，枢纽站一般位于铁路枢纽和直辖市、省会市所在地具有大量客运业务的客运站；用以办理大量停站、高、中速列车到发和少量通过高、中速列车的作业。这些车站还办理为数较多的高速列车始发终到作业。这些车站或车站附近都设有与既有站（线）连接的高中速联络线，在车站或附近办理高、中速列车的转线或可能的中速车换挂机车作业；车站规模较大，一般具有 4~6 股到发线、8 条站台面线（包括正线）停靠客车，配设有高速列车运用维修所等机车、车辆设施。

车站按办理的客运量大小分为特大、大、中、小型站。划分特大、大、中、小型站的目的是为确定客运设备规模、数量及其有关尺寸。

通常最高聚集人数：10 000 人以上的站为特大型站；3 000~10 000 人为大型站；600~3 000 人为中型站；100~600 人为小型站。为简单、方便地确定客运设备规模、数量及其有关尺寸，特大型和大型站合并统称为大型站；中、小型车站除主要城市所在地客运量较大的为中型站外，其余均为小型站。

二、高速车站分布原则

1. 站间距离

高速铁路的站间距离无需像普通铁路那样按运行时间、距离等规定。各国高速铁路平均站间距离差别悬殊，日本东海道新干线平均站间距离为 34.4 km，最长的区间为 68.06 km；山阳新干线最短的站间距为 10.55 km。法国最长的站间距离超过 100 km，而最短的仅为 9.9 km（里昂附近的机场站）。我国高速铁路办理客运业务车站的站间距离，主要受城市分布、城市间距离的制约。京沪高速铁路宁沪段城市密度大，客运站平均距离约 40 km；徐宁段城市少，其平均距离约 66 km；京沪全线客运站平均距离约为 55 km。此外，由于高速铁路客车运行速度并不相等，高速列车也需越行较低速的列车，如果站间距离过长，而不能进行待避越行，则将降低通过能力。因此，需在距离较长的客运站间，增加越行站，使站间距离适当均衡。

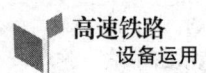

在一般情况下，包括越行站在内的平均站间距离以 30~50 km 为宜。当自然分布的客运站距离大于 50 km 时，若该区间通过能力不受限制，其间可不加越行站，也可预留远期加站条件。

2. 办理客运业务车站的分布

高速铁路应尽量吸引沿线所有大小城市客流。然而，若车站过多、过密，停站列车速度难以提高，通过列车运行于过密的咽喉区将影响舒适度和增加不安全因素，也给养护增加了难度。高速车站造价较高，特别是受客观因素影响时需要建设高架站或拆迁大量建筑物，使得一个中间站的造价高达亿元以上。车站过密将增加大量投资，因此，要做到既要保证高速铁路有足够的客运量又要合理设置车站。从我国实际情况出发，高速客运站的设站条件应是具有较多的到发客运量和地市（省辖市）级城市包括经济发达的一些县级城市；从京沪高速铁路所设置的办理客运站的情况看，预测年到发客运量 200 万人以上。

3. 车站分布应考虑的其他因素

当高速线路靠近既有铁路的联轨客运站（衔接既有多个方向及以上干线的既有站），且具有较多的与高速线换乘客运量和地方到发量时，宜在既有站附近设高速站。

根据国外高速铁路养护基地的分布，结合我国情况，沿线约 50 km 左右需设一处综合养护维修工区，车站分布宜结合综合工区分布，使综合工区的岔线尽量在高速站与正线连接，车站选址时应一并考虑综合工区的用地。

有条件时，考虑区间渡线分布与车站分布协调，使区间渡线有可能与车站咽喉渡线结合，以减少区间渡线。

三、高速铁路车站作业的特点

（一）车站作业单一，只办客运业务，不办货运业务

如果高速铁路开行货物列车，必须解决以下问题。

（1）货车轴重问题。我国货车轴重大多在 21 t 及以上，而高速铁路上的货车轴重不宜超过 18 t。

（2）速度差问题。根据几条高速铁路铺画运行图来看：当时速 300 km/160 km 匹配、160 km/h 速度的列车占总列车的 20%~30% 时其扣除系数达 5~6。速度差越大，扣除系数越大。

（3）信号适应问题。高速客运铁路无地面信号，行车控制靠 ATC 和 CTC。货运机车不能适应，必须采用特制的货运机车和车辆。机车需配设专用的车载信号设备，车辆需采用客车式转向架和封闭式车辆。因此，需研制专用的机车车辆。

（4）必须减少牵引质量、加大牵引功率、减缓最大坡度。货运列车牵引质量只能在 1 000 t 左右，最大坡度不宜超过 12‰，机车功率需加大至 8 800 kW 左右。

（5）货物列车编组和货物装卸问题，适应于高附加值的轻快货物列车货源分散，必须在编组站集结。货物列车如何从编组站上或下到高速铁路，是个复杂问题，无论从编组站修建联络线（必然产生复杂而工程量大的疏解工程）与高速铁路沟通，还是从走行到某既有站修建与高速线的联络线（同样有疏解工程），都将增加大量工程投资，而且十分困难。轻快货物在何处装卸也是难题。如果高速铁路自备货运机车车辆，自设装卸货场及货运站；总体而

言对铁路运输不经济合理,对货主亦不方便;高速站将要进行货物列车调车作业,也是很不合理的。如果高速线直接连通既有货场,可以争取送达时间,但修建这种铁路和配套设施将更为困难。

基于以上分析,高速线开行轻快货车问题复杂、投资大、运输组织和货物装卸困难、涉及问题多,因此,我国高速客运铁路以不办理货运、少量开行轻快货车为宜。从我国广深线实践来看,现在已修建第四线,也应采用客货分线运行,轻快货车应当在既有提速干线上开行,各项现有的配套设备可以利用,与客车的速度也可匹配;如果要利用高速线某些区段暂时的富裕能力来开行货车,倒不如多组织一些既有线上的客车上高速线运行。

日本、法国等多数国家的高速铁路均不开行货物列车。虽然日本原东海道新干线《运输计划》四大站间计划开行 30 辆编组(18 M+12 T)重约 1 500 t 的货物列车,但建成运营后并未按此计划执行,未开行货物列车。

德国有其特殊因素,高速客运量也比较少,已有两条高速线通道上客货混跑。但以客车为多,货车以夜间开行为主,"白天货车"只是特定的个别列车。德国由于没有形成贯通的新建高速线路,新建的高速线与改造的既有线同时连接使用(一段新建高速线与大体平行的既有线组成的四线区段与既有线双线区段连接)。

因此,高速车站将不考虑货物列车的各项作业。一旦出现附近的既有线因大灾害而中断或战争紧急情况时,高速线有可能需承担急需的货物运输。这种特殊情况,也不必作为高速车站设计的因素。

(二)高速旅客列车不办理行包和邮件装卸业务

我国普通客车多挂有行李、邮包车厢。列车到达较大车站时,要进行邮件和行李(托运的包裹)的装、卸作业,车站站台上、沿站台的纵横向均需设行李和邮件拖车的走行通道,列车繁忙的大站通常需设横越股道、站台和纵向贯通车站的地下车道。如果高速车站办理行包、邮件承运业务,由于高速铁路行车量大、速度高,为保证安全,必须建立地下拖车道路系统。这将大量增加高速站特别是部分高架于既有站上和与既有站并列设置的高速站的工程投资。

高速列车和跨线快速列车,牵引质量小、定员少、运输成本较高。在这种列车上占去两节旅客车厢而挂邮车和行包车,也是不经济的。

为办理行包、邮件装卸而延长旅客列车停站时间与高速铁路追求最短的旅行时间也是背道而驰的。

基于以上理由,我国高速车站不应办理行包和邮件装卸作业。日本、德国、法国各类高速列车均未挂有行包、邮政车厢;但在每节车厢两端均有较宽敞的行李架,旅客可将自带大件行包放置其上。法国和德国均开行单列的行包、邮政 TGV、ICE 列车。

(三)必须突出安全第一的思想

不停站的高速列车以与区间相同的速度通过车站,停站的高速列车也将以 80 km/h 及以上的速度进入车站咽喉区。在车站,人身安全、列车运行安全、车站员工安全以及高速列车与养护维修车列、与动车组运行和调车作业的安全,都必须以车站各项设施给予保证。

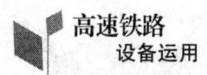

（四）要充分体现"以人为本、方便旅客"的宗旨

高速车站设计更要充分体现"以人为本、方便旅客"的宗旨，提倡旅客流程立体化、进出站自由化和多样化的设计。

首先，应在总体布局上，广义地考虑车站位置、车站与城市交通、车站与城市发展规划的相互配合、高速车站与其他车站的分布和分工等方面符合方便旅客的宗旨，这样做有利于吸引客流。

其次是在具体设计中，要把方便旅客贯穿于"城市交通—进、出站—上、下车"整个流程。要使旅客下车后能快速便捷地到达地下铁道站、轻轨铁路站、公交车站、出租车站点和社会车场。高速铁路列车间隔时间短，车站到发客流大，设计中应将进站旅客流程和出站旅客流程的通道分开，尽量不产生交叉干扰；旅客流程通道也不应与各种行车道平面交叉，以保证安全。总之，车站是聚集大量旅客的场所，要能快速地聚散客流，尽量减少旅客步行距离、减少滞留时间。21世纪的高速站应具有旅客流程立体化、进出站自由化、进出口多样化的现代化特点。

（五）高速车站的客运和行车工作组织、客运设施要适应高效率快速作业的要求

高速列车停站作业时间很短，日本东海道和山阳新干线，客车进站停车时间大约为 2 min，小站 1 min。始发终到站的高速列车，白天运行时间均立即折返，列车停站折返时间以东京站原折返时间为例，旅客下车 5 min、旅客上车 10 min，列车上水及坐椅转向、餐具清理等作业平行进行，停站时间共 15~20 min。车站通过和到发高速列车密度大、间隔时间短，一般时段间隔时间多为 4~7 min，高峰时段 3~4 min。

为适应高速列车在站高效、快速的作业要求，必须改进车站客运组织工作和行车组织工作，并配以先进设备。

1. 客运组织工作

客运组织工作应设置自进站至站台候车全程醒目清晰的旅客引导电子设备和多处一定时间段内各次列车电子信息告示牌。

旅客到站台后能方便地找到与车票相同的车厢号的停车车门位置，旅客能自己"对门上车、对号入座"，消除旅客在站台上寻找车厢门的时间。这就要求站台上有准确、醒目的停车车号车门位置的标志，高速列车应通过列控系统或司机操纵准确无误地停在与站台标志一致的位置，这样旅客才能以最短的时间上车。

根据客运量大小，配备多个自动售票和自动识别检票口，达到基本上清除排队售票和进出站现象。

快速组织完成折返列车的清洁、废物处理、上水和物品供应工作。

2. 行车组织工作

车站应有自动控制接发列车的信号系统，包括信号机显示、接发车进路（包括道岔）的自动控制系统，可以减少办理闭塞和开通进路的时间，提高行车组织工作效率和保证安全。

车站平面布置应使停站列车以不低于 80 km/h 的速度进入进站信号机内方，并安全准确地到达停车位置；保证通过列车不减速通过车站，保证通过列车与停站列车或待避列车行车安

全。车站咽喉应满足行车组织工作需要，为适应折返列车的灵活使用，到发线不论正线还是站线均应设计为双进路。

复习思考题

1. 简述高速铁路车站的分类。
2. 简述高速铁路车站作业的特点。
3. 简述高速铁路车站分布原则。
4. 高速铁路车站到发线数量是如何确定的？
5. 高速铁路车站有哪些设备？

第四章 高速铁路车辆

铁路机车、车辆、动车组是铁路运输必不可少的可移动设备。机车是铁路运输的基本动力;车辆是运送旅客和货物的装载工具,铁路车辆通常不设动力装置,需要将多辆车辆连挂在一起,由机车牵引运行而实现运输;动车组是由动车与拖车组成的,通过动车组的独立运行实现对旅客的运输。

第一节 机 车

在铁路上有样式众多的铁路机车,按原动力分有:蒸汽机车、内燃机车和电力机车 3 大类;按用途分有:货运机车、客运机车、调车机车、客货通用机车、工矿机车 5 类。

传统的中国铁路以货运为主,运输速度较低,因此,机型多以客货两用机车为主。随着市场经济和社会发展的需要,尤其是在铁路实施和谐发展战略后,客运高速、货运重载已成为我国铁路的发展方向,机车制造也因需而变,客货分型,因此,也就有了高速客运机车和重载货运机车之分,例如:SS_4 型、DF_4 型为货运机车,DF_{11}、SS_8 型为客运机车,DF_7、BJ 型为调车机车。

机车在牵引列车过程中,为了实现最佳牵引效果,通常应该输出稳定的功率(N)——额定功率,即 $F \cdot v = N$。

机车在牵引列车运行中,其运行阻力会随着线路平纵面的变化、天气状况的变化、风向风力的变化等而变化。这就要求机车在发挥额定功率的前提下,机车牵引力应随阻力的变化而变化。当阻力变大时($F<f$),为了克服阻力其牵引力要逐渐变大,这时速度逐渐降低;当阻力减小时($F>f$),机车速度逐渐提高,而牵引力逐渐减小。当把牵引力与速度的这种成反比例的变化关系用坐标表示时,则是一条双曲线。这条双曲线就叫作机车理想牵引性能曲线(俗称牛-马特性曲线),如图 4-1-1 所示。

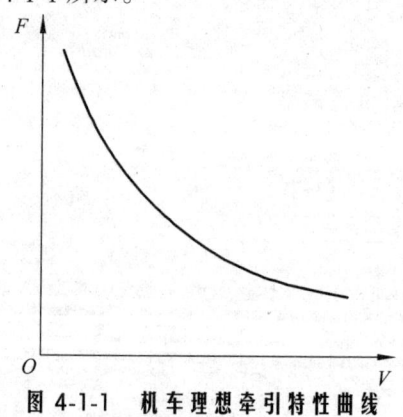

图 4-1-1 机车理想牵引特性曲线

对任何一种机车,都要求它的牵引性能尽量自动地接近理想牵引性能曲线,才能适合牵引列车的需要。牵引性能曲线的右端受机车最高速度的限制;左端受轮轨间黏着力的限制,牵引力过大会造成具有破坏作用的动轮空转。

一、蒸汽机车

蒸汽机车是铁路最早使用的机车,它的出现带来了运输革命,从而加速工业化进程的发展。蒸汽机车在世界铁路以及我国铁路运输中都曾发挥过重要的作用。但由于其热效率低,机车功率已很难提高,而且存在污染大、乘务员劳动条件差等缺点,蒸汽机车已不能适应现代铁路高速和重载的要求,在世界和我国已基本停止使用。但是,在英国等一些国家为了不忘历史,在一些观光旅游的铁路线路上仍利用蒸汽机车牵引列车。

我国"龙"号机车的故事:在 1880 年,唐山开平煤矿兴建投产,大量的煤炭出产后需要运往各地,矿方报请朝廷准修一条运煤铁路。当时很多人反对铁路,争议极大。直隶提督刘铭传以及李鸿章等人都力主自己修建铁路,几经波折,李鸿章以退为进,请求不行机车而以骡马拉车,终于得到了朝廷的恩准,同意修筑一条由开平至胥各庄,长约 11 千米的运煤铁路。这条铁路于 1880 年秋冬动工,1881 年 6 月铺轨,年底竣工。在修路的同时,开平煤矿的英籍工程师金达利用废旧卷扬机造了一台简陋的蒸汽机车。但由于朝廷明令禁止使用机车,这台机车暂时没有行驶,所以唐胥铁路一度是以骡马牵引运煤车,历史上称"马车铁路"。到了 1882 年,开平煤矿的煤产量猛增,骡马拉车实在力不胜任,大量的煤运不出去。金达利又设计并指导中国工匠们精心制造了一台规范、精良的蒸汽机车,它可以和同时代的外国机车相媲美。当时矿务局的英籍工程师薄内的妻子为机车起了名字,叫"Rocket of China",意思是"中国火箭",这是仿照斯蒂芬森那台著名机车"火箭"号而命名的。参与制造机车的中国工匠在车头两侧各镶嵌了一条金属刻制的龙,因此大家又把它称作"龙"号(见图 4-1-2)。"龙"号机车车长 18 英尺(约合 5.7 米),只有三对动轮而无导轮和从轮,轴式为 0-3-0,"龙"号机车行驶起来,风驰电掣,矿山的煤炭源源不断运出。可是过了不久消息传到北京,朝中很多官员弹劾火车,说是"机车直驶,震动东陵,且喷出黑烟,有伤禾稼。"于是朝廷勒令禁驶机车。后来经李鸿章和开平矿务局的疏通周旋,以北洋海军急需燃料煤为由,使得朝廷不得不放松禁令。几个月后,机车又可以行驶了,以后一直使用。由于运力解决了,开平的煤大量进入天津等城市的煤炭市场,又好烧又便宜的开平煤取代了占据天津市场的日本洋煤。"龙"号机车退役后曾存放在北京府右街的交通陈列馆,当时还可以生火行驶,以供观赏。1937 年抗日战争爆发,日本侵占北京,该馆迁移到和平门内一条胡同里,以后这台中国制造的著名机车便离奇地失踪了。

图 4-1-2 "龙"号机车

蒸汽机车（见图 4-1-3）是用燃料把水加热成压力蒸汽，压力蒸汽再通过蒸汽机做功，使蒸汽机车燃料的热能转变为机械能，从而使机车动轮产生牵引力的机车。

图 4-1-3　蒸汽机车

蒸汽机车主要由锅炉、汽机、走行部、车架、煤水车、车钩缓冲装置、制动装置等组成。

（一）锅　炉

锅炉是燃烧燃料、加热水并制造高温高压蒸汽的重要部件。锅炉又由3部分组成：火箱、锅胴、烟箱，如图 4-1-4 所示。

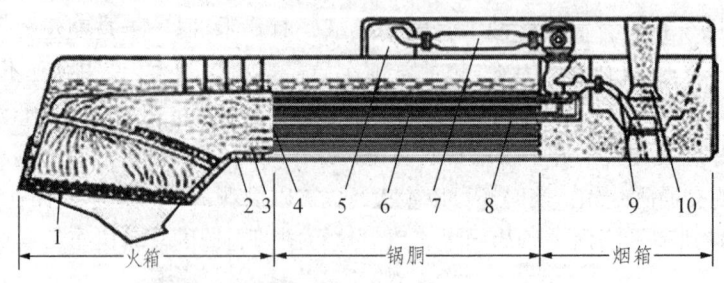

图 4-1-4　锅炉

1—炉床；2—外火箱；3—内火箱；4—火箱管板；5—汽包；6—过热管；7—干燥管；
8—大烟管；9—主蒸汽管；10—烟筒

1. 火　箱

火箱是燃烧燃料（煤）的地方，分内、外两层。内火箱与外火箱之间用许多螺撑相连，并用底圈将它们的下脚边焊接在一起。煤在内火箱底部的炉床上燃烧；内、外火箱之间盛水；内火箱里还装有拱管，以加强锅水循环；拱管上铺设拱砖，以提高热效率。

2. 锅胴

锅胴设在锅炉中部，它的后端与外火箱前端相连，前端与烟箱相连。锅胴是盛水的长大圆筒，是产生蒸汽的主要部位。锅胴内的内火箱管板和烟箱管板之间装有许多大烟管与小烟管，在大烟管里还套装有过热管。煤燃烧产生的燃气经由内火箱管板和拱管将大量的热量传给锅水，然后通过大小烟管继续对锅水加热，从而产生大量的蒸汽。这些蒸汽充满了锅胴水面上的空间，并向锅胴顶部的汽包聚集。司机只要打开汽门（调整阀），蒸汽就可进入汽机做功。

3. 烟箱

烟箱位于锅炉的前端，它的作用是帮助火箱排烟与通风，保证火箱内燃料的充分燃烧，并阻止火星排出烟筒。因此，在烟箱内设有烟筒、废气喷嘴、反射板、火星网等通风与粉碎火星两部分装置。

在烟箱的顶部还装有过热箱，过热箱内有两个蒸汽室（饱和蒸汽室与过热蒸汽室），聚集在汽包里的饱和蒸汽经过汽门进入干燥管，由干燥管将饱和蒸汽引入饱和蒸汽室，然后将饱和蒸汽引入套装在大烟管内的过热管进行进一步加热（提高蒸汽能量），使之成为过热蒸汽，再引回到过热箱的过热室集中。过热室的过热蒸汽再通过两根主蒸汽管分别引入烟箱两侧的汽机。

另外，为了了解锅炉的工作情况并保证锅炉安全正常工作，在锅炉部分还安装有一些附属装置：安全阀、注水器、压力表、水位表、易熔塞等。

（二）汽 机

汽机是将蒸汽的热能转变为机械能的重要部件。蒸汽机车上通常有两套汽机被分别安装在锅炉烟箱部位的两侧。汽机的组成有：汽室与汽缸、传动机构、配汽机构，如图4-1-5所示。

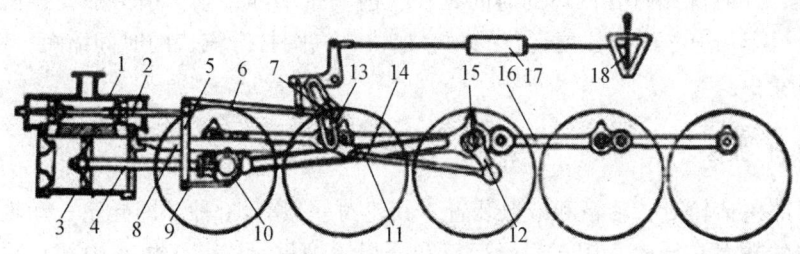

图 4-1-5 汽室与气缸

1—汽室；2—汽阀杆；3—汽缸；4—活塞杆；5—合并杆；6—半径杆；7—滑块；8—滑床板；
9—结合杆；10—十字头；11—偏心杆；12—偏心曲拐；13—月牙板；14—摇杆；
15—主曲拐销；16—连杆；17—回动机；18—回动手把

1. 汽室与汽缸

汽室与汽缸为两个重叠的圆筒，其两个圆筒连接处的两端都有汽口相互连通。

汽室中部与主蒸汽管相连，过热蒸汽从这里进入汽室。汽室里有一个由配汽机构带动做纵向往复运动的汽阀，通过汽阀的往复运动向汽缸配气。汽室两端的排汽通道直通烟箱废气喷嘴，在汽缸做完功的废气经由该通道由废气喷嘴排出。

2. 传动机构

传动机构的任务是将汽缸鞲鞴的往复运动转变为机车动轮的圆周运动，从而产生机车牵引力。传动机构的传动过程是汽缸鞲鞴的往复运动通过鞲鞴杆带动十字头，再由十字头带动摇杆，摇杆又通过机车主动轮的主曲拐将十字头的往复运动转变为机车主动轮的圆周运动，主动轮再通过连杆带动机车的其他动轮一起转动的。

3. 配汽机构

配汽机构的任务是带动并控制汽室里的汽阀，使汽阀的往复运动能够实时地打开汽室与汽缸之间的前（后）汽口，从而将过热蒸汽不断地从前（后）汽口引入汽缸，使汽缸内的鞲鞴在过热蒸汽的作用下不停地进行往复运行，使热能连续不断地转变为机械能。而做完功的废气则沿后（前）汽口进入排汽通道。

汽阀的往复运动是由两部分的动作合并后带动的（见图 4-1-5）：一部分是由十字头通过结合杆传到合并杆；另一部分是由主动轮的偏心曲拐通过偏心杆、月牙板、滑块及半径杆也传到合并杆上。这两部分的动作通过合并杆结合在一起，再经汽阀杆带动汽阀做往复运动，从而使得汽阀的往复运动与鞲鞴的往复运动协调一致。

机车的运动方向是由滑块在月牙板中的位置所决定的。当滑块在月牙板的上方时机车前进；当滑块在月牙板的下方时机车后退；当滑块在月牙板中间时机车则闭汽惰性。

滑块在月牙板的位置是由司机通过"回动手把"来控制的，回动手把向前时机车前进，回动手把向后时机车后退。司机不仅通过回动手把来控制机车的运行方向，而且还通过回动手把来控制汽阀的动程。滑块越远离月牙板中心，汽阀的动程越大；汽阀的动程越大，则汽室向汽缸的供气量就越多，机车所产生的牵引力就越大，而这时速度减慢；反之则牵引力变小，速度提高。

蒸汽机车的"牛-马"牵引性能就是通过汽阀来实现的。当滑块在月牙板上的位置一定时，则机车的功率就一定。这时若机车运行阻力增大，机车的运行速度就会减慢，而汽阀的往复频率也会降低，此时汽阀打开汽口的时间延长，进气量增加，则牵引力加大；反之，机车运行阻力变小，机车加速，汽阀往复运行的频率加快，汽阀打开汽口的时间缩短，进气量减少，则机车牵引力变小。

（三）走行部

机车走行部包括轮对、轴箱和减振装置。其轮对一般有 3 种，即导轮、动轮和从轮。装于机车最前端的轮对是导轮，用于引导运行和分担锅炉重量；装于机车中部，并与摇杆、连杆相连的轮对是动轮，每个动轮都有均衡块，用来平衡因曲拐销、摇杆、连杆等偏心重量而产生的惯性力；装于司机室下方的轮对为从轮，用于分担锅炉重量。不同型号的蒸汽机车其轮对配列（又叫轴列式：导轮-动轮-从轮）不同，例如：用于牵引货物列车的前进型为 1-5-1；用于牵引旅客列车的人民型为 2-3-1；用于调车作业的建设型为 1-4-1。

（四）车架

车架为一长大的钢制框架，其作用是承上接下，把锅炉、汽机、轮对等部件组合为一个整体，并将机体质量均匀地分配到各个轮对。

（五）煤水车

煤水车是蒸汽机车不可缺少的重要组成部分，是蒸汽机车用于装载煤与水的移动仓库，其前舱用于装煤，后舱用于装水。

蒸汽机车是铁路最早使用的机车，它的出现带来了运输革命，从而加速了工业化进程的发展。蒸汽机车在世界铁路以及我国铁路运输中都曾发挥过非常重要的作用。由于其热效率低，机车功率已很难提高，且其污染大、乘务员劳动条件差等缺点，蒸汽机车已不能适应现代铁路高速和重载的要求，因此，在世界和我国已基本上停止使用。但是，在英国等一些国家为了不忘历史，特将蒸汽机车用于一些观光旅游的铁路线路牵引列车，让人们在旅游观光的同时能够目睹蒸汽机车，并体验蒸汽机车的列车牵引。

二、内燃机车

内燃机车是以内燃机（通常为柴油机）作为原动力，通过传动装置驱动车轮的机车，如图 4-1-6 所示。

图 4-1-6　内燃机车

内燃机车的运用热效率达 30%左右，较已淘汰的蒸汽机车高 3 倍。内燃机车功率大，维修保养量较小，适宜干线牵引，因此，内燃机车的应用非常广泛。但其缺点是对环境产生一定污染。

尽管内燃机车的类型很多，但其主要组成和工作原理基本相同。其基本结构都是由柴油机、传动装置、车体、走行部、车钩缓冲装置、制动装置、辅助装置和控制设备等组成。

（一）柴油机

1. 柴油机组成

柴油机是内燃机车的动力装置，它是利用柴油燃烧所产生的热能做功的一种机械装置。铁路机车多采用四冲程、多汽缸、并配装废气涡轮增压的柴油机。柴油机由固定部件、运动部件、配气机构、进排气系统、燃油系统、冷却系统、润滑系统等组成。

2. 四冲程柴油机的工作原理

四冲程柴油机的工作原理如图 4-1-7 所示。柴油机的一个工作循环由进气、压缩、燃烧膨胀（做功）和排气 4 个工作过程组成。

如图 4-1-7（a）所示为进气过程。进气门打开，燃油通过喷油器进入气缸与高温高压空气相遇，推动活塞下移。

如图 4-1-7（b）所示为压缩过程。曲轴推动活塞上移，油气体积被压缩，温度急剧升高。

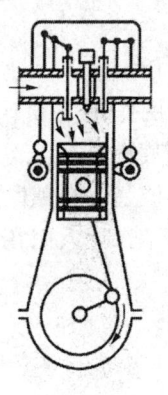 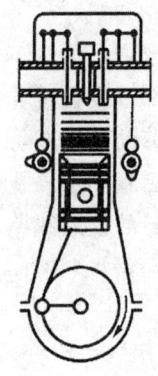 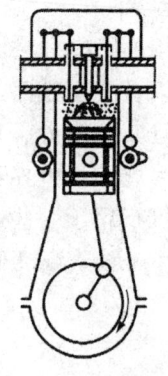 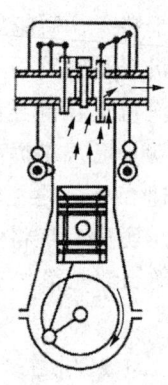

（a）进气过程　　　（b）压缩过程　　　（c）燃烧膨胀过程　　　（d）排气过程

图 4-1-7　四冲程柴油机的工作原理

如图 4-1-7（c）所示为燃烧膨胀过程。高温高压油气燃烧膨胀做功推动活塞下移，将油气的热能转换成机械能。

如图 4-1-7（d）所示为排气过程。排气门打开，燃烧后的废气经排气门排出。

至此，柴油机完成进气、压缩、燃烧膨胀（做功）、排气一个工作循环。如此循环往复不断把柴油燃烧产生的热能转变为机械能。

（二）传动装置

传动装置是柴油机曲轴与机车动轴的中间环节，其作用不仅是将机车柴油机曲轴输出的机械能进行能量转变，然后传递给轮对来驱动机车运行；而且其主要的目的是实现机车理想的牵引特性。

内燃机车传动方式主要包括电力传动和液力传动。

1. 电力传动装置

在电力传动的内燃机车上，柴油机输出轴与一台发电机转轴相连，发电机将柴油机输出的机械能转变成电能，再将电能供给牵引电动机使其转动，经齿轮传递给机车轮对而使机车运行，这样的一套装置就是电力传动装置。电力传动又分为直-直流电力传动、交-直流电力传动、交-直-交流电力传动和交-交流电力传动。目前，采用较多的是交-直流电力传动、交-直-交流电力传动。

1）交-直流电力传动装置

交-直流电力传动装置是由柴油机带动一台三相发电机发电，把柴油机的机械能转变成电能，再将发出的三相交流电，经过硅二极管组成的整流电路整流变成直流电，供给几台并联的牵引电动机，使其转动，将电能变为机械能，再经电动机齿轮与车轴齿轮的啮合使轮对转动，从而使机车运行的传动装置。其传动装置如图 4-1-8 所示。

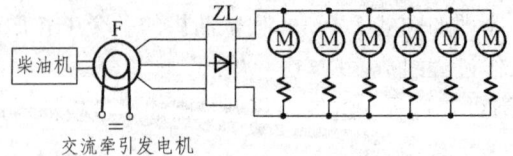

图 4-1-8　交-直流电力传动装置示意图

这套交-直流电力传动装置是利用直流电动机的功率输出特性（即 $N=I \cdot V$）来实现机车理想牵引性能的。

2）交-直-交流电力传动装置

交-直-交流电力传动装置是柴油机驱动交流三相牵引发电机，然后将所发出的三相交流电，经硅整流器整流为直流电，再经过可控硅逆变器（可设一个或数个逆变器），将直流电转变为频率可调的交流电，供给数台交流牵引电动机的传动装置。这样的间接变频，使逆变器输出的三相交流电的频率与牵引发电机发出的三相交流电的频率没有任何关系。在机车启动和调速的整个工作范围内，交流牵引电动机的三相电源的频率都能平滑的调节。

这套交-直-交流电力传动装置是利用现代化的变频技术来实现机车理想牵引性能的。

2. 液力传动装置

在柴油机与动轮之间装有一套液力传动装置，它是以柴油机为原动机，主要由液力变扭器和齿轮箱组成。柴油机输出的扭矩通过这套装置传递到机车轮对上，使机车产生牵引力，从而牵引列车运行。

液力变扭器是液力传动装置的主要部分，它由泵轮、涡轮和导向轮等组成。泵轮通过空心的泵轮轴、齿轮与柴油机曲轴相连；涡轮通过实心的涡轮轴、齿轮与机车动轴相连；导向轮则固定在变扭器体上不能转动，如图 4-1-9 所示。

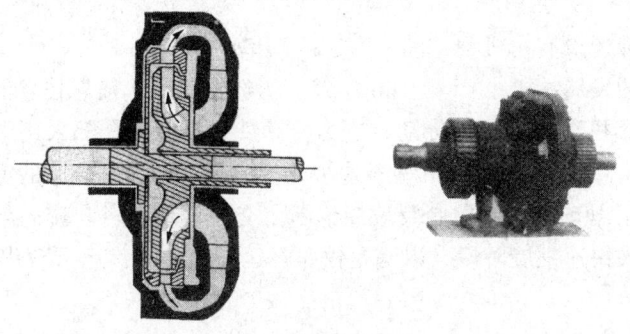

图 4-1-9 液力传动装置示意图

液力变扭器的主要作用是变扭，即把柴油机几乎不变的扭矩变为可变的扭矩传给机车动轮，变成可变的机车牵引力。

当机车启动或速度较低时，间接与动轮相连的变扭器的涡轮转速也低，泵轮的高速高压油流对涡轮叶片产生很大压力，使涡轮产生很大扭矩，机车牵引力就大；当机车速度提高时，涡轮也随之高速旋转，油流对涡轮叶片压力就小，则涡轮产生的扭矩也小，机车牵引力就小，从而实现了机车接近理想牵引性能的要求。

机车惰性运行或停车时，是通过司机操纵控制手柄，将变扭器的工作油排出并切断向液力变扭器泵轮的供油进路，使泵轮与涡轮失去联系，机车失去牵引力，再配合制动装置的作用来完成的。

机车换向，是停车后司机操纵换向手柄，通过机车换向机构来完成的。

（三）其他部分

车体是车架上部的外壳，起保护机车上的人员和机器设备不受风、沙、雨、雪的侵袭和防寒作用。

车架是机车的骨干,矩形钢结构,由中梁、侧梁、枕梁、横梁等主要部分组成,上面安装柴油机等设备,下面由两个转向架支撑并与车架相连,车架中梁前后两端的中下部装设车钩、缓冲装置。车架承受荷载最大,并传递牵引力使列车运行,因此,车架必须有足够的强度和刚度。

转向架是机车的走行装置,又称台车,外形图如图 4-1-10 所示。转向架的作用是承载机车上部的重力,传递牵引力,缓和吸收来自线路的各种冲击和振动,帮助机车平衡运行和顺利通过曲线。内燃机车一般有 2 个 2 轴或 3 轴的转向架组成。

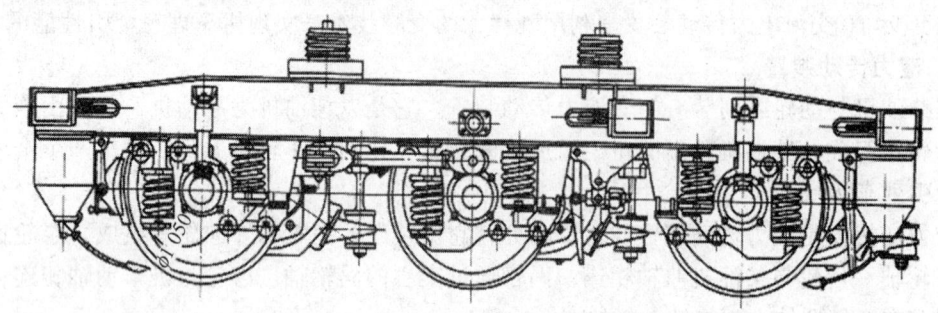

图 4-1-10　DF$_{4B}$ 型内燃机车转向架

另外,机车内部还设有司机室、动力室、冷却室和电气室。

我国内燃机车的发展始于 20 世纪 60 年代,历经了三代,依靠技术的进步,机车的技术含量不断提升,内燃机车已从液力传动、电力传动并举发展到全部采用电力传动,传动装置发展为交-交型。目前,内燃机车的机型多达十几种,形成了内燃机车的型谱和系列化产品。

内燃机车技术正以车载微机控制及故障诊断、交流传动、径向转向架、柴油机电子燃油喷射装置为标志进入快速发展阶段,以满足铁路客运高速化和货运重载化的需求。

三、电力机车

电力机车是利用电能由电动机驱动运行的机车或动车。电力机车平均热效率比内燃机车高,它在提高铁路运输能力、合理利用资源、保护生态环境方面性能优越,是铁路最理想的机车,如图 4-1-11 所示。

图 4-1-11　电力机车

电力机车按照传动方式分为直流传动电力机车、交流传动电力机车。直流传动电力机车又有直流供电和交流供电两种。我国主要采用交流供电直流传动电力机车,典型机型是韶山系列电力机车。

(一)交-直型电力机车的工作原理

交-直型电力机车是靠其顶部升起的受电弓,从接触网上取得单相工频交流电,经牵引变压器降压,再经变流装置将交流电转换为直流电,供给直流(脉流)牵引电动机,经齿轮传动装置牵引列车运行的,如图4-1-12所示。

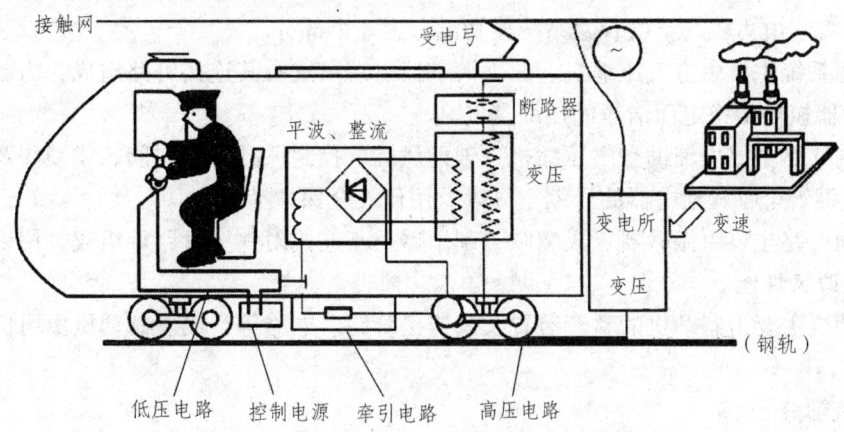

图 4-1-12 交-直型电力机车工作原理图

(二)电力机车基本组成

电力机车由机械部分、空气管路系统和电气部分组成;结构上分为转向架、车体、司机室、机械间、车顶电器等部分。机械间内分高压室、变压器室和辅助室,其总体布置如图4-1-13所示。

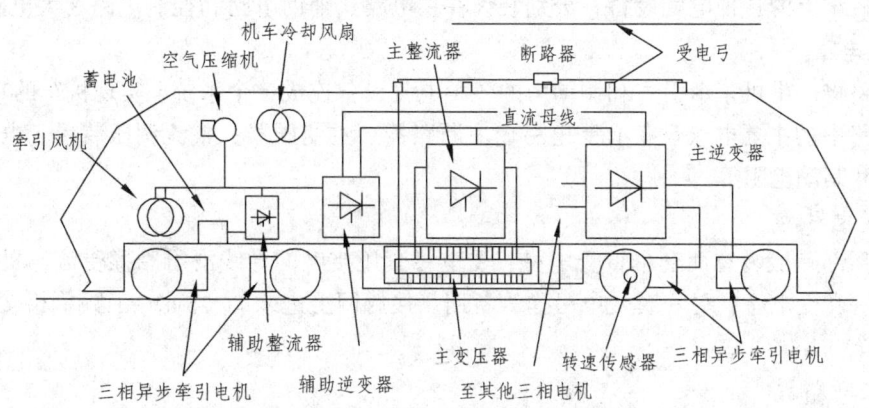

图 4-1-13 电力机车总体布置图

1. 机械部分

电力机车机械部分主要由车体、走行部、车底架、车钩缓冲装置和制动装置组成。

电力机车走行部也称转向架。现代电力机车转向架的每个轮轴上都安装有动力装置,称为动轴。

通常用轴式来表示电力机车走行部的特征。

C_0-C_0："C"代表数字3，表示转向架有3根轮轴；脚标"0"表示每根轮轴都有驱动装置；C_0-C_0表示该机车有2台完全相同的互不相连的转向架，机车有6根动轴，采用单独传动方式。

B_0-B_0-B_0："B"代表数字2，表示该机车由3个二轴转向架组成，6根动轴，单独传动。

2（B_0-B_0）：表示它是由两节机车联挂，该机车是由2个二轴转向架组成的8轴电力机车。

2. 空气管路系统

电力机车空气管路系统除了供给空气制动外，受电弓、主断路器等电气设备的操作也需要用压缩空气。电力机车空气管路系统按功能分为4个部分。

① 风源系统主要由空气压缩机、压力调节器、总风缸及其连接管路组成，为制动机系统及全车气动器械供给稳定而洁净的压缩空气。

② 控制气路主要由辅助空气压缩机、辅助风缸、控制风缸、换向阀、联锁阀及其连接管路组成是以供给全车气动电器的压缩空气以及用作安全保护措施。

③ 辅助气路主要由撒砂器、风喇叭、刮雨器及其连接附件、管路等组成，用以确保机车安全运行及改善性能。

④ 制动机主要由制动机的整套装置及其连接管路、电路等组成。制动机由司机操纵对列车实施减速、停车。

3. 电气部分

电气部分包括受电弓、牵引变压器、牵引电机、整流柜机组、辅助电机及司机控制器、接触器、继电器、转换开关、电空阀等。

另外电力机车上还装设有列车运行监控记录装置，其中客运机车还加装轴温报警装置，以保证列车行车安全。

（三）电力机车电气设备与电路

电力机车上的各种电气设备，分别装设在主电路、辅助电路和控制电路3大电路中。

1. 主电路

主电路将产生机车牵引力和制动力的各种电气设备连成一个系统，实现机车的功率传输。

主电路中的主要电气设备有受电弓、主断路器、主变压器、整流调压装置、电抗器、牵引电动机和制动电阻等。

1）受电弓

机车顶部一般装有两套单臂受电弓，受电弓紧压接触网导线滑行摩擦受流。机车运行时只需升起一套受电弓，另一套受电弓作为备用。接触网上进来的25 kV工频单相交流电就由此引入机车。

2）主断路器

主断路器是机车的总电源开关和保护开关，用来接通或断开电力机车高压电路。当主电路发生短路、接地或整流调压电路、牵引电动机等设备发生故障时，它能自动切断机车电源，实现对机车上的设备的保护。

3）主变压器

主变压器又称牵引变压器，它把从接触网上取得的25 kV高压电降低为牵引电动机所适用的电压。变压器有4个绕组，1个原边绕组接25 kV高压电；3个次边绕组，其中牵引绕组用来向牵引电动机供电，励磁绕组用在电阻制动时给电动机提供励磁电流，辅助绕组用来给机车的辅助电机供电。

2．辅助电路

辅助电路电源来自主变压器的辅助绕组，通过劈相机将单相交流电转变成三相交流电后，供给牵引通风机、油泵机组和空气压缩机等辅助电机使用。

3．控制电路

控制电路将主电路和辅助电路中各电气设备的控制电器（包括各种控制开关、接触器、电空阀等）同电源、照明、信号等的控制装置连成一个电系统。

以上3个电路系统在电气方面一般是相互隔离的，但三者通过电磁、电空或机械传动等方式相互联系、配合动作、低压电控制高压电、保证司机操作安全、实现机车安全运行。

（四）电力机车制动

当机车需要制动时，除使用空气制动装置外，还可以使用电阻制动。司机操纵司机控制器，使其从牵引位转到制动位，牵引电动机由电动机运行改成发电机运行，车轴带动电动机转轴旋转产生一个与速度成比例的阻力阻止列车运行。如果发出的电能被制动电阻变成热能耗散掉就称之为电阻制动，它因而消耗了机车惰行时的机械能。

如果将电能重新反馈回电网中去加以利用就称之为"再生制动"，它将列车在运行中所具有的机械能转换成电能送回接触网。从能量利用上看，电阻制动虽然不如再生制动，但电阻制动的主电路工作可靠、稳定、技术比较简单，目前，在电力机车上得到广泛使用。

（五）电力机车的微机控制

机车微机控制技术是随电力电子技术、半导体集成技术的发展和机车控制要求的提高应运而生的，逐步取代以运算放大器为基础的模拟控制方式，它标志着机车控制技术水平上升到一个新的阶段。

在电力机车上，微机控制的主要任务是优化黏着控制、分配制动力、对牵引力和制动力进行进一步处理后送给传动控制。微机控制的目标主要是电机、电枢、电流和机车速度。信息处理机构是微型计算机，执行机构是晶闸管变流装置，即微机根据司机给定的手柄级位以及实际机车速度来调节晶闸管的触发角，从而使机车稳定运行在司机希望的工况。

我国的电气化铁路始建于1958年，1961年8月15日宝鸡—凤州段91 km电气化铁路通车。我国电力机车的研究与铁道电气化同步，经过60多年的不懈努力，牵引动力由直流传动发展到交-直流传动再到交流传动，机车功率和单轴功率不断提高，整机性能不断完善，形成了4、6、8轴的韶山型和HXD型系列电力机车型谱。

交流传动自1971年在原联邦德国问世以来，到20世纪90年代，国外交流传动的发展已经进入成熟期，占据电力机车主导地位，尤其是在铁路高速和重载牵引方面显示出了很大的优越性。我国交流传动电力机车的研制和生产也取得了重大进展，1996年成功试制出交-直-交原型车AC4000型电力机车；到2005年，已经有我国自主研发生产的九方、澳星、天梭号、SSJ3等交流传动电力机车问世并进行试运，为完成铁路牵引动力由交直传动向交流传动的转换奠定了坚实的基础。

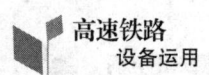

2006年年底，首批"和谐"型国产化大功率交流传动电力机车在大连机车车辆有限公司下线并交付使用。HXD型电力机车采用了交-直-交传动、微机控制和轮盘制动等多项新技术，具有启动（持续）牵引力大、恒功率速度范围宽、节能环保等特点，是目前我国技术水平最高、单机功率最大的电力机车，作为第六次铁路提速的货运主打机型，承担着"晋煤"外运、"平煤"外运等运输任务。

电力机车正以交-直-交牵引技术、复合制动技术、高速转向架和高速受流技术为突破，加快实现运输装备的现代化。

四、机车运用与检修

机车运用与检修的基层单位是机务段，一般设在区段站和编组站。

（一）机务段的任务和设备

根据各机务段担当任务量的大小，为其配属一定数量的机车。

机务段的主要任务是管好、用好、修好机车，圆满完成旅客列车、货物列车的牵引和调车工作等任务。全路的机车由"铁总"分别配属于各铁路局管内的机务段。

机务段设有管理部门和生产车间。生产车间包括运用车间、检修车间、设备车间、整备车间和监控车间。

运用车间主要负责机车的运用和保养；检修车间主要负责机车段修范围内的定期修理和机车的日常维修；整备车间负责机车燃料、水、砂等物资供应及机车的整备作业；设备车间负责机务段固定设备及水电动力设施的管理与维修；监控车间负责列车运行监控记录装置或自动停车装置等的检测、运行信息转储及设备维护。

机车出段牵引列车之前或担任调车作业前，需要供应机车必需的物资和做好各项准备工作，这些工作称为机车整备作业。车型不同整备作业内容也不同，内燃、电力机车整备作业的项目如表4-1-1所列。为完成机车整备作业，机务段还必须修建相应的整备设施及设备，如机车整备场、加油站、转向、化验、清洗等设备。

表 4-1-1　内燃、电力机车的整备作业

需要供应的物资			需要做的准备工作		
项目	内燃机车	电力机车	项目	内燃机车	电力机车
燃料	√	—	机转方向	一般单向	—
水	√	√	机转擦拭	√	√
砂	√	√	检查	√	√
润滑油	√	√	给油	√	√
擦拭材料	√	√	机车乘务组交接班	√	√

机车检修设备指机车在段修作业中所用的国家标准产品设备、铁路专用设备、工具备品及有关建筑物等。

(二)机车运用

机车运用的一大特点是机车只要离开机务段,就要受到车站有关人员的调度和指挥。因此,机务部门和行车部门的关系尤为密切,两者必须联动协作才能安全、高效、优质的完成运输任务。

1. 机车交路与机车运转方式

机车交路是指机车固定担当运输任务的周转区段。

按照所担当的牵引区段的长度,分为短交路和长交路。如果用一班或一班以上乘务组在规定的连续工作时间内,机车仅能够完成一个单程线路的牵引作业,则称作长交路。如果用一班乘务组在规定的连续工作时间内,机车能够完成一个往返交路的牵引作业,则称作短交路。

目前,我国铁路机车运转方式主要分为肩回运转制和循环运转制。

1) 肩回运转制

机车牵引列车在一个交路区段内往返一次后即进入机务段整备检查的机车运用模式称为肩回运转制,如图4-1-14(a)所示。长、短交路均可采用这种机车运转方式。

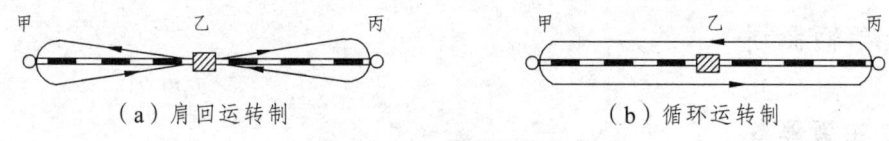

图 4-1-14 机车运转方式

2) 循环运转制

机车牵引列车在相邻的两个交路区段内做往返连续运行不入段,直到需要进行定期检修或预防性检修才进入机务段的机车运用模式称为循环运转制,如图4-1-14(b)所示。一般短交路可采用这种机车运转方式。

2. 机车乘务制度与乘务方式

1) 乘务制度

我国现行的机车乘务制度有2种。

(1) 包乘制。

每台机车配备2~3个固定的乘务组值乘。优点是可以加强机车乘务员的责任心,便于乘务员熟悉所驾驶机车的性能,有利于机车操纵和维修保养。缺点是机车的运用效率较低。

(2) 轮乘制。

机车由各乘务组轮流值乘。由于乘务组值乘的机车不固定,这样可以有效地使用机车,合理安排乘务员的作息时间,显著提高机车的运用效率。当然对乘务员的驾驶技术要求更高,对机车的质量和保养的要求也更高。

2) 乘务方式

乘务员的乘务方式主要有立即折返制、外段驻班制和随乘制3种。

(三)机车检修

机车在运用中,其技术状态会随着走行千米数的增加而逐渐变差,各部件都会发生磨耗、

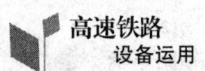

变形或损坏。为了保证安全，就要对其进行维修。对机车的维修，除了乘务员的日常检查和保养外还必须进行各种定期检修。

按机车定期检修的修程分，内燃、电力机车分为大修、中修、小修和辅修。机车大修是一种全面的恢复性修理，修后机车需达到或接近新车水平；中修主要修理走行部；小修主要是为了对有关设备进行测试和维修；辅修是临时性的维修和养护。

机车检修周期是根据机车实际技术状态和走行千米或使用日期，由"铁总"机车检修规程规定的。

第二节　铁路车辆

铁路车辆是铁路运送旅客和货物的乘载工具，它一般没有动力传动装置（除动车组的动车外），需要将许多车辆连挂在一起，然后经由机车牵引运行才能实现对旅客、货物的运送。

一、车辆概述

（一）车辆种类

铁路车辆种类繁多，但通常按其用途分类，则可分为客车、货车和特种用途车 3 类。

1．客　车

客车还可分为运送旅客客车、为旅客服务客车和特殊用途客车 3 种。

1）运送旅客的车辆

（1）硬座车：旅客座位为半硬制品（如泡沫塑料）或木制品的座车，相对的两组座椅中心距离在 1 800 mm 以下的座车。

（2）软座车：旅客座位及靠垫设有弹簧装置，相对的两组座椅中心距离在 1 800 mm 以上的座车。

（3）硬卧车：卧铺为三层，铺垫为半硬制品（如泡沫塑料），卧室为敞开式或半敞开式的卧车。

（4）软卧车：卧铺为二层，铺垫有弹簧装置，卧室为封闭式单间，单间定员不超过 4 人的卧车。

（5）合造车：一辆车上同时设有两种或两种以上用途的车内设备的车辆，如软硬座合造车、行李邮政合造车等。

（6）双层客车：设有上、下两层客室的座车或卧车。

（7）简易客车：设有简易设备的客车。

（8）代用客车：用货车改装的、代替客车使用的车辆，如代用座车、代用行李车等。

2）为旅客服务的车辆

（1）餐车：旅客在旅行中饮食就餐用的车辆。车内设有厨房、餐室及储藏室（同时还有小卖部）等设备。

（2）行李车：供运输旅客行李及物品的车辆。车内设有行李间及办公室等设备。

3）特殊用途的车辆

（1）邮政车：供运输邮件使用的车辆，设有邮政间及邮政员办公室等设备。常固定编挂于旅客列车中。

（2）空调发电车：专给集中供电的空调车供电的车辆，车内设有柴油发电机组。

（3）公务车：供国家机关人员到沿线检查工作时专用的车辆。

（4）医疗车：到铁路沿线为铁路职工及家属进行巡回医疗使用的车辆，车内设有医疗设备。

（5）卫生车：专供运送伤病员使用的车辆，车内设有简单的医疗设备。

（6）文教车：为沿线铁路职工进行文艺演出、文化教育和技术教育使用的车辆。车内设有必要的文娱和教育用器具及设备。

此外还有轨道检查车、轨道探伤车、隧道摄影车、限界检查车、锅炉车等特殊用途的车辆。

2. 货　车

货车是用于运送货物的车辆，原则上应编组在货物列车中使用。货车类型很多，按用途可分为通用货车和专用货车。

1）通用货车

通用货车是指可以满足很多货物装载运输要求的货车，主要有以下 3 种。

（1）敞车：其车体两侧及端部均设有 0.8 m 以上的固定墙板、无车顶，主要用于装运散粒货物，如煤、焦炭等；也可装运木材、集装箱等无需严格防止湿损的货物；也可加盖篷布，运输怕湿损的货物；还可装运重量不大的机械设备。因此，敞车具有很大的通用性。

（2）棚车：车体设有车顶、侧墙、端墙和门窗，用以装运各种需防止湿损、日晒或散失的货物，如布匹、粮食等。

（3）平车：底架承载面为一平面，通常两侧设有柱插，用来装运钢材、机器、设备、集装箱、汽车、拖拉机等。有的平车还设有可向下翻倒的活动矮侧墙和端墙，用来装运矿石、砂土等块粒状货物。

2）专用货车

专用货车是指专供运送某类货物的车辆，主要有以下几种。

（1）罐车：设有圆筒形罐体，专用于装载液体、液化气体或粉状货物的车辆。按货物品种可分为：轻油罐车、黏油罐车、沥青罐车、食油罐车、水罐车、化工品罐车、粉状货物罐车、液化气罐车等。按卸货方式可分为上卸式罐车和下卸式罐车等。

（2）冷藏车：车体设有隔热材料，车内设有降温和加温设备，用以装运易腐货物，如鱼、肉、水果等；也可装运对温度有特殊要求的货物。根据保温设备的不同，保温车可分为加冰冷藏车、机械冷藏车和冷藏加温车等。

（3）煤车：车体与敞车相似，有固定的端、侧墙和卸货用的特殊车，如底开、横开或漏斗式车门等，主要用以运送煤炭。平底的煤车也可以做敞车用。

（4）矿石车：车体有固定的侧、端墙和卸货用的特殊车门，主要用以运送各种矿石、矿粉。有的整个车体能借液压或空气压力的作用向任一侧倾斜，并自动开启侧门，把货物倾泻出来（此种车辆也称为自动倾翻车，简称自翻车）。

（5）砂石车：又称低边车，有固定高度不足 0.8 m 的侧端墙，以防止过载，主要用于运送砂土、碎石等货物。

（6）长大货物车：车体长度在 19 m 以上、无端板、载重在 70 t 以上，用以装运重量特大或长度特长的货物。有的车体中部凹下或设有落下孔，便于装载高大货物；有的将车辆分为两节，运货时将货物夹持和悬挂在两节之间或通过专门支架跨装于两节车上，称为钳夹车或双联平车，用以装运体积特别庞大的货物。

（7）通风车：车体与棚车相似，但侧墙上没有百叶窗，顶棚设有通风口等通风设备，能从车外大量流入新鲜空气，而且能防止雨水侵入车内，用以运送鲜果、蔬菜等货物，也可运送一般货物。

（8）家畜车：车体与棚车相似设有通风设备、给水设备、押运人员乘坐空间及饲料堆放间，有的还装有饲料槽，用以运送牛、马、猪等活家畜。根据运送家畜大小的不同，车体内还可加装隔板分层。

（9）水泥车：车体为圆柱形罐体，上部有装入水泥的舱孔，下部有漏斗式底开门，专供运送散装水泥的车辆。

（10）活鱼车：运送鱼苗及活鱼用的车辆。车内设有水槽、注排水装置、水泵循环水流装置、通风口、百叶窗及加温装置等设备。

（11）集装箱车：车体上设有固定集装箱的设备，用以装运集装箱的车辆。

（12）毒品车：专供运送有毒物品的车辆，如运输农药等。

3. 特种用途车

特种用途车是具有特殊用途的车辆，主要有以下 6 种。

1）试验车

试验车是供科学技术试验研究使用的车辆，车内设有试验仪器设备。

2）发电车

发电车是设有动力机械驱动的发电设备的车辆。有单节的；也有由发电车、机修车及发电人员生活用车等合编成的电站式车列，可称为电站车组。发电车能作为铁路线上流动的发电站，供缺电处所用电。

3）检衡车

检衡车是用于鉴定轨道平衡性能的车辆，设有砝码或同时设有操作机器。

4）除雪车

除雪车是供扫除铁道积雪用的车辆。车上装有专门的扫雪装置，一般由机车推动前进。

5）救援车

救援车是供列车发生颠覆或脱轨事故时，排除线路障碍物及修复线路故障使用的车辆。一般编成救援列车，包括起重吊车、修复线路工具车、材料车、救援人员的食宿车等。

6）维修车

维修车是供检查和维修铁路线路设备的车辆，车内设有必要的维修检查装备。

另外，还有按装载重量（50 t、60 t、75 t、90 t、350 t 等多种）、车辆轴数（四轴车、六轴车、多轴车）、制作材料（全钢车、耐候钢、不锈钢、铝合金等新型材料的车辆）等分类方法。

(二)车辆标记

为便于对客、货车辆的运用和管理,在车辆指定部位涂打的用于标明车辆配属、车种、车型、用途、编号、主要参数、方向、位置等的文(数)字和代号称为车辆标记。车辆标记分为共同标记和特殊标记。

1. 共同标记

1)路 徽

凡是铁路总公司所属的车辆,均应涂打路徽标记并安装产权牌。(路徽的含义是"人民铁路")

2)制造厂名及日期标牌

制造厂名及日期标牌与产权牌(为一路徽标志牌)均为铸铁标牌,安装于侧梁的一端。

3)车种、车型、车号

为实现全路车辆计算机动态管理,铁路总公司对货车的车种、车型、车号进行了统一编码,涂打于车辆两侧。

(1)车种与车型。车种原则上用该车种汉语名称的一个汉语拼音字母表示,如表4-2-1所示。车型编码由不超过5位数的字母和数字组成。客车号码用5位数,货车号码用7位数,例如:车号 $YZ_{25G}48479$ 含义:YZ 表示基本型号为硬座,25G 表示辅助型号,为集中供电空调车,48479 表示客车制造顺序号码;车号 $C_{80B}4375210$ 含义:C 表示敞车,80B 表示辅助型号,为装载量 80 t,4375210 表示货车制造顺序号码。

表 4-2-1 车辆种类代号表

客车			货车		
顺号	车种	代号	顺号	车种	代号
1	软座车	RZ	1	棚车	P
2	硬座车	YZ	2	敞车	C
3	软卧车	RW	3	平车	N
4	硬卧车	YW	4	罐车	G
5	行李车	XL	5	保温车	B
6	邮政车	UZ	6	集装箱车	X
7	餐车	CA	7	矿石车	K
8	公务车	GW	8	长大货物车	D
9	卫生车	WS	9	毒品车	W
10	空调发电车	KD	10	家畜车	J
11	医疗车	YI	11	水泥车	U
12	试验车	SY	12	粮食车	L
13	简易座车	DP	13	特种车	T
14	维修车	EX	14	自翻车	KF
15	文教车	WJ	15	活鱼车	H
16	特种车	TZ	16	通风车	F
17	代用座车	ZP			
18	代用行李车	XP			

（2）车辆制造顺序号码。车辆制造顺序号码表示按预先规定的规则而编排的某一车种的顺序号码。用以区分同一类型的不同车辆，用大写阿拉伯数字表示，记在基本型号和辅助型号的右侧。

4）自重（t）

自重即车辆自身的质量。

5）载重（t）

载重即车辆的设计装载质量，客车还要标明载客定员。

6）容积（m^3）

容积即车辆内部的空间容积。有的车辆标注"长×宽×高"，平车标注"长×宽"，罐车要标明容量计算表号码。

7）换　长

换长即车辆全长（m）除以 11 m 所得的值，取小数点后一位。

8）车辆定位标记

装有手制动机或制动缸活塞杆伸出方向为一位端，另一端为二位端。

9）配属标记

配属标记是配属局、段的简称。如"京局京段"，表示北京铁路局北京车辆段的配属车。

10）检修标记

检修标记指厂修、段修、辅修、轴检及摘车修的标记。

2. 特殊标记

1）⚠

具有车窗和车顶烟囱的棚车及 P_{64}、P_{65} 型系列棚车需在车体两侧性能标记的下方涂打"⚠"字形标记。

2）超

"超"表示某部分结构超出车辆限界的货车。

3）关

货车活动墙板或其他活动部分翻下超过车辆限界时，必须关闭完好后才能运行，应在每扇门内侧及侧梁中部涂打"关"字形标记。

4）特

可以装运坦克及特殊货物的车辆应在车体两侧性能标记的下方涂打"特"字形标记。

5）MC

"MC"为联合标记，符合参加国际联运技术条件的货车应涂打联运标记。

6）卷

凡装有牵引钩的货车，必须在 1、4 位牵引钩上方涂打"卷"字形标记。

7）白色横线

白色横线是救援列车车辆在车体中部涂 200 mm 宽的专用识别色带。

8）黄色横线

黄色横线是装运剧毒品的罐车、棚车在车体中部涂 300 mm 的黄色色带。

9）红色横线

装运爆炸品的货车，涂 300 mm 宽的红色色带，中间还要涂打"危险"二字。

车辆标记是加强铁路管理、保证运输安全、提高运输效率的重要措施，必须认真执行。

（三）技术参数

车辆的技术参数是指车辆技术规格的某些指标，是从总体上表征车辆性能及结构的一些数字。车辆的主要技术参数，一般包括性能参数和主要尺寸。

1. 性能参数

1）自　重

空车时，车辆自身具备的质量称为车辆的自重，即车体和转向架本身结构以及附于其上的所有固定设备和附件质量之和。在保证车辆具有足够强度、刚度的情况下，车辆的自重越小越经济。

2）载　重

车辆标记中所注明的货物、旅客和行李包裹的质量（包括整备品和乘务人员的质量）称为车辆的载重，即车辆所允许的最大装载量，它表明车辆的装载能力。

3）总　重

车辆的自重与载重之和称为车辆的总重。对不装运货物、旅客和行李物品的车辆是指自重与整备品和乘务人员的质量之和。

4）自重系数

货车的自重系数为货车自重与额定载重的比值。客车的自重系数为客车自重与定员数的比值。自重系数是表明车辆技术经济合理的一个重要指标。在保证车辆的强度、刚度和使用寿命的条件下，自重系数越小就越经济。对客车来说，还应在考虑旅客的安全、舒适和车内卫生条件的同时，应力求降低自重系数。

5）容　积

车辆内部可容纳货物的体积称为车辆的容积。一般以车辆内部的"长×宽×高"（长度单位：m）表示，罐车以 m^3（空气包容积除外）表示。

6）比容积

货车容积与额定载重的比值称为比容积，亦即货车每吨载质量所占有的货车容积。当车体容积过大时，在装载比重大的货物时，车体容积不能得到充分利用。反之，若车体容积过小，在装载比重小的货物时，载重量又得不到充分利用。因此，要适应装载不同的货物，合理地设计车体容积是十分重要的。

7）比面积

货车地板面积与额定载重的比值称为货车比面积。比面积表示货车平均每吨载重量所占的地板面积，这个指标主要用在平车的设计中。

8）最高试验速度

最高试验速度是指车辆设计时，按安全及结构强度等条件所允许的车辆最高行驶速度。

9）最高运行速度

除满足上述安全及结构条件外，还必须满足车辆连续以该速度运行时有足够良好的运行性能。以往常用"构造速度"作为参数，因其概念不够明确，现多以"最高试验速度"和"最高运行速度"来替代它。

10）轴　重

车轴所允许担负的最大质量与轮对自重的总和称为轴重。计算公式为

$$轴重 = 车轴允许担负的最大质量 + 轮对自重\quad(t)$$

四轴车辆轴重计算公式：

$$轴重 = \frac{自重 + 载重}{4}(t)$$

轴重值一般不允许超过铁道线路及桥梁所容许的数值。线路容许轴重与钢轨型号、每千米线路上铺设的枕木数量、线路上部结构的状态以及列车的运行速度有关。目前，我国线路允许最大轴重为 23 t，为向高速重载方向发展，将提高货车的轴重到 25 t。

11）每延米重

车辆总重（自重+载重）与车辆长度的比值称为每延米重（即每延米线路载荷）。每延米重表示车辆通过桥梁的可能性。每延米重是根据设计桥梁载荷图来确定的，我国规定每延米重为 8 t。

2. 主要尺寸

1）车辆长度

当车辆两端两个车钩均处于闭锁位置时，两钩舌内侧面之间的距离（m）称为车辆长度。车辆长度随着生产技术水平的提高日益加长，但受到车辆在曲线上的偏移量和生产运用条件的限制，因此，一般车辆长度都在 26 m 以下。

2）车辆宽度与最大宽度

车辆宽度是指车辆两侧的最外凸出部位之间的水平距离。车辆最大宽度是指车辆侧面的最外凸出部位与车体纵向中心线间的水平距离的两倍。

3）车辆高度与最大高度

空车时，车体或罐体上部外表面至轨面的垂直距离为车辆高度。车辆最大高度指空车时车辆上部最高部位至轨面的垂直距离。

4）车体、底架、罐体长度

车体长度是车体两外端墙板（非压筋处）外表面间的水平距离。底架长度是底架两端梁外表面间的水平距离。罐体长度是罐体两端板（不包括加温套）最外表面间的水平距离。

5）车体内部主要尺寸

（1）车体内长：车体两端墙板内表面间的水平距离。

（2）车体内宽：车体两侧墙板内表面间的水平距离。

（3）车体内侧面高：由地板上平面至侧墙上侧梁的上平面间的垂直距离。

（4）车体内中心高：由地板上平面至车顶中央部内表面间的垂直距离。

6）地板面高度

地板面高度指空车时，底架地板（或木地板）上表面至轨面的垂直距离（不包括木地板覆盖物，如地板布、地毯等的厚度）。

7）车钩中心线高度

车钩中心线高度指空车时，车钩中心线至轨面的垂直距离。这是保证各车辆之间和车辆与机车之间能够正常连挂运用的最重要尺寸。我国客、货车辆车钩高度标准均为 880 mm。

二、车辆构造

铁路车辆种类繁多,但其构造基本相同,一般由车体、车内设备、走行装置、车钩缓冲装置、制动装置5个基本部分组成。

(一)车 体

车体是供旅客乘坐或装载货物的部分。车体结构形式因各种车辆用途不同,差别较大,一般由车底架(见图4-2-1)、侧墙、端墙、地板、车顶等部分组成。

车底架是车体的基础,承受各种垂直与纵向力的作用,由中梁、枕梁、端梁、横梁、侧梁及辅助梁组成,如图4-2-1所示。中梁是车底架主要受力部分,两端安装车钩缓冲装置。枕梁位于两端梁内方,车体和货物的重力通过枕梁底部中央的上心盘传给走行装置的下心盘;上心盘两边的上旁承与走行装置的下旁承相对应并留有间隙,可检查货物是否偏载,运行中也叫限制车体的倾斜。

客车车底架与货车相似,不同的是客车车底架两端有通过台。双层客车与凹形平车的车底架中部制成下凹形,这样双层客车上、下层都有2 m高,凹形平车也能装载大型货物。

车底架与各墙板、车顶连接成一个整体,承受垂直载荷和纵向拉、压、冲击力,因此,要从材料与结构上保证它有足够的强度。

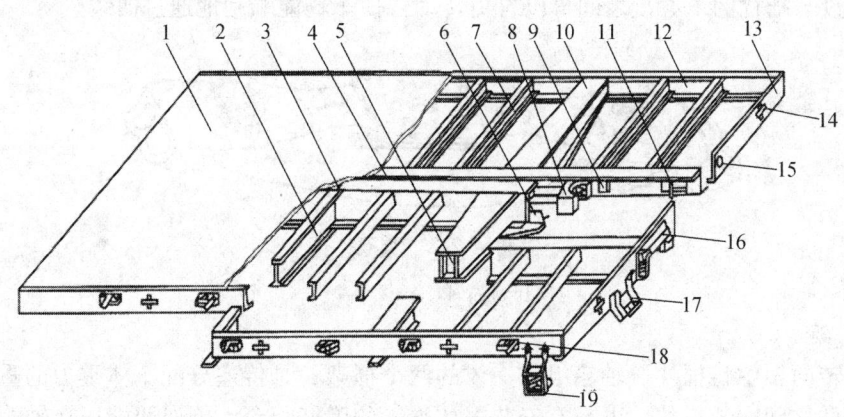

图4-2-1 C_{62B}型敞车底架

1—钢地板;2—大横梁;3—中梁隔板;4—中梁;5—枕梁隔板;6—心盘座角钢;7—小横梁;8—后从板座;
9—磨耗板;10—枕梁;11—前从板座;12—侧梁;13—端梁;14—绳栓;15—制动主管孔;
16—冲击座;17—手制动轴托;18—下侧门搭扣;19—脚蹬

(二)车内设备

客车车内设备是为了旅客旅行的舒适、方便所提供的必要设备,如给水设备、空调取暖设备、车电设备、坐卧设备等。

货车车内设备是为了货物装卸方便、运载安全和特殊要求安装的设备。一般货车车内设备要比客车少得多,例如:冷藏车有升、降温设备;罐车有装、卸油设备和安全装置;自卸车有手动、液压或风动卸车设备等。

（三）走行装置

走行装置是支承车体并担负走行任务的部分。我国车辆的走行装置多数由两台相同并独立工作的二轴转向架组成。我国货车重载高速转向架主要有交叉支撑杆式 K1、K2、K6 和摆动式 K4、K5 型转向架。广泛应用的为交叉支撑杆式 K6 型转向架。

货车转向架由摇枕、侧架、弹簧减振装置、轴箱润滑装置和轮对组成，如图 4-2-2 所示。

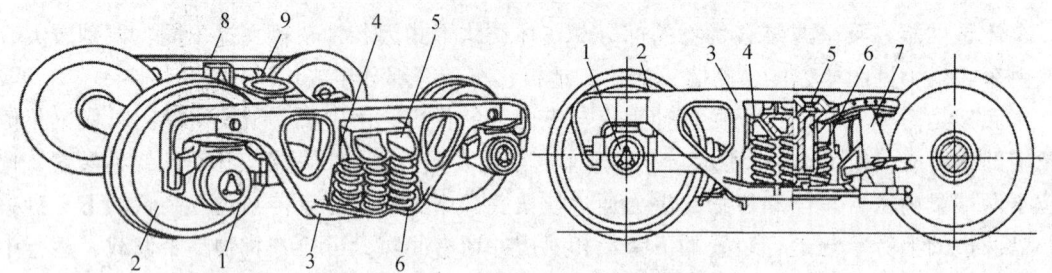

图 4-2-2　K6 型转向架结构示意图

1—轴承；2—轮对；3—侧架；4—斜楔；5—摇枕；6—弹簧；7—制动装置；8—旁承；9—下心盘

1. 摇　枕

摇枕像一个横梁装于两边侧架内并压在摇枕弹簧上，与侧架连成一个整体，如图 4-2-3 所示。摇枕中央装有下心盘，两侧有下旁承，车体重力通过心盘传递到支承摇枕的摇枕弹簧。车体的上心盘与摇枕的下心盘之间可以自由转动，使车辆能顺利地通过曲线。

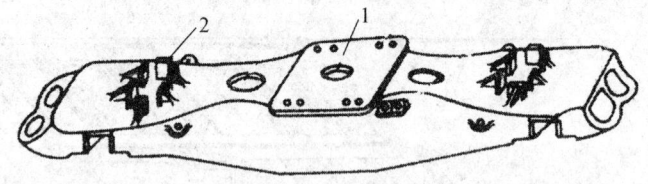

图 4-2-3　摇枕

1—下心盘；2—旁承盒

2. 侧　架

侧架是转向架中将摇枕、轴箱组成一体的两个框架，是传递分配车体重力的重要部件，侧架中部立柱之间安装摇枕，下部有安装摇枕弹簧的弹簧承台，侧架两端压在轴箱上，如图 4-2-4 所示。

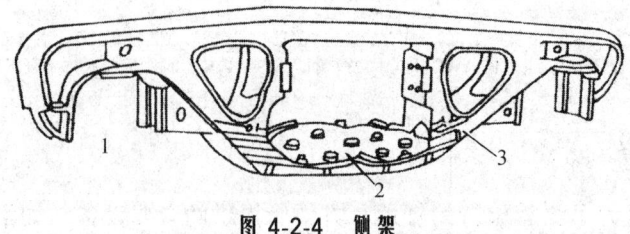

图 4-2-4　侧架

1—轴箱导架；2—弹簧承台；3—立柱

3. 弹簧减振装置

弹簧减振装置的作用是缓和、减轻车辆在运行中垂直方向的振动和冲击力，提高运行的平稳性，延长车辆自身和线路的使用寿命。

货车转向架只在摇枕与侧架间装设弹簧;客车转向架不但在摇枕与构架间装设弹簧和减振器,而且在轴箱与构架间也装设了弹簧,如图 4-2-5 所示。显然,客车转向架的受力性能优于货车转向架。这样也符合对货车自重轻、载重大,对客车高速、平稳的基本要求。

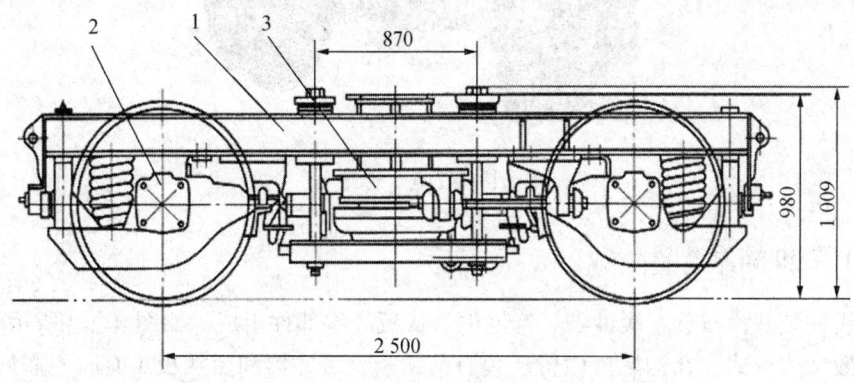

图 4-2-5 CW-2C 型转向架示意图(单位:mm)

1—构架;2—轮对轴箱弹簧装置;3—摇枕弹簧装置

4. 高度调整阀和差压阀

高度调整阀和差压阀是空气弹簧悬挂系统中的重要部件,高度调整阀与差压阀的状态好坏,直接影响到空气弹簧是否能正常工作,因此,也影响到空气制动系统的正常作用。

1) 高度调整阀

高度调整阀的主要作用是维持车体在不同载荷下都能与钢轨轨面保持一定的高度。当车辆载荷发生变化时,高度调整阀可以根据车辆载荷的增减情况,自动增减空气弹簧中的空气量,从而使空气弹簧的高度保持最佳状态,保证前后车辆之间的可靠连挂。

2) 差压阀

差压阀的主要作用是保证一个转向架两侧空气弹簧的内部空气压力差不超过保证行车安全规定的某一定值。当左、右两个空气弹簧内压之差超过定值时,差压阀自动沟通左、右空气弹簧,使压差维持在规定值范围之内,以确保车辆运行安全。

5. 轴箱油润装置

轴箱的作用是把车辆的上部重力传给轮对的轴颈,并使轴颈或轴承在运行中不断地得到润滑油,以减少摩擦阻力,防止热轴事故。

铁路车辆上有 2 种类型的轴箱装置,即滚动轴承轴箱和滑动轴承轴箱。现在大量采用滚动轴承轴箱;滑动轴承因燃轴事故多、维修量大、阻力大,故较少采用。

滚动轴承轴箱主要由轴箱、向心滚子轴承(内圈、外圈、滚子及保持架)等组成。目前,货车多采用无轴箱滚动轴承,因为它两端都带有密封装置,故可以不用轴箱,简化了结构。滚动轴承用润滑脂进行密封润滑。

6. 轮 对

轮对是两轮一轴组合的总称,是车辆高速、安全运行的重要部件,如图 4-2-6 所示。

我国客车车轮的标准直径为 915 mm,货车为 840 mm。车辆车轮均采用辗钢和铸钢整体车轮。车轮压装在车轴轮座上,不得松动。车轮与钢轨面的接触面叫踏面,为了使车轮在直线线路上居中运行和顺利通过曲线,踏面上设有 1:20 的斜度。车轮踏面内侧突起的部分叫轮缘,可防止脱轨并起导向作用。车轴两端安装轴箱的部分叫轴颈。

图 4-2-6 轮对

(四)车钩缓冲装置

车钩缓冲装置由车钩、缓冲器、钩尾框、从板等零部件组成。如图 4-2-7 所示为车钩缓冲装置的一般结构形式。在钩尾框内依次装有前从板、缓冲器和后从板(有时不需后从板),借助钩尾销把车钩和钩尾框连成一个整体,从而使车辆具有连挂、牵引和缓冲 3 种功能。

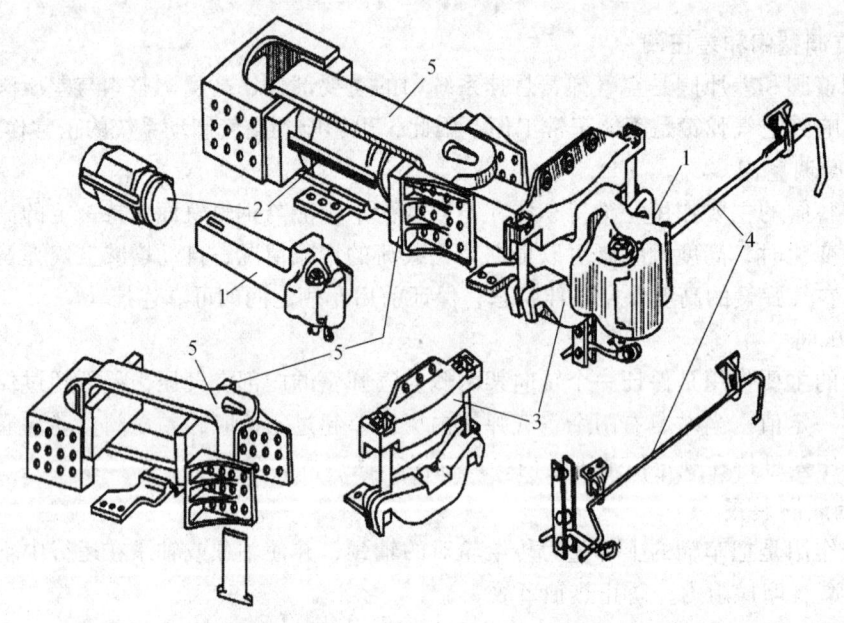

图 4-2-7 车钩缓冲装置

1—车钩;2—缓冲器;3—车钩复原装置;4—解钩装置;5—钩尾框及从板

1. 车 钩

车钩分为钩头、钩身、钩尾 3 部分。钩尾用钩尾销连接钩尾框。钩头部分装有钩舌、钩舌销、钩锁铁、钩舌推铁、钩提销等配件,通过这些配件的相互作用,使车钩具有锁闭、开锁、全开 3 个作用位置,以完成车辆连挂、分离的作用,如图 4-2-8 所示。

1)锁闭位置

锁闭位置是两车钩互相连挂在一起时的位置。此时钩舌的尾部被落下的钩锁铁挡住,钩舌不能绕钩舌销向外转动。

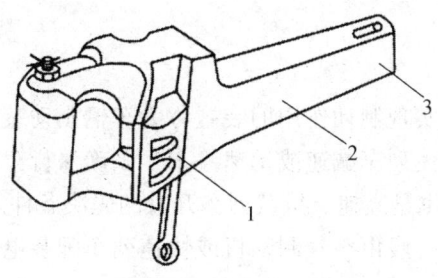

图 4-2-8　车钩外形

1—钩头；2—钩身；3—钩尾

2）开锁位置

开锁位置是车辆准备相互分离的位置。此时钩锁铁被提起，尾部支撑在钩舌推铁上，只要有一个车钩处在开锁位置，拉动车辆，这个车钩的钩舌就能绕钩舌销向外转动，使车辆分离。

3）全开位置

全开位置是车辆间准备连挂的位置。此时钩舌已全部向外张开，要连挂的两车钩只要其中一个在全开位置，与另一车钩碰撞后，钩舌即被推入，钩锁铁落下形成锁闭状态。

2. 缓冲器

缓冲器的作用是缓和并消减车辆连挂及列车运行时车辆之间的冲击力，提高列车运行的平稳性。

缓冲器有多种类型，如二号、三号缓冲器，橡胶缓冲器等。如图4-2-9所示是我国货车上采用的弹簧式缓冲器。它有很多内、外环弹簧，这些弹簧以15°锥面相配合。当车钩受拉或受压时，缓冲器均受压，此时外环胀大，内环缩小而储存大部分冲击能量，内、外环弹簧间的摩擦也吸收部分冲击能量变为热能而消散，外力消失内、外环弹簧靠变形力自行复原。

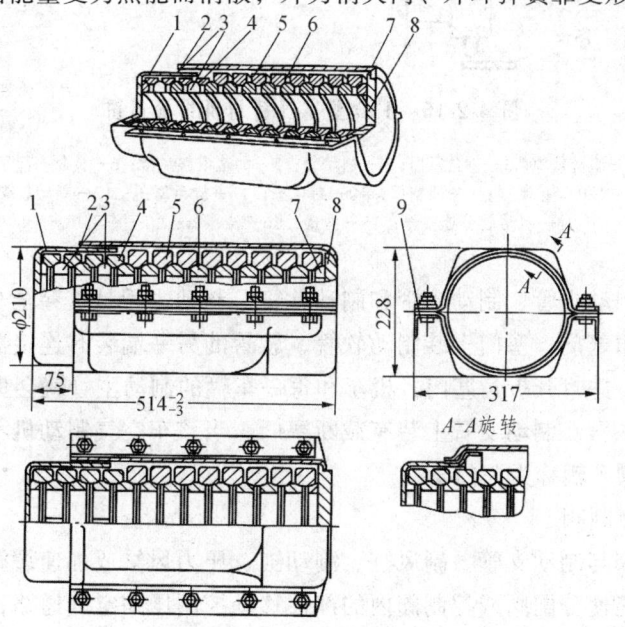

图 4-2-9　二号缓冲器

1—盒盖；2—弹簧盒；3—开口内环弹簧；4—小外弹簧；5—大外环弹簧；6—内环弹簧；
7—半环弹簧；8—底板；9—角铁、螺栓

(五)制动装置

车辆上能够产生制动力实现制动作用的装置称为车辆制动装置。列车上各车辆制动装置与机车制动装置能根据需要使列车减速或迅速停车,以确保行车安全。同时制动装置是列车安全正点运行的重要保证,也是高速、重载列车开行的先决条件。

我国车辆上的制动装置一般由空气制动机或快速列车配装电空制动机、基础制动装置及手制动机 3 部分组成。

1. 空气制动机

空气制动机又叫作自动制动机,是利用压缩空气产生并控制制动力的设备。车辆空气制动机所需的压缩空气是由机车总风缸供给的。列车中每个车辆的制动、缓解作用,均由机车司机操纵制动阀来实现。

1)空气制动机的组成

每一车辆的空气制动机主要包括制动风管、分配阀或控制阀、副风缸、制动缸、折角塞门、截断塞门等,如图 4-2-10 所示。

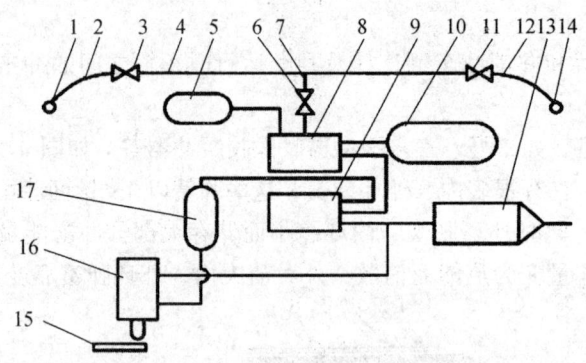

图 4-2-10 120 型空气制动机组成简图

1—制动软管连接器;2—制动软管;3—折角塞门;4—制动管;5—加速缓解风缸;6—截断塞门和远心集尘器组合装置;7—制动支管;8—120 型控制阀;9—调整阀;10—副风缸;11—折角塞门;12—制动软管;13—制动缸;14—制动软管连接器;15—挡铁;16—传感器;17—降压气室

(1)制动风管。

制动风管包括制动主管、制动支管和制动软管。制动主管是贯穿全车的钢管,位于车底架下,两端装有折角塞门,塞门上装制动软管,软管的另一端装有连接器。如果全列车的制动软管都连接起来,并打开折角塞门,机车和每一车辆的制动主管就会贯通。制动支管用 T 形接头连接于制动主管。制动支管上装有截断塞门,当该车空气制动机不能使用或装有特殊货物时关闭,这样的车辆称为关门车。

(2)分配阀或控制阀。

分配阀或控制阀与制动支管、副风缸、制动缸、压力风缸或加速缓解风缸连通。制动主管的空气压力变化能使分配阀或控制阀内的部件移动控制压缩空气通路,使车辆产生制动或缓解作用。

(3)副风缸。

副风缸是车辆上储存压缩空气的容器。在分配阀或控制阀的控制下,缓解时能从制动主管补充压缩空气；制动时则向制动缸供给压缩空气。由人拉动副风缸上的缓解阀，排出压缩空气，使车辆缓解。

（4）制动缸。

制动缸由缸体、活塞、活塞杆及缓解弹簧等组成。在分配阀或控制阀控制下，压缩空气进入制动缸推动活塞带动基础制动装置，使闸瓦或闸片压紧车轮踏面或制动盘，从而产生制动作用；当分配阀或控制阀排出制动缸内压缩空气时，制动缸在缓解弹簧的作用下，恢复缓解位。基础制动装置在制动梁和闸瓦托吊（盘型制动的夹钳结构）的自重作用下，使闸瓦离开车轮实现缓解作用。

空气制动机除以上重要部件外，还有装于制动支管上的远心集尘器，以及安装在每辆客车和特种车车内的紧急制动阀和压力表。

2）空气制动机的基本作用原理

（1）增压缓解作用。

空气制动机的增压缓解作用如图 4-2-11 所示。当司机将制动阀手把放在缓解位时，总风缸的压缩空气经制动阀进入制动主管，再经制动支管进入分配阀或控制阀主活塞左侧，推动主活塞连同滑阀向右移动，此时打开了充气沟，使压缩空气经充气沟进入副风缸，直至副风缸与制动主管的空气压力相等为止。在主活塞连同滑阀右移的同时，滑阀连通了制动缸与大气的通路，使制动缸内的压缩空气排向大气，于是制动缸活塞在缓解弹簧的作用下左移，带动基础制动装置使闸瓦离开车轮而缓解。

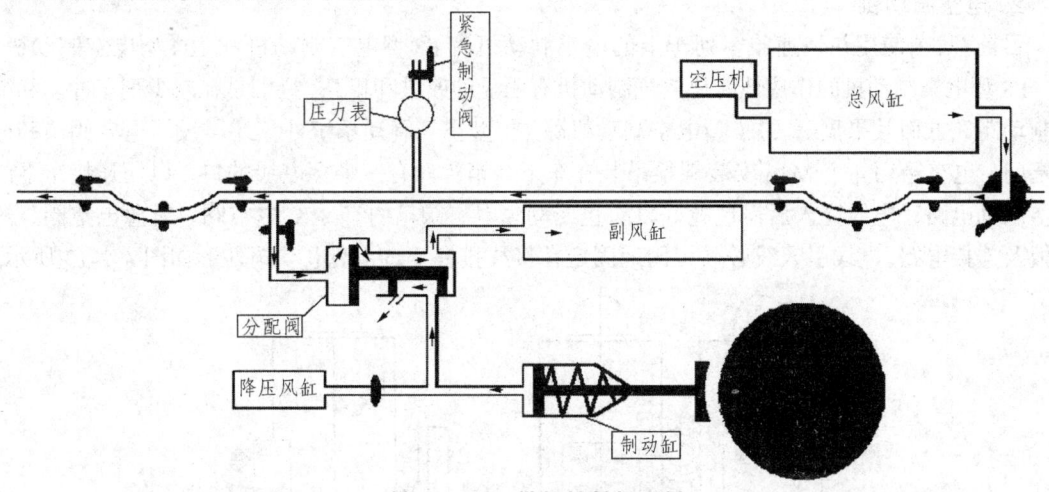

图 4-2-11 增压缓解原理图

（2）减压制动作用。

空气制动机的减压制动作用如图 4-2-12 所示。当司机将制动阀手把移放到制动位时，制动阀遮断了总风缸与制动主管的通路，使制动主管的压缩空气经制动阀向大气排出一部分，这时分配阀或控制阀主活塞右侧副风缸的空气压力显然大于左侧制动主管的空气压力，使主活塞连同滑阀向左移动。一方面主活塞截断了空气沟通路，使副风缸的压缩空气不能回流；另一方面滑阀左移则关闭了制动缸与大气的通路，连通了副风缸与制动缸的通路，使副风缸里的压缩空气进入制动缸，推动制动缸活塞右移，带动基础制动装置，使闸瓦紧压车轮而产生制动作用。

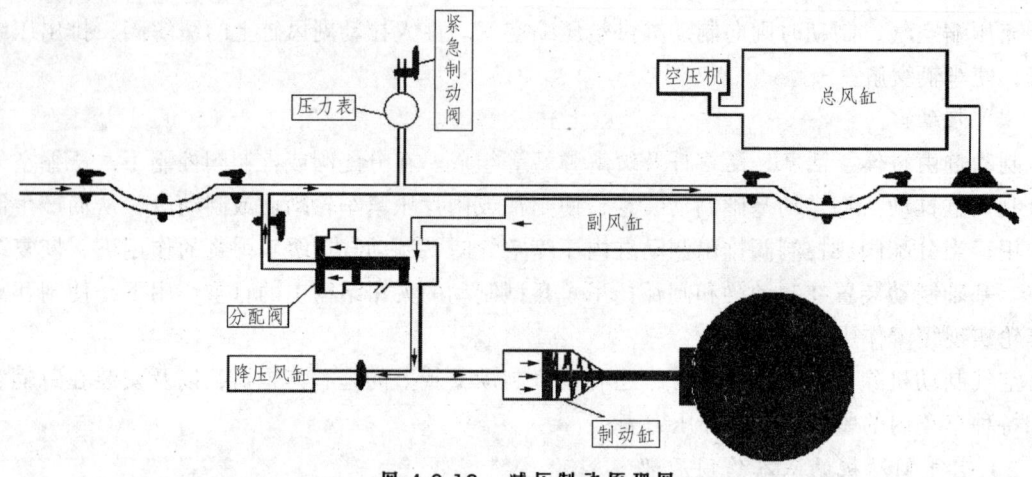

图 4-2-12 减压制动原理图

我国车辆空气制动机均属于自动制动机，其特点如下：

① "充气缓解、减压制动"。即当列车自行分离（脱钩）后，列车前、后两部分均能自动地产生制动作用而停车，避免事故扩大；在意外情况下，旅客列车的乘务员可拉动自动制动机的紧急制动阀或货物列车的司机通过无线操纵列车尾部装置使制动主管迅速减压而紧急停车。

② 在制动过程中，是用预先储存在每个车辆副风缸中的压缩空气产生制动力的，这样不但制动作用较快，并且列车前后冲动较小。

2. 电空制动机

目前，我国使用在快速旅客列车上的电空制动机有 F8 型电空制动机和 104 型电空制动机。

F8 型电空制动机的作用性能比空气制动机有明显的改进和提高，特别是在减少列车冲动和缩短制动距离方面效果显著。F8 型电空制动机除 F8 型空气制动系统外，还增设了电空阀箱和截断塞门。电空箱用 4 个 M16 安装螺栓吊装在车下，箱背面有一个穿电线的口，以便连接车下的电空制动电路，电线穿入后需包扎好以防止受潮。电空阀箱内有 RS 电空阀、紧急电空阀、过渡板及连接电路。电线引入线必须牢固地固定在接线排柱上。F8 型电空阀外形如图 4-2-13 所示。

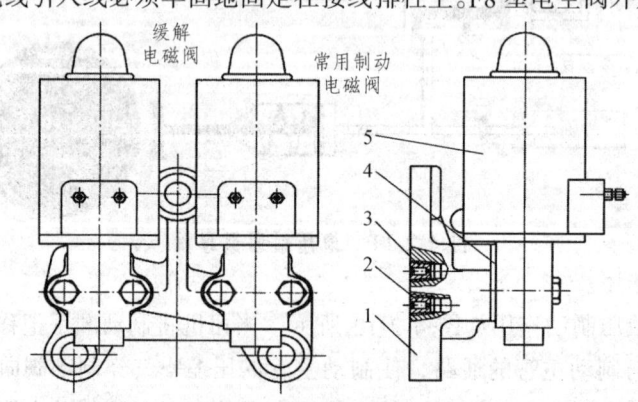

图 4-2-13 F8 电空阀外形

1—RS 电空阀体；2—常用制动限制堵；3—缓解限制堵；4—胶垫；5—电磁阀

104 型电空制动机是在 104 型客车制动机的基础上增设电磁阀安装座（包括三个电磁阀）、1 个 40 升的缓解风缸和车端导线连接装置等组成的，如图 4-2-14 所示。104 型电空制动机主要由制动管、制动支管、截断塞门及集尘器组合体、104 型电空分配阀、副风缸、压力风缸（工作风缸)、制动缸和缓解风缸、五芯电缆、电缆连接器(连接电缆、插头、插座)等组成。

电空制动机是以压力空气作为原动力,利用电控系统电信号通过电磁阀来操纵的制动机。机车上有电空制动系统设备,每一辆车的空气制动装置配套有电控电磁阀箱。机车上的司乘人员分别操纵电空制动系统设备的制动或缓解等作用按钮,电信号同时控制每一辆车电控电磁阀箱的相应的电磁阀动作,实现其制动装置产生相应的作用。为防止电控系统发生故障而使列车失去制动控制,现今的电空制动机仍保留着压力空气操纵装置,以备当电控系统发生故障时,能自动地转为压力空气操纵。这种制动机的主要优点是全列车能迅速产生制动和缓解作用,列车前、后部制动机动作一致性较好,列车纵向冲动小,制动距离短,适用于高速、重载列车。

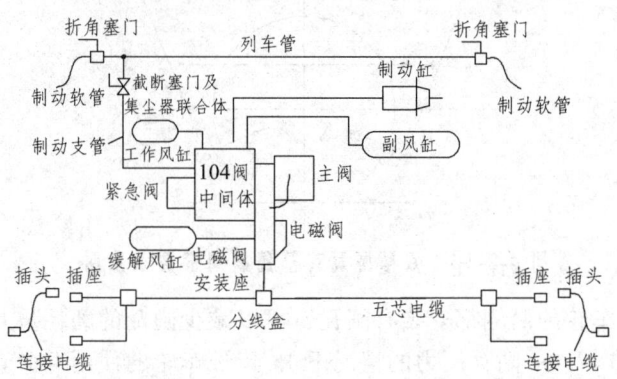

图 4-2-14　104 型电空制动机组成示意图

3. 基础制动装置

基础制动装置是指从制动缸活塞推杆到闸瓦之间所使用的一系列杠杆、拉杆、制动梁、吊杆等各种零部件所组成的机械装置。它的用途是把作用在制动缸活塞上的空气的推力增大适当倍数以后,均匀地传递给各块闸瓦或闸片,使其转变为压紧车轮踏面或制动盘的机械力,阻止车轮转动从而产生制动作用。

基础制动装置的形式按设置在每个车轮上的闸瓦块数及其作用方式可分为单闸瓦式、双闸瓦式、多闸瓦式和盘形制动基础制动装置等,其中多闸瓦式应用较少。

1)单闸瓦式

单闸瓦式基础制动装置简称单闸瓦式,也称为单侧制动,即只在车轮一侧设有一块闸瓦的制动方式,如图 4-2-15 所示。目前,我国绝大多数货车都采用这种形式。

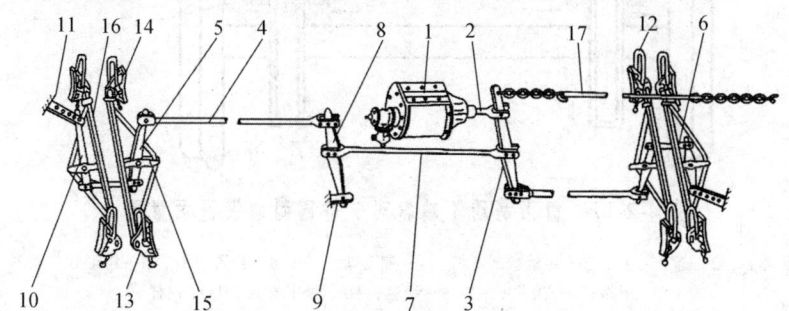

图 4-2-15　单侧闸瓦式基础制动装置示意图

1—制动缸;2—制动缸活塞推杆;3—制动缸前杠杆;4—上拉杆;5—制动杠杆;6—下拉杆;7—连接拉杆;
8—制动缸后杠杆;9—制动缸后杠杆托;10—固定杠杆;11—固定杠杆支点;12—闸瓦拖吊;
13—闸瓦托;14—闸瓦;15—制动梁支柱;16—制动梁;17—手制动拉杆

单闸瓦式基础制动装置的构造简单，节约材料，便于检查和修理。但制动时，车轮只受一侧的闸瓦压力作用，使轴瓦受力偏斜，易使轴瓦偏磨，引起热量过大而出现热轴现象；此外，闸瓦磨耗快，制动力较小。

2）双闸瓦式

双闸瓦式基础制动装置简称双闸瓦式，也称为双侧制动，即在车轮两侧各设一块闸瓦的制动方式，如图4-2-16所示。目前，一般客车和特种货车的基础制动装置大多采用这种类型。

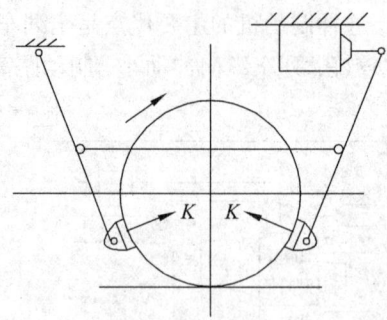

图4-2-16　双侧闸瓦式基础制动装置示意图

双侧制动装置在车轮的两侧都安装有闸瓦，可以减少闸瓦的磨耗量并得到较大的制动力（指同一尺寸的制动缸与同一闸瓦压力的情况下），延长车轮的使用寿命。同时，由于每轴的车轮两侧都有闸瓦，制动时两侧的闸瓦同时压紧车轮，可以克服单闸瓦式车轮一侧受力而引起的各种弊病。但其结构比较复杂，一般侧架式货车转向架不宜安装双闸瓦式基础制动装置。

3）盘形制动

盘形制动装置是指制动时用闸片压紧制动盘而产生制动作用的制动方式。盘形制动的基础制动装置有两种类型：制动盘安装在车轴上的叫轴盘式，制动盘安装在车轮上的叫轮盘式。盘形制动基础制动装置的基本结构如图4-2-17所示。

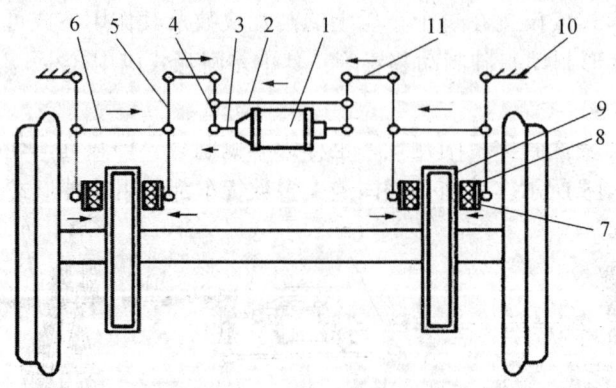

图4-2-17　盘形制动（轴盘式）基础制动装置示意图

1—制动缸；2—连接拉杆；3—制动缸活塞杆；4—制动缸杠杆；5—钳形杠杆；6—钳形杠杆拉杆；
7—闸片；8—闸片托；9—制动盘；10—固定支点；11—拉杆

盘形制动基础制动装置的结构比较简单，可以缩小副风缸和制动缸的容积，节省压力空气；各种拉杆杠杆可以小型化直接安装在转向架上，能减轻车辆自重；不用闸瓦直接磨耗车轮踏面，延长车轮使用寿命；制动性能比较稳定，可减少车辆纵向冲动；同时制动缸安装在转向架上,制动时动作迅速,可提高制动效率;采用高摩擦系数的合成闸片摩擦面积大,散热面积大,制动效率高,制动力大,有效缩短制动距离,并可延长闸片的使用寿命。目前,我国快速客车(时速在 120 km 以上)大都采用这种制动装置。但由于不用闸瓦直接摩擦车轮表面,踏面上的油污不能及时清扫,可能降低轮轨间的黏着系数;同时当车轮踏面有轻微擦伤时,不能像闸瓦式制动装置那样利用闸瓦的摩擦来消除这种擦伤;为克服这些缺点,尚需增设踏面清扫装置。

4.人力制动机(手制动机)

人力制动机通常称为手制动机,它是以力进行制动的装置。它可使单个车辆或车组减速或停车,也可以在空气制动机失效时使用。

当调车作业时使用手制动机调整车速或停车,保证工作安全;当列车或车辆停放在有坡度的线路上时,用人力制动机制动,防止列车或车辆溜走;在车站和专用线上施行人力制动作用可防止车辆意外移动。

5.车辆制动装置配套使用的其他新技术

1)空重车调整装置

(1)货车空重车调整装置。

KZW-4G 系列空重车自动调整装置和 TGW-1 型空重车自动调整装置能根据车辆载重情况自动调整制动缸压力。自动调整既可以节省人力,又能得到及时而准确的调整,可以防止漏调、错调等情况发生。

空重车自动调整装置是以车辆载重变化的枕簧(轴箱弹簧)高度变化作为控制信号,控制设在空气制动机与制动缸之间的一个中继阀,再由中继阀来控制制动缸空气压力的大小,从而使车辆在不同载重的状况下获得不同的制动力。

KZW-4G 系列空重车自动调整装置制动系统,如图 4-2-18 所示。TWG-1 型空重车自动调整装置制动系统,如图 4-2-19 所示。

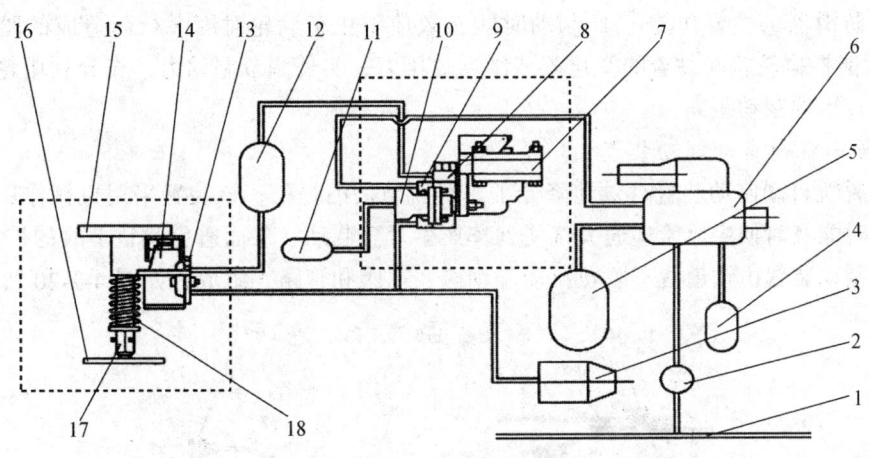

图 4-2-18 KZW-4G 系列空重车自动调整装置制动系统

1—列车管;2—集尘器与截断塞门组合体;3—制动缸;4—加速缓解风缸;5—副风缸;6—120 阀;7—调整阀;8—阀管座;9—支管三通;10—压力开关;11—6 L 容积风缸;12—17 L 降压气室;13—支架;14—传感阀;15—抑制盘组成;16—横跨梁;17—触头;18—复位弹簧

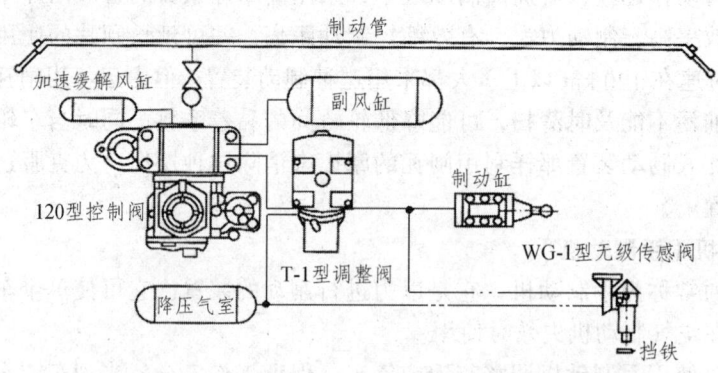

图 4-2-19 TWG-1 型空重车自动调整装置制动系统

（2）客车空重车调整装置。

双层空调客车的载客数量大，空车和重车时的重量相差悬殊，为了保证空车和重车时车辆的制功率相近，设立空重车自动调整装置，制动时根据车辆的重量（载客量）的不同自动调整制动力。我国自 20 世纪 90 年代起，先后在双层客车上装车使用了进口和国产的不同形式的空重车自动调整阀；2004 年铁科院研制的用于铁路双层客车、行李车以及邮政车的 CE-2、CE-3 型空重车自动调整阀，可无条件代替从日本进口的 U_5A 型阀。

2）电子防滑器

制动防滑器是高速列车制动系统中的重要组成部分，微处理器控制的制动防滑器是当今国际最先进的防滑器。制动防滑器主要用于盘形制动或其他单元制动机的四轴客车制动系统中，也可用于机车制动机中作为防空转和防滑的装置。

目前，我国铁路客车上使用的制动防滑器的型号有 SWKP AS20C 型、MGS 型和 TFX1 型等，它们的作用原理基本相似。

制动防滑器的主要功能：① 制动时能有效地防止车辆轮对因滑行而造成的踏面擦伤。② 制动时能根据轮轨间黏着的变化调节制动缸压力，实现调节制动力，充分利用轮轨间的黏着，得到较短的制动距离。

3）货车脱轨自动制动装置

货车脱轨自动制动装置有效地降低了车辆脱轨后的损失；该装置采用机械作用方式，在车辆脱轨时能及时使主风管连通大气使列车产生紧急制动，从而避免脱轨事故的扩大。

脱轨制动装置由铁道货车脱轨自动制动阀、球阀和管路等组成，如图 4-2-20 所示。

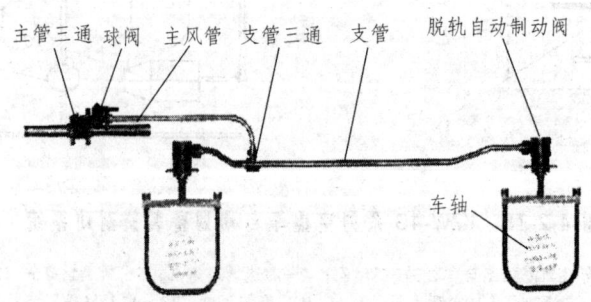

图 4-2-20 脱轨制动装置配置图

脱轨自动制动阀是脱轨制动装置的核心部件，每根车轴处安装一套，当车辆脱轨时，制动阀杆被打断，将制动主管与大气连通，使列车发生紧急制动。

三、车辆检修制度

铁路车辆经过一段时间运用后，车辆各部分的零配件均会发生磨耗、裂纹、折损、变形、松弛及腐蚀等不良现象。为了保持车辆运用中的完好状态，"铁总"制定了车辆检修制度。

目前，我国铁路车辆的检修坚持计划预防为主，状态修为辅的制度；即在计划预防修的前提下，逐步扩大实施状态修、换件修和主要零部件的专业化集中修。计划预防性检修制度分为定期检修和日常维修两大类。

（一）定期检修

定期检修是车辆每运行一定时间（或里程）对车辆的全部和部分零件进行一定程度的检修。在车辆尚未发生故障之前就对车辆进行修理，消除车辆零部件的缺陷和隐患，预防故障的发生。由于检修是定期的，全年的任务量可以计算出来，能提前准备车辆检修需要的材料、零件、检修设备及人力。

1. 定期检修的修程

1）货车定期检修的修程

我国货车现采用的定期检修的修程包括厂修、段修、辅修和滑动轴承轴检四级修程。各修程周期规定，如表 4-2-2 所示。

2）普通客车定期检修的修程

我国客车的定期检修修程包括厂修、段修和辅修三级修程。各修程周期的规定，如表 4-2-3 所示。

表 4-2-2 货车定期检修周期表

车种、车型		厂修	段修	辅修
棚车	P60、P13、P61 等型普通碳钢车	5 年	1 年	6个月
	P65、P65S 型行包快运车	6 年	1 年	
	P62	6 年	1.5 年	
	其他型耐候钢棚车	9 年	1.5 年	
敞车	C16、C16A、C62A（车号为 44 字头开始）	5 年	1 年	
	C61Y、C63、C63A、CF、C5D	6 年	1 年	
	C62A（车号为 45 字头开始）	6 年	1.5 年	
	C61、C76A、C76B、C76C	8 年	1 年	
	其他型耐候钢敞车	9 年	1.5 年	
罐车	酸碱类罐车、液化石油气罐车、液氯罐车等	4 年	1 年	
	其他型罐车	5 年	1 年	
矿石车	K18、K13、C18F、KF60 等型普碳钢车	5 年	1 年	
	其他型耐候钢车	8 年	1 年	

续表 4-2-2

车种、车型		厂修	段修	辅修
水泥车	U15、U60、U60W	5 年	1 年	
	U61W、U61WZ	9 年	1.5 年	
冰冷车	普碳钢车	4 年	1 年	
	耐候钢车	6 年		
平车（含 NX 系列）、家畜车、粮食车、守车、长钢轨车、60 t 的凹型车		5 年	1 年	
毒品车		10 年	1 年	
集装箱平车		6 年	1.5 年	
1996 年以后生产的 D22C、D12、D22、D70、D10（经轴承改造）		9 年	3 年	
厂修、段修周期原分别为 9 年、1.5 年的不常用专用车		10 年	2 年	
其他不常用专用车、载重 90 t 以上的车辆		8 年	2 年	

表 4-2-3 客车定期检修周期表

顺号	车 种	检修周期		
		厂修	段修	辅修
1	25A、25AG、25B 双层客车各型	7.5 年	1.5 年	
2	国际联运	4 年	1 年	
3	22、23 型各型车	6 年	1，5 年	6 个月
4	21 型（餐车除外）	8 年	2 年	
5	代用客车	8 年	2 年	
6	部属客车			
7	公务车、试验车、维修车、卫生车、文教车、发电车、特种车等不常用车	10 年	2.5 年	

2. 定期检修的主要任务

1) 厂　修

厂修通常在车辆工厂施行。按规定应对车辆的各部装置进行全面的分解检查、彻底修理、并进行必要的技术改造工作。经过厂修，车辆各部装置得到全面恢复，使之与新造车基本上接近。修竣后涂打厂修标记。

2) 段　修

段修在车辆段施行。段修的主要任务是分解检查车辆的转向架、车钩缓冲装置及制动装置等部件，检查并修理车辆（包括车体及其附属装置）的故障，保证各装置作用良好，防止行车事故发生，以提高车辆的使用效率，修竣后涂打段修标记。

3) 辅　修

辅修主要是对制动装置和轴箱油润部分施行检修，并对其他部分做辅助性修理。货车辅修是在修车库或专用修车线（站修线）施行，客车辅修应利用库停时间不摘车修理，但无风管路及不入库的列车可摘车修理。修竣后涂打辅修标记。

4）轴　检

货车滑动轴承轴检的主要目的是保持轴箱油润的良好状态，防止车辆燃轴。

（二）日常维修

日常维修又称运用维修（日常保养），其基本任务是保证运行中的车辆具有良好的技术状态，及时发现和处理车辆中发生的一切故障，保证行车安全。

1. 货车的日常维修

货车的日常维修在铁路沿线的列车检修所（简称列检所）进行，列检所一般设在货车编组站、区段站、尽头站、国境站和厂矿交接站等处。列检所不仅对到达、始发和中转的货物列车中的车辆进行技术检查和不摘车修理，还要负责扣修定检到期的车辆。如果遇到需要摘车修的车辆，则需要送到站修所修理。

2. 客车的日常维修

客车日常维修的主要基地是库列检，要充分运用客车在库内停留的时间，认真检查、彻底修理、消除故障、维护质量，以保证列车当往返运行区间时不因车辆故障发生晚点和事故。

在旅客列车途经的旅客列车检修所（简称客列检）要对客车进行重点检查修理，消除危及行车安全的故障，保证旅客列车的运行安全。在旅客列车上还实行固定人员、固定车组的包乘负责制度，随时随地地检修车辆、消除故障。

第三节　铁路动车组

动车组是由动车和拖车或全部由动车长期固定的连挂在一起组成的车组。动车组中带有动力的车辆称为动车（用 M 表示，下同），不带动力的车辆称为拖车（用 T 表示，下同），列车两端都带有司机室，可在线路上往复运行。除高速铁路、城际客运、市郊客运用的动车组外，城市中的地铁列车和轻轨电车也属于动车组的范畴。

一、动车组分类

（1）按动力源分有内燃动车组和电力动车组。

（2）按动力配置分有动力集中式动车组和动力分散式动车组。

动力分散动车组的配置有两种模式：一种是完全分散模式，即高速列车编组中的车辆全部为动力车；另一种是相对分散模式，即高速列车编组中大部分是动力车，小部分为无动力的拖车。

动力分散动车组具有牵引功率大、最大轴重小、启动加速性能好、可靠性高、列车利用率高、编组灵活、运用成本低等优点，因此，动力分散动车组是当今世界铁路动车组，特别是高速动车组技术发展的方向。

二、我国生产的铁路动车组

20 世纪末期，我国铁路各机车车辆工厂开始进行动车组的研究与开发，并在国内局部线路进行了试制性运营。

（一）"春城号"电动车组

1999年4月，长春客车厂为迎接1999年昆明世界园艺博览会开发制造了中国首列商业运行电动车组——120 km/h的"春城号"电动车组，成功运用于昆明世博会的旅客运输。该电动车组采用动力分散型交-直传动方式，以一动一拖为一个动力单元，一列6辆编组，可运用于标准轨距电气化线路上，牵引总功率2 160 kW。

（二）"春光号"内燃动车组

四方车辆工厂为南昌铁路局制造的内燃动车组，是我国首列单层液力传动的车组，适应中国城市间中短途铁路客运。该动车组采用两节动车和四节拖车的固定编组形式，装车功率为2×1 000 kW，最大启动牵引力为190 kN，最高运行速度为140 km/h。

（三）"新曙光"内燃动车组

1999年10月，沪宁线上开行了由我国自己设计制造的"新曙光"双客内燃动车组，该动车组最高速度达到180 km/h，装用12V280ZJ型柴油机、JF211型主发电机和ZD106A型牵引电动机。

（四）"神州号"内燃动车组

"神州号"双层内燃动车组运营于北京—天津区间，是长春客车厂和大连内燃机车厂联合开发研制的。编组形式为2动10拖（1M+10T+1M），首尾为动车，中间10辆为双层拖车，其中，软座车1辆、硬座车9辆（包括1辆播音车、1辆车长车、3辆小卖部车和4辆普通硬座车）。动车采用交-直流电传动内燃机车，采用轴式为C_0—C_0的准高速转向架、JZ-7型电空制动机等。

（五）哈尔滨液力传动内燃动车组

哈尔滨铁路局动车组属于液力传动式单层内燃动车组。该动车组采用2动5拖编组形式，前、后为2辆完全相同的动车，动车采用重联控制，可同时操纵整列动车组。

（六）160 km/h内燃摆式动车组

动力分散内燃液传的摆式动车组是由中国北车集团唐山机车车辆厂研制的，速度为160 km/h。该车由于采用了先进倾摆技术，所以曲线通过速度比普通客车提高了20%~30%。

（七）"普天"号内燃摆式动车组

"普天"号摆式动车组动车装用12V240ZJD-1型柴油机，机车标称功率为3 250 kW。该车采用微机网络控制以及国际领先的径向全悬挂转向架，最高速度可达160 km/h。

（八）"金轮"号双层内燃动车组

"金轮"号内燃双层动车组的两节内燃动车是由中国北车集团大连机车车辆厂为兰州铁路局研制开发的，该动车组用于兰州至西宁、兰州至敦煌等区间的旅客运输。动车采用交-直流电传动系统、国产 16V240ZJE 型柴油机，标称功率为 2 740 kW，采用推挽重联牵引方式。动车组最大运行速度 180 km/h。这是第一列驶入西北高原的内燃动车组。

（九）"蓝箭"电力动车组

"蓝箭"电力动车组是为满足广深线小编组、高密度、高速度的公交化客运要求，由株洲电力机车厂、株洲电力机车研究所、长春客车厂和广铁集团于 2000 年共同研制的新一代交流传动高速电动旅客动车组、牵引"蓝箭"的 DJJ1 型动车是中国第一台动力集中式交流传动高速动力车。该车基本编组形式为 1 动 5 拖 1 控制车（M+5T+TC），两列连挂编组为 2 动 10 拖（M+10T+M），基本编组定员为 421 人，连挂编组定员约 800 人。该动车组持续功率 4 800 kW，最大速度 220 km/h。

（十）"先锋号"电动车组

200 km/h 动力分散型交流传动电动车组，是被国家计委列为"九五"重点科技攻关项目的我国首列交流传动动力分散电动车组。列车运营速度 200 km/h，最高试验速度 250 km/h。该电动车组由两个单元 6 辆车组成，每 3 辆车组成一个单元，其中包含 2 辆动车和 1 辆拖车。电动车组设有一等软座 1 辆、二等软座 5 辆，总定员 424 人。

（十一）"中华之星" 电动车组

"中华之星"电动车组是我国自行设计，拥有完全自主知识产权的高速电动车组，设计时速为 270 千米，满座能够承载 726 名旅客。2003 年初，该电动车组在秦沈客运专线进行正线试验时，曾创造了 312.5 km/h 的"中国铁路第一速"。

（十二）"和谐号"CRH 动车组

1. CRH 动车组基本先进技术

在引进、消化吸收国外先进技术的过程中，CRH 动车组主要采用了九项关键技术和十项主要配套技术。

1）九项关键技术

九项关键技术包括系统集成、车体、转向架、牵引变压器、牵引变流器、牵引电机、牵引控制、网络控制、制动控制，如图 4-3-1 所示。

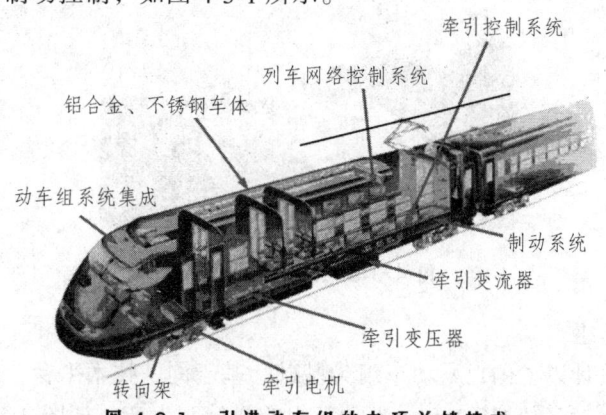

图 4-3-1　引进动车组的九项关键技术

2）十项配套技术

十项配套技术包括受电弓、车内电器、空调系统、车钩、门胶移动脚踏系统、真空集便系统、车窗、座椅、风挡、减震。

2. CRH 动车组系列简介

1）CRH1 动车组

CRH1 动车组是由青岛四方-庞巴迪-鲍尔铁路运输设备有限公司生产的，是以庞巴迪公司为瑞典国家铁路和地方铁路开发的"Regina"动车组为原型车经改变设计而成的。

CRH1 动车组为动力分散型，8 辆编组，5 动 3 拖，3 个牵引单元，运营速度为 200 km/h，最高速度为 250 km/h，牵引功率为 5 500 kW，车体采用不锈钢材料。如图 4-3-2 所示。

图 4-3-2　CRH1 动车组

2）CRH2 动车组

CRH2 动车组是由南车集团四方机车车辆股份有限公司与国外合作伙伴川崎重工研制的。CRH2 动车组是以日本新干线 E2-1000 型动车组为原型车经改变设计而成的。

CRH2 动车组有 CRH2A、CRH2C、CRH380A（L）3 种车型，运营时速分别为 200 千米、300 千米、380 千米。

（1）CRH2A 动车组。

CRH2A 动车组为动力分散型、交流传动的电力动车组，采用铝合金空心型材车体；8 辆编组，4 动 4 拖，2 个牵引单元，运营速度为 200 km/h，最高速度为 250 km/h，牵引功率为 4 800 kW。如图 4-3-3 所示。

图 4-3-3　CRH2A 动车组

（2）CRH2C 动车组。

CRH2C 动车组设计以 CRH2A 动车组为基础，基于同一技术平台，结合中国铁路的运用特点，通过技术升级，实现时速 300 千米动车组的设计和生产。如图 4-3-4 所示。

图 4-3-4 CRH2C 动车组

CRH2C 动车组为动力分散型，8 辆编组，6 动 2 拖，运营速度为 275 km/h，最高速度为 350 km/h，牵引功率为 7 200 kW；采用大型中空薄壁铝合金焊接结构，使用 DSA350 型高速受电弓，以及在受电弓两旁加装挡板。

（3）CRH380A 动车组。

CRH380A 型电力动车组，或称 CRH2-380 型，是中华人民共和国铁路总公司为营运新建的高速城际铁路及客运专线用的动车组，由中国南车四方机车车辆股份有限公司在 CRH2C（CRH2-300）型动车组基础上自主研发的 CRH 系列高速动车组。这款动车组不仅搭载了现代科技与中国文化完全融合的新头型，而且在列车总成、车体、转向架等关键技术研究和装备研制方面取得了实质性的突破。

CRH380A 动车组为 8 辆编组，6 动 2 拖的编组方式，运营速度为 350 km/h，最高速度为 400 km/h，牵引功率为 9 600kW，使用 SS400+型高速受电弓。列车设有二等座车/观光车（ZEG）1 辆（1 车）、一等座车（ZY）2 辆（3 车、4 车，其中 3 车带有一等包厢）、二等座车（ZE）4 辆（2、6、7、8 车）和二等座车/餐车（ZEC）1 辆；其中观光座采用 2+2 方式布置，一等包厢采用 3+0 方式布置，一等座采用 2+2 方式布置，二等座为 2+3 方式布置。除了带酒吧的二等座车厢外，其他车厢所有座位均能旋转。如图 4-3-5 所示。

图 4-3-5 CRH380A 动车组

CRH2-380B 为 16 辆编组，14 动 2 拖的编组方式，牵引功率为 20 440 kW，7 个动力单元，56 台牵引电机，使用 DSA350 型高速受电弓，在受电弓的两侧是立体围护整流罩。列车设有 1 辆商务车（SW）、2 辆二等座车/观光车（ZEG）、4 辆一等座车（ZY）、8 辆二等座车（ZE）和 1 辆餐车（CA）；其中商务包厢采用 2+0 方式布置，商务座采用 1+2 方式布置，一等包厢采用 3+0 方式布置，观光座采用 2+2 方式布置，一等座采用 2+2 方式布置，二等座采用 2+3 方式布置。除了餐车座椅外，其他车厢所有座位均能旋转。

3）CRH3 动车组

CRH3 动车组是由唐山机车车辆工厂与国外合作伙伴西门子研制的。CRH3 动车组是唐山工厂以西门子 Velar-E 型动车组为原型车经改变设计而成的。如图 4-3-6 所示。

图 4-3-6　CRH3 动车组

Velar-E 型动车组设计时速为 350 km，运营时速为 350 km，代表西门子最先进的动车组技术，可满足中国铁路高速客运需要。

（1）CRH3 动车组：CRH3 动车组为动力分散型、交流传动的电力动车组，采用铝合金空心型材车体，8 辆编组，分为 2 个牵引单元，4 动 4 拖，运营速度为 300 km/h，最高速度为 350 km/h，牵引功率为 8 800 kW。两端为带司机室控制车，列车正常运行时由前端司机室操纵。如图 4-3-6 所示。

（2）CRH380B 动车组：CRH380B 动车组为新一代高速动车组，它以 CRH3 动车组产品技术平台为基础，采用 16 辆编组，8M8T，牵引功率为 18 400 kW，持续运营时速 380 千米，最高运行时速 468 千米，最高试验时速 487.3 千米。如图 4-3-7 所示。

图 4-3-7　CRH380B 动车组

4）CRH5 动车组

CRH5 动车组由长春轨道客车股份有限公司与国外合作伙伴阿尔斯通公司提供。长客动车组是以阿尔斯通公司为芬兰国铁 VR 提供的 SM3 动车组为原型车经变化设计而成的。

CRH5 动车组为动力分散型、交流传动的电力动车组，采用铝合金空心型材车体，8 辆编组，5 动 3 拖，分为 2 个牵引单元，运营速度为 200 km/h，最高速度为 250 km/h，牵引功率为 5 500 kW。两端为带司机室控制车，列车正常运行时由前端司机室操纵。如图 4-3-8 所示。

图 4-3-8　CRH5 动车组

5）CRH6 动车组

CRH6 动车组是由中国南车南京浦镇车辆公司联合广东省成立的广东轨道交通车辆修造基地生产的国内最新型城际动车组,由浦镇公司派出技术及管理人员赴江门进行大规模批量生产,首列车由南京制造。CRH6 型车是城际轨道交通的核心技术装备,满足载客量大、快速乘降、快启快停的运营要求,关键技术及零部件与和谐号动车组完全一致。

CRH6 型动车组采用 3 辆、4 辆、6 辆、8 辆、16 辆、20 辆编组、编组长度 201.4 米。根据运输距离、站点和乘客群的不同,CRH6 型动车组分为两大类型,运营速度分别为时速 200 千米和 160 千米两个等级。时速 200 千米的 CRH6A 型动车组最高运营速度为 250 km/h、试验速度为 270 km/h,以"大站停"的模式运营;时速 160 千米的 CRH6F 型动车组最高运营速度为 200 km/h、试验速度为 220 km/h,以"站站停"的模式运营。

(1) CRH6A 动车组 (200km/h):CRH6A 型车定员载客量 557 人(坐席),超员载客量 1 488 人(按每平方米站立 4 人计算);座位采用 2+2 方式布置、可调节座椅,局部设茶桌,端部设可翻转座椅;非端部的车厢座椅编排与欧洲铁路车辆及大部分国铁车厢的软座编排相同,全部座椅采用面向车厢中心的编排方式;另外 1、3、5、7 号车厢设置卫生间,列车采用真空集便器。值得一提的是,CRH6A-4002 和 CRH6A-4502 型车中间车厢为 3 门车厢,而其他的 CRH6A 型车均为 2 门车厢。如图 4-3-9 所示。

图 4-3-9　CRH6A 动车组

(2) CRH6F 动车组 (160 km/h):CRH6F 型车定员载客量达 1 502 人(包括坐席及站席,按每平方米站立 4 人计算),超员载客量达 1 998 人(包括坐席及站席,按每平方米站立 6 人计算）。列车座位同样采用 2+2 方式布置，但座椅不可调节或翻转；列车在 3、6 号车设卫生间。与 CRH6A 不同，车门采用宽阔的对开塞拉门，每节车辆侧设有 3 个塞拉门（头尾车辆有 2 个，其中一个为驾驶室门）。该车牵引制动性能比 CRH6A 更优、载客量更大，更适合较短站间距的城际线路和"站站停"的运营模式。如图 4-3-10 所示。

图 4-3-10　CRH6F 动车组

（3）CRH6S 动车组（140 km/h）：CRH6S 型车定员载客量达 765 人（包括坐席及站席，按每平方米站立 4 人计算），超员载客量达 1 322 人，为地铁式座椅；列车在 5 号车厢设残疾人乘坐空间，列车不设洗手间。如图 4-3-11 所示。

图 4-3-11　CRH6S 动车组

三、动车组编号规则与动车组行车标志

（一）动车组编号规则

1. 动车组的型号和车号构成

动车组的型号和车号构成，如图 4-3-12 所示。

第四章 高速铁路车辆

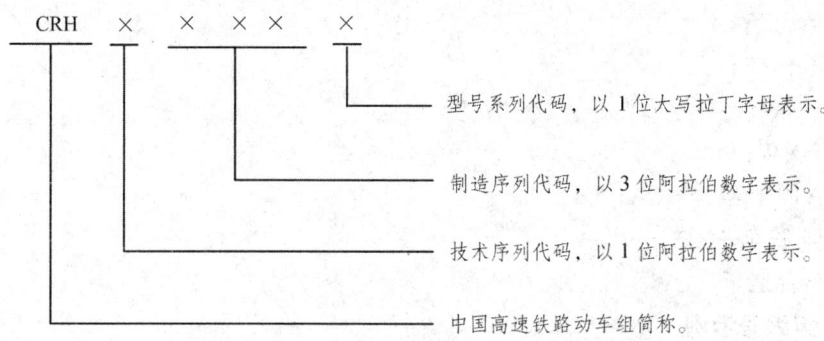

图 4-3-12 动车组的型号和车号构成

各型动车组型号和车号的技术序列代码分配如下：

BSP 动车组——1；

四方动车组——2；

唐山动车组——3；

长客动车组——5。

各型动车组型号和车号的制造序列代码：不同的技术序列动车组单独编排，顺序由 001～999 依次排列。

各型动车组型号和车号的型号系列代码：按动车组的速度等级、车种确定不同的型号系列代码。对已有的动车组规定如下：

A——运营速度 200 km/h、8 辆编组、座车；

B——运营速度 275 km/h、8 辆编组、座车；

C——运营速度 300 km/h、8 辆编组、座车。

2. 动车组中车辆的车种和编号构成

动车组中车辆的车种和编号构成，如图 4-3-13 所示。

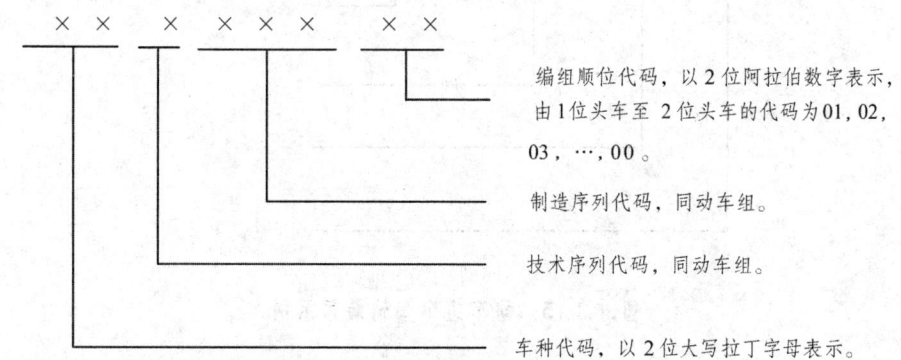

图 4-3-13 动车组中车辆的车种和编号构成

动车组编组顺位代码以 2 位阿拉伯数字表示；位置排列编号自首车起从 01 开始顺序排列，尾车的排列编号为 00。

3. 动车组编组中的车辆车种代码

动车组编组中的车辆车种代码是车种名称的汉语拼音缩写，分别为：

一等座车—ZY；

二等座车—ZE；

软卧车—RW；

硬卧车—YW；

餐车（含酒吧车）—CA；

二等座车/餐车—ZEC；

餐车卧车合造车—CW。

4. 动车组编号示例

动车组编号示例如下。

示例1：动车组的型号和车号，如图 4-3-14 所示。

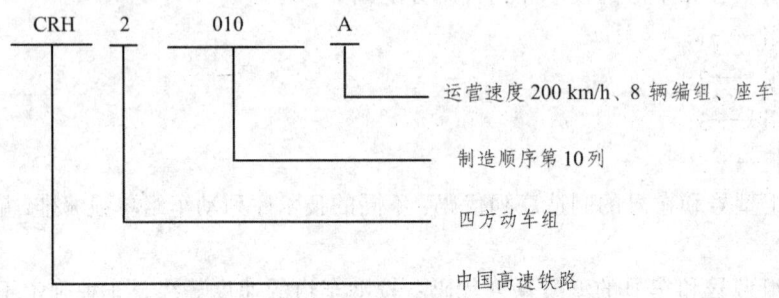

图 4-3-14　动车组编号示例

示例2：动车组中车辆的车种和编号，如图 4-3-15 所示。

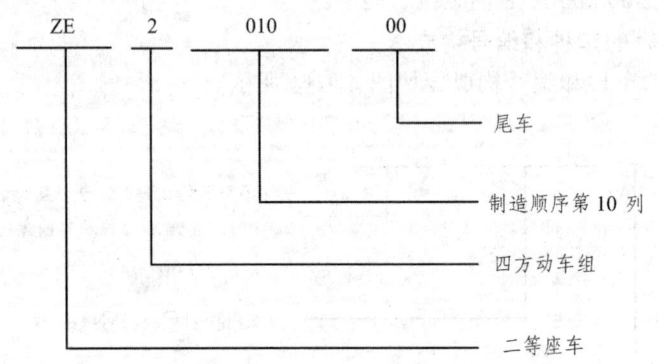

图 4-3-15　动车组中车辆编号示例

（二）动车组行车标志

动车组头部及尾部分别显示列车标志，显示方式昼间与夜间相同，昼间可不显示。其显示方式如下：动车组运行方向首端司机室头灯向前显示白色灯光，动车组运行方向尾部司机室头灯向后显示红色灯光；当动车组无动力回送或被推行时，运行方向首端司机室向前显示白色灯光，运行方向尾部司机室向后显示红色灯光，不用挂边灯。

四、动车组结构

(一)动车组车体结构

1. 侧墙(车体结构)

侧墙使用大型中空框架结构的挤压型材,省略了车内的侧柱。

型材间的相互焊接采用沿车体长度方向的连续焊接;在侧墙和车顶及侧墙和边梁的结合处,车内侧采用点固焊接,车外侧则采用连续焊接。

侧墙高度中间部位、行李架部位及侧天花板部的一体化挤压型材上预设了用于内装饰材安装的T形沟槽。

侧开门门框部位,为确保侧拉门的开拉空间,外板使用了整体成型的带肋挤压型材。

2. 端墙

车端有盥洗室和厕所的端墙采用t4的外板,骨架较少,设有开口以便于搬入整体玻璃钢(FRP)厕所。待整体厕所搬入后用螺栓将t2.5的铝外板和骨架焊接构成的封板与端墙紧固并进行密封材充填保证气密。

车端无盥洗室和厕所的端墙采用t2.5的外板和型材骨架构成的焊接结构。

3. 车顶

车顶由大型中空挤压型材构成,省略了纵向梁。

型材相互间的焊接采用沿车体长度方向的连续焊接;在与侧墙的结合部位,车内侧采用点固焊接,车外侧采用连续焊接。

1号车和0号车车顶上设置有无线电信号天线以及防护无线电天线;在7号车前位上,设有电视、FM天线。

4. 车头

车头部车体的横向骨架(t6 mm 铝板)为环状结构,以纵向骨架连接,外板为铝合金板(t2.5 mm)拼接的焊接结构。

5. 车体材料

车体使用的材料为 JIS H 4000(铝及铝合金板材及条材)或 JIS H 4000(铝及铝合金挤压型材)或同等材料,为不燃性材料。

(二)动车组车体外侧设备

在车体侧面上,考虑到防止噪声,尽量不安装设备,只设置了车侧显示灯、侧面目的地显示器、车号显示器、门检查盖以及车厢端部的爬梯等,如图4-3-16所示。

1. 车侧显示灯

当关闭侧拉门时,司机台的关门显示灯亮,车侧显示灯灭;当侧拉门遇到障碍物而门无法关闭或是关门开关动作不良时,车侧显示灯亮,司机台的关门显示灯灭。

2. 侧面目的地显示器

侧面目的地显示器设置在靠近车辆后部的地方。侧面显示器、车号显示器通过车辆信息装置终端器传送来的目的地显示和列车种类、坐席指定显示信息通过滚动画面的形式进行交替(间隔5 s)显示。

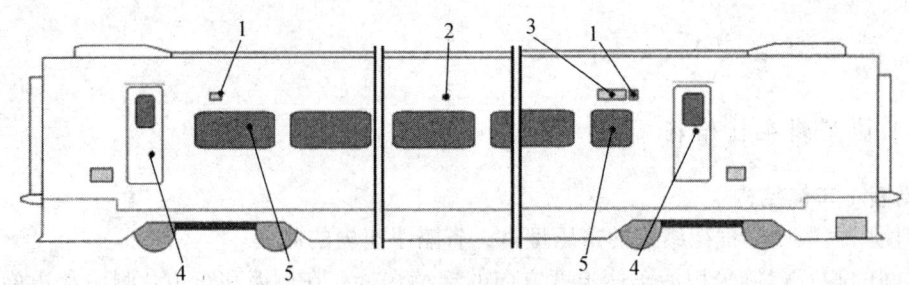

图 4-3-16 车体外侧设备

1—车号显示器;2—车侧指示灯;3—目的地指示灯;4—车侧门;5—紧急逃生窗

3. 车号显示器

车号显示器安装在侧拉门所在的侧面上部。这是乘客在乘车时,用来确认车号用的显示装置。

4. 门检查盖

门检查盖作侧拉门或拉门下滑轨等检查用,设置有门窗箱检查盖。

5. 车厢端部的爬梯

考虑到需要登上车顶,因此,在车辆的车厢端部设置了爬梯(上去的时候,一部分作为扶手使用)。

(三)动车组车头排障装置和裙板

1. 车头排障装置

车头排障装置由排障板与缓冲板构成。排障板采用行驶时使用的排雪犁的结构,排雪犁和车体结合的角度为 72.73°、开角度为 55°;另外,排雪犁的下部装有辅助排障装置。缓冲板采用 5 张铝板叠层结构,装在排雪犁的后方,吸收因变形引起的冲击能量;而且为了检修时不影响拆卸安装作业,一部分采用缺口设计。

1)排障板的排障能力

当动车组以 200 km/h 的速度行走时,可以排除高 250 mm、重 100 kg 以下的障碍物。静态强度可满足 137 kN 的要求。排障板距轨道面的高度固定在 150 mm 以上。

2)排石板的排障能力

当动车组以 200 km/h 的速度行走时,可以排除高 50~250 mm、重 2 kg 以下的障碍物。

3)排障板(包括排雪犁、排石器)

当动车组以 240 km/h 的速度行走时,以能够抵抗 18.2 t 以上的排雪阻力为基准。

2. 裙 板

1)转向架裙板

转向架部分,为了减低噪声而设置了裙板。裙板下端距轨道面 550 mm,以对检修不产生影响为基准。考虑到装卸问题,所以对裙板分割为两部分。

2)车端部裙板

在车端部设置了使用大型型材制作的裙板。在裙板上装有各种地板装置下的检查盖和为了从轨道上乘车的脚踏件等。

（四）动车组涂装、色彩及标记

考虑到耐久性（气温：-25 ~ +40 ℃，相对湿度：≤95%）、行驶阻力（行驶速度：200 km/h）、柔软性（因隧道入口及出口处的气压变化引起车辆形状变形），车体的涂装采用聚氨酯树脂涂料。

1. 色 彩

作为外观的基色采用白色（N9.05），车体侧窗下部位配蓝色（PANTONE287C）带。

2. 标 记

车厢内服务机器设备的标记基本采用丝网印刷，经去光泽处理的粘贴标记，同时标中文和英文。车体外部的标记采用粘贴薄膜，中文使用"SimHei"字体、英文使用"Helvetica"字体。

3. 其 他

车厢顶上的行走部位进行防滑涂装。

（五）动车组转向架

动车组的每个车体下都装有 2 个转向架。动车下是动力转向架（SKMB-200），拖车下是拖车转向架（SKTB-200），所不同的是动力转向架有牵引电机和驱动装置而拖车转向架没有。转向架除了承担车体的全部质量外，更重要的是承担动车组的高速运行任务。转向架主要由构架、轮对轴箱、牵引装置、基础制动装置、二系悬挂装置、驱动装置部分组成（见图 4-3-17 和 4-3-18）。

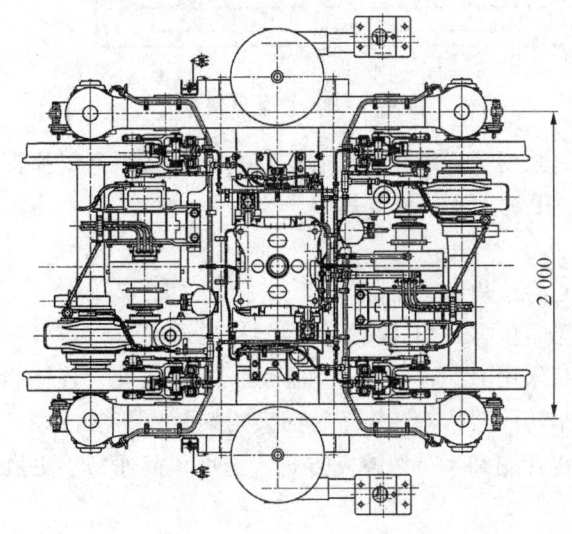

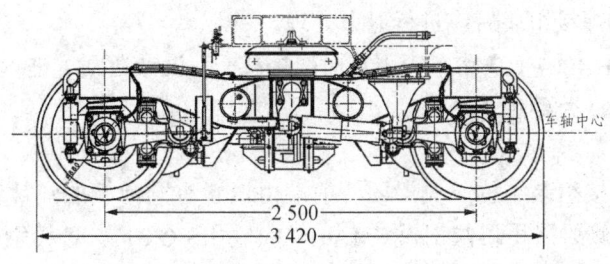

图 4-3-17 动力转向架

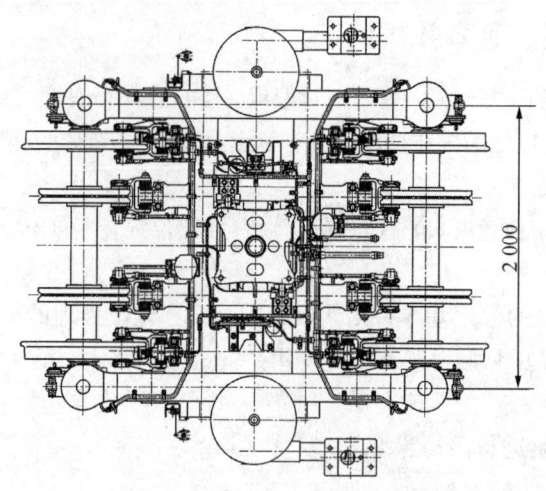

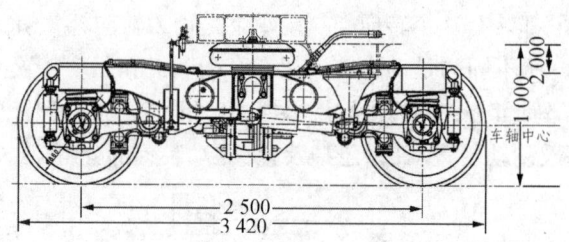

图 4-3-18 拖车转向架

转向架的主要特点是采用了轻量化设计、焊接构架、二系空气弹簧、盘型制动、转臂式轴箱定位、单拉杆牵引、电机采用架悬方式等。

1. 转向架构架

1）转向架构架的主要结构特点

①选用与转臂式轴箱定位方式相对应的转向架构架结构。

②转向架构架的形状采用 H 形，由侧梁和横梁、相关支座、连接梁等构成。

③转向架构架有动车转向架构架和拖车转向架构架两种类型。

④为适应将来的有源控制和半有源控制方式，选用了简便易于更换的二系横向减振器安装座。

⑤转向架构架应具备足够的强度，设计寿命为 20 年。

⑥转向架构架在焊接组装后应进行退火处理。

⑦设计按照 JIS E 4207（铁路车辆用转向架构架——设计通则）进行。

2）转向架构架的主要组成

（1）侧梁组成。

侧梁采用钢板焊接组装结构。侧梁的两前端由设置有圆弹簧的弹簧帽构成，在中央部分安装空气弹簧支架。侧梁采用耐候钢板 SMA490BW（JIS G 3114），铸钢件材质采用 SCW480（JIS G 5101），虽然日本 E2 系部分采用了 SCC60（特殊铸钢，不对应 JIS 规格），但是考虑到今后国产化的要求，使用一般铸钢。

此外，转向架构架所使用的钢材，为能适应在极低温度条件下的使用条件，考虑了材料的低温脆性。

（2）横梁组成。

横梁采用无缝钢管结构，内部可作为空气弹簧的辅助空气室使用；材质同侧梁，采用耐候性钢板 SMA490BW。

横梁上的支座主要由牵引电机、齿轮箱、制动钳、牵引拉杆支座构成，均采用钢板焊接组装结构。

2. 轮对组成

轮对包括：车轮、动力车轴、非动力车轴、动车轮盘制动圆盘、拖车轮盘制动圆盘、拖车轴盘制动圆盘、驱动装置、挠性联轴器、轴承组成、轴箱装置、速度传感器。

如图 4-3-19 与图 4-3-20 所示为轮对的具体结构。

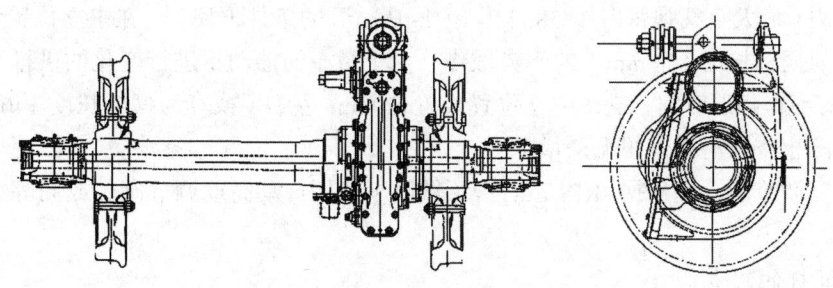

图 4-3-19 动力轮对

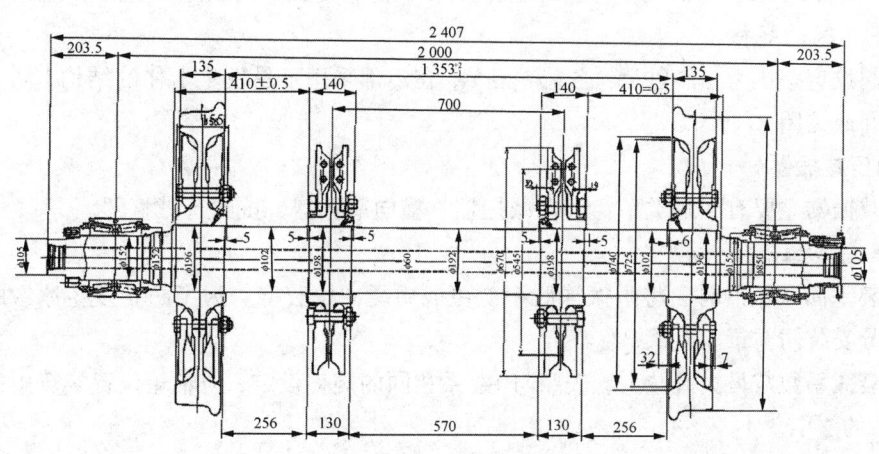

图 4-3-20 非动力轮对

CRH6 采用轻量化设计，降低运行能耗。为降低轮轨磨耗，CRH6 采用的轻量化转向架重量约比同类车型轻 25%。

3. 二系中央悬挂装置

1）二系中央悬挂装置（车体支撑装置）

二系中央悬挂装置包括：中心销、空气弹簧、横向减振器、抗蛇行减振器、横向弹性橡胶止挡、牵引装置、自动高度调节阀与差压阀。

2）空气弹簧

空气弹簧的基本结构特点如下：

（1）结构以 E2-1000 系列用空气弹簧为基础。

（2）E2-1000 系列用空气弹簧在满载时的内压超过 600 kPa，因此，要扩大有效直径到 φ520 mm 左右。

（3）标准高度 200 mm。

4. 自动高度调节装置

自动高度调节装置由自动高度调节阀、调节杆总成、差压阀构成。

1）自动高度调节阀的规格

自动高度调节阀采用耐寒和耐冰雪的规格，根据需要配备了保温箱与加热器，以满足 $-25\ °C$ 的使用条件。自动高度调节阀应能在供风源压力（最大总风缸压 882 kPa（9 kgf/cm²）、供风终端压力（最大空气弹簧内压 588 kPa（6 kgf/cm²））的条件下使用。在中立位置设置 ±5 mm 左右（换算为摆杆长度 140 mm）的不灵敏带，对于微小的摇动不进行变化的供排气，使其具备 3 s 左右的动作延迟时间；或在中立位置设置 ±20 mm 左右（换算为摆杆长度 140 mm）的低流量范围，防止空气消耗量的无谓增加。

自动高度调节阀，应根据 JRIS E 4117（铁路车辆用自动高度调节阀）或同等规格实施特性试验。

2）调节杆的组成

自动高度调节阀安装在转向架构架上，采用能够追踪车体与转向架之间能够相对运动的结构。对于调节杆组成的下部，使用调节杆支座保护，防止受到冰雪及障碍物的影响而发生破损。

3）差压阀的规格

差压阀设定差压为 147 kPa（1.5 kgf/cm²），在内部采用不易发生卡住的结构，防止差压阀长时间打开或关闭。

5. 油压减振器

油压减振器主要有 3 种类型：垂向减振器、横向减振器、抗蛇行减振器。

1）垂向减振器

当安装垂向减振器时，将防振橡胶型变更成为缓冲橡胶型。为了防止发生冰雪的卡入，在外圆部分安装防雪罩。

对于衰减系数与最大衰减力，按照与 E2 系相同的规格设定，但轴箱位置换算中的衰减系数为 E2 系的 2 倍。

2）横向减振器

在 E2-1000 系列上，安装了有源控制用驱动器或半有源控制用减振器，为适应今后的改造，安装常规的油压减振器。考虑车辆质量的增加，将以往的 E2 系所使用的横向减振器的衰减系数从 39.2 kN/m/s 增加到 58.8 kN/m/s，最大衰减力也从 9.8 kN 变更成为 14.7 kN。

3）抗蛇行减振器

为了改善微小振幅时的衰减特性，将以往使用的 E2 系抗蛇行减振器的衰减系数从 735 kN/m/s 增加到 2 450 kN/m/s，但最大衰减力不变。为了防止发生冰雪的卡入，在外圆部分安装防雪罩。

（六）动车组制动装置

1．动力轴轮盘式制动器

（1）制动闸片的有效磨耗余量为 6 mm，制动圆盘的有效磨耗余量为 2 mm。
（2）制动圆盘的外径为 ϕ720 mm，圆盘组装时的厚度为 133 mm（车轮宽度-2 mm）。
（3）制动缸尺寸按 ϕ45 进行设计。

2．非动力轴轮盘式制动器

（1）制动闸片的有效磨耗余量为 14 mm，制动圆盘的有效磨耗余量为 5 mm。
（2）制动圆盘的外径为 ϕ720 mm，圆盘组装时的厚度为 133 mm（车轮宽度-2 mm）。
（3）制动缸尺寸按 ϕ30～ϕ32 进行设计。

3．制动闸片

（1）制动闸片采用不含铅烧结合金制。
（2）平均摩擦系数应确保 0.25。
（3）动车与拖车有效磨耗余量分别为 6 mm 和 14 mm。

（七）动车组踏面清扫装置

踏面清扫装置安装在制动钳的上部。设置踏面清扫装置的目的是：当在制动时将研磨装置压在车轮踏面上，去除车轮踏面的污垢及油迹，保持轮轨间稳定的黏着性能等。

（八）动车组转向架排障装置

排障装置结构的主要特点如下：
（1）排障装置由安装臂、排障板支座、排障板等构成。
（2）当排除设想的障碍物时，各部分不得发生破损。
（3）由于排障装置安装在轴箱的下面，因此，应具备足够的强度，即使承受较大的振动也不易发生破损。
（4）应能够配合车轮直径、调节排障板的高度。
（5）在轴箱保持水平的状态下，排障板下端与钢轨面的距离高度调节大约为 10 mm。对于转臂式的轴箱支撑方式，由于圆弹簧的挠曲会造成轴箱倾斜，因此，在空车状态下，至钢轨面的距离调节大约为 4 mm。

五、动车组牵引系统

主牵引系统主要由受电弓、牵引变压器、牵引变流器及牵引电机组成。受电弓通过电网接入 25 kV 的高压交流电，输送给牵引变压器，降压成 1 500 V 的交流电；降压后的交流电再输入牵引变流器，经过一系列的处理，变成电压和频率均可控制的三相交流电，输送给牵引电机，通过电机的转动而牵引整个列车运行，如图 4-3-21 所示。

主牵引基本动力单元由 1 台牵引变压器、2 台牵引变流器、8 台牵引电机构成；1 台牵引变流器驱动 4 台牵引电机，4 台牵引电机并联使用，4 台牵引电机特性差异控制在±5%以内，以便电流负荷分配均匀。

动车组有 2 个相对独立的主牵引动力单元。正常情况下，2 个牵引单元均工作。当设备故障时，M_1 车和 M_2 车可分别使用；另外，整个基本单元可使用 VCB 切除，不会影响其他单元工作。

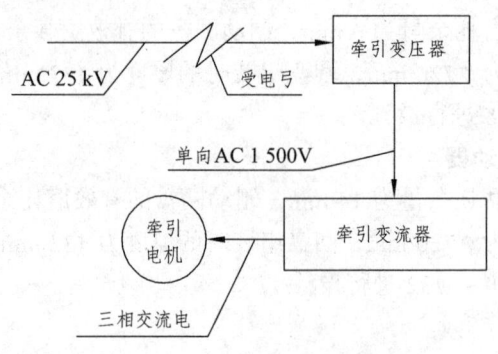

图 4-3-21　主牵引系统示意图

六、动车组制动系统

动车组各车辆的制动控制装置采用微机控制，由动车的电制动（电力再生制动）及各车的空气制动（盘形制动）构成，并且制动控制装置具有滑行检测功能，是采用电气指令式的制动系统。

（一）制动功能类别

制动按功能分为常用制动、快速制动、紧急制动、辅助制动和停车制动、耐雪制动。

1. 常用制动

常用制动力分为 1~7 N，进行延迟控制。

关于延迟控制，当制动初速度在 75 km/h 以上时，由动车的再生制动负担拖车部分的制动；在 65 km/h 以下时切换成单独控制。控制单位是 1M1T 的 2 辆。

另外，常用制动具备随载荷变化的功能，从空气弹簧取得压力信号，计算调整制动力，做到不随车辆载重变化，进行恒定的减速度控制。

CRH6 采用了高效的再生制动，电制动功率最大为牵引功率的 1.5 倍，采用最大常用制动时可 100%回馈电网。

2. 快速制动

快速制动具备常用制动 1.5 倍的制动力，当手动制动操作及在闭塞区间无法减速至设定的速度时，根据 ATP 指令动作。

3. 紧急制动

当列车分离、总风管压力降低及手柄取出时均会实施紧急制动。此时，不具有按照负荷大小调整制动力的功能。

4. 耐雪制动

当降雪时，为了防止冰雪进入制动盘和闸瓦之间，使闸瓦无间隙轻轻接触制动盘。在 110 km/h 的速度以下，接通耐雪制动开关，通过操作制动手柄动作。制动缸压力设定为（60±20）kPa，可以操作制动控制器的开关调整设定值。

5. 辅助制动

辅助制动是在制动控制装置异常、制动指令线路断线以及在救援等待时使用的。操作司机台的设定开关及各单元（Tc 车）的配电盘开关进行动作，与常用、快速制动不同，制动力是与速度无关的定值。

制动器装置还对电动空气压缩机、关门速度等进行控制，即便是在使用辅助制动器时，制动器控制装置的电源也不能切断。

6. 停车制动

采用铁靴实施停车制动。

通常情况下，司机用制动控制器操作常用制动（表示为 1~7 级的 7 个挡位的制动力）和快速制动。紧急制动、辅助制动，在故障等异常情况下通过开关操作。耐雪制动是积雪时通过开关操作的，制动力几乎没有。

（二）与制动相关的主要装置

与制动相关的主要装置如下：
① 制动手柄；
② 电动空气压缩机；
③ 制动控制装置；
④ 增压缸；
⑤ 制动夹钳。

七、车端连接装置

车端连接装置主要有密接式车钩装置、风挡、车体间减振器及空气、电气连接设施等。

空气、电气连接设施包括：列车总风管、列车通信总线连接、制动控制线连接、供电母线连接、直流供电母线连接、电路电气设备连接、高压电线连接。

密接式车钩：车钩装置采用带总风管的密接式车钩，主要由钩体和缓冲器等组成；缓冲器采用叠层橡胶方式，布置于压缩侧和拉伸侧，可缓冲车辆间的压缩和拉伸冲击；另外，车钩及缓冲器可以在不架起车体的情况下拆装和检修。

风挡：车厢间的连接处设有气密式内风挡，内风挡的内部设有扶手，利用平滑的搭板及可动式镶板，可确保乘客安全通过车厢连接处；另外，在内风挡外侧还设有压缩型的外风挡，起到隔声及防尘的作用。

车端管线连接包括：列车总风管、列车通信总线连接、制动控制线连接、直流供电母线连接、电路电气设备连接、高压母线连接。

八、辅助供电系统

动车组在 1 号、8 号车分别设置了一个辅助电源装置，为空气压缩机、照明、控制、广播、列车无线等设备提供相应的电源；在 2 号、4 号、6 号车上分别设置有一个蓄电池箱。

AC 25 kV 的高压电输入牵引变压器，经过 3 次绕组降压变成 AC 400 V，再输入辅助电源装置，经过处理后，从辅助电源装置输出 5 路电源，为列车的各设备供电。如图 4-3-22 所示为辅助电源示意图。

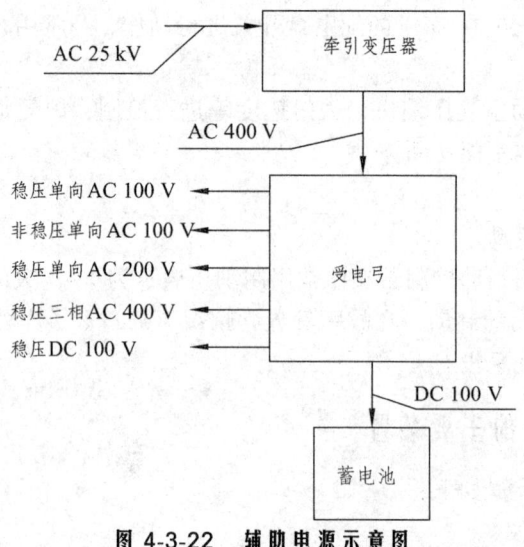

图 4-3-22　辅助电源示意图

九、空气调节系统

时速 200 km 的 CRH2 型动车组空调系统与国内客车空调系统有很大的区别，是一种全新的空调系统。通过与国内客车空调系统的比较，对 CRH2 型动车组空调系统进行简单介绍。

CRH2 型动车组车底安装的空调装置为每 1 节车厢 2 台，换气装置为每 1 节车厢 1 台；3 号、6 号车厢内设置有空气净化机；驾驶室设置有单独的空调装置及车内压释放阀。

十、给排水系统

CRH2 动车组设有卫生系统和给水系统，如图 4-3-23 所示。其中 1 号车、3 号车和 5 号车的卫生系统完全一样；7 号车为 1 个座式卫生间、1 个残疾人卫生间、1 个小便间和 1 个单人盥洗室（1 号车、3 号车和 5 号车为双人盥洗室）。

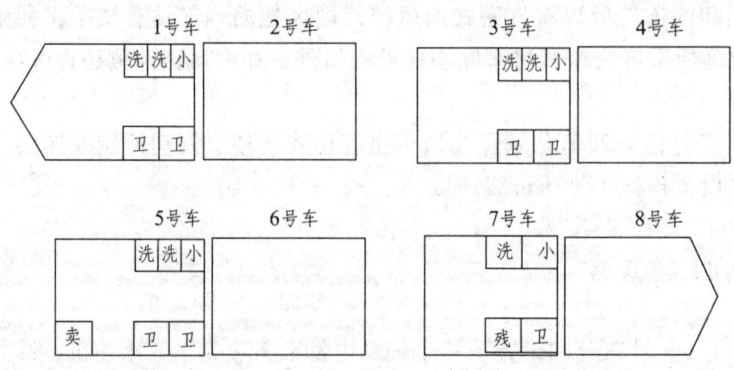

图 4-3-23　卫生给水系统布置图

洗—盥洗室；卖—小卖部；小—小便用厕所；卫—坐便式卫生间；残—残疾人用厕所

单号车车下设有水箱装置,容量 700 L,靠水泵将水供到用水点(国产化 18 列开始,双号车加有水箱装置);双号车 1 位角设有桶式饮水机(国产化 18 列开始,改装为电热开水器)。

十一、车辆信息控制装置

车辆信息控制装置采用贯穿列车的总线来传送信息,从而减轻了列车的质量,并且通过对列车运行及车载设备动作的相关信息进行集中管理,可以有效地起到对司机和乘务员的辅助作用,加强对设备的保养和提高对乘客的服务质量。车辆信息控制装置由监控器和控制传输部两部分组成。硬件为一体化装置,但各自独立构成网络,系统为自律分散型。控制传输部为双重系统,确保系统冗余性。通信采用 ANSI878.1、ARCNET 标准。头车设置的中央装置为双重系统,确保其可靠性。前、后中心的控制单元间采用母线仲裁。

(一)车载信息装置系统的组成

在动车组中引用了车载信息装置和自诊断技术,该系统由列车信息中央装置和列车信息终端装置构成,同时还有监控显示器及显示控制装置、车内信息显示器、IC 读卡器等附属设施。

在头、尾车司机室内各有 2 台显示器(一主一辅),在乘务员室内也有 1 台显示器,司乘人员可通过触摸显示器,来实现控制指令的传送,了解车辆实时运行状态。2 种显示器(司机室和乘务员室)分别针对司机和乘务员的职能设置了不同的权限,头、尾车的 4 台显示器能查询显示车辆上各种状态的信息并执行司机部分操作命令,乘务员室的显示器只能显示和执行乘务人员相关信息。但当运行中出现故障时,各台显示器都能同步显示故障的信息及相应的处理方案。

(二)车辆信息控制装置信息显示操作

车辆信息控制系统有 3 大模式界面:检修模式、一般模式和诊断模式。

1. 一般模式(62 项)

司乘人员运行中常用的模式,可细分为司机模式、列车员模式和记录模式。可以触摸"模式转换"按键进行跳转。

司机模式(38 项)可以查看列车行驶状态、车辆信息、出库信息、制动信息、电源电压、配电盘信息、车门状态及车次设定等 38 项信息。

列车员模式(21 项)可以查看车门信息、空调状态、实现对服务设施、广告显示、空调模式等项目的设定等 21 项信息。

记录模式(3 项)可以实现各运行信息的记录下载以及试运行功能。

一般模式下可以做到:运行里程的检测、车辆检查信息的显示(变流器、受电弓状态、VCB 等)、监视器信息的修改和输入、运行状态的显示(列车号、各单元状态等)、安全装置动作状态、应急指南、编组形式、空调的控制、室内灯广播等的控制、发生故障时的状态记录、故障的实时显示及处理指南、电力累计、运行或试运行中车辆性能信息的收集等近 60 项功能。

2. 检修模式

检修模式具有 42 项功能,是在车辆入库或在检修基地做检修时所使用的功能状态。

检修模式可实现车上 7 个主要功能的检查和试验（主变流器、主风管的压力、常用和非常用制动试验、辅助制动试验、加压和非加压辅助电源的检查以及车门开关的测试等），并对这些检查试验的相关信息进行记录、存储；也可以设定车轮直径、编组信息、车号车次、停车站等项目；还可以实现对主故障记录的信息查询、对 IC 卡信息的读取和写入、模拟故障的设定。

3. 诊断模式

诊断模式具有 37 项功能，可以实现对自身设备的诊断以及传送网络的诊断。

十二、动车组检修与运用

（一）CRH 动车组修程、修制

动车组施行计划性的预防检修。检修分为五个等级，一级和二级检修为运用检修，三级、四级、五级检修为定期检修。运用检修在动车组运用所内进行，定期检修在动车段内进行。运用检修可在任一运用所内进行，执行统一的检修标准，运用所承担检修后动车组的运用安全和质量责任。动车组检修周期如下。

1. CRH1 型动车组

一级检修周期：运行里程 4 000 km 或 48 小时。

二级检修周期：15 天。

三级检修周期：120 万 km。

四级检修周期：240 万 km。

五级检修同期：480 万 km。

2. CRH2 型动车组

一级检修周期：运行里程 4 000 km 或 48 小时。

二级检修周期：3 万 km 或 30 天。

三级检修周期：45 万 km 或 1 年。

四级检修周期：90 万 km 或 3 年。

五级检修周期：180 万 km 或 6 年。

3. CRH3 型动车组

一级检修刷期：运行里程 4 000 km 或 48 小时。

二线检修周期：暂定 2 万 km。

二级检修周期：120 万 km。

四级检修刷期：240 万 km。

五级检修周期：480 万 km。

4. CRH5 型动车组

一级检修周期：运行里程 4 000 km 或 48 小时。

二级检修周期：6 万 km。

三级检修周期：120 万 km。

四级检修刷期：240 万 km。

五级检修周期：480 万 km。

（二）动车运用段和动车运用所

根据铁路发展思路，"铁总"确定在北京、上海、武昌、广州建立四大现代化动车组检修基地。四大基地的建设在能力和规模上要立足干线，并辐射周边地区；在覆盖范围上要立足于时速 200 km，兼顾 300 km，做到"一次规划，分步实施"；同时为充分发挥检修基地的功能，科学合理的配置检修资源，四大检修基地由铁路总公司统一管理，面向全路，服务全路，依据路网布局与发展规划，结合动车组的配属和使用方案，确定四大检修基地的辐射范围。

复习思考题

1. 什么是动车组？
2. 动车组一般由哪几部分构成？
3. 动车组转向架由哪几部分构成？
4. 动车组的优点是什么？
5. 我国 CRH 动车组编组运用的相关规定是什么？

第五章　高速铁路牵引供电

第一节　牵引供电系统

电气化铁道是指设有牵引供电系统，以电力机车或电力动车组作为列车牵引动力的铁路。电气化铁道沿线要设置完善的、不间断地向电力机车或电力动车组提供电能的设备。这套供电设备构成的系统称为牵引供电系统，如图 5-1-1 所示。

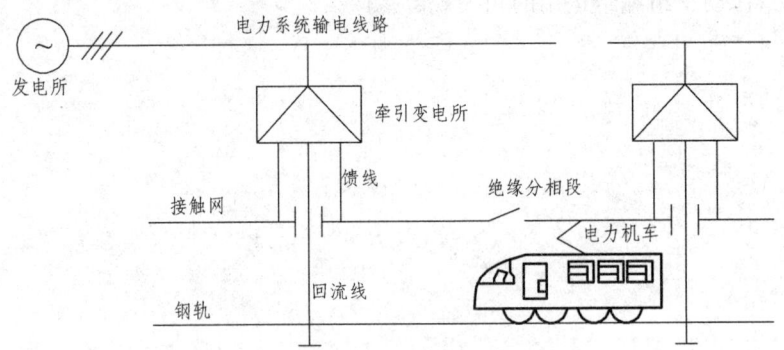

图 5-1-1　牵引供电示意图

牵引供电系统主要包括牵引变电所和接触网两部分。

发电厂发出的电流经升压变压器提高电压后，由高压输电线输送到铁路沿线的牵引变电所。在牵引变电所内将电流变换成所要求的电流或电压，再经馈电线转送到接触网上供电力机车或电力动车组使用。

一、牵引变电所

牵引变电所的任务是将高压输电线输送来的 110 kV（220 kV）的三相交流电，变换成不低于 25 kV 的单相交流电后，再经馈电线向它的邻近区间和所在站场线路的接触网送电，并保证可靠而又不间断地供电。一般单线铁路每隔 50～60 km、双线铁路每隔 40～50 km 设置一个牵引变电所。

牵引变电所内的主要设备有主变压器、自备用变压器、高压断路器、隔离开关、避雷器等电气设备。为保证电气设备的正常运行，确保系统安全可靠供电，牵引变电所内还装有各种控制、监视、保护、信号显示和计量装置等。

二、接触网

接触网是电气化铁道上空架设的特殊输电线,它的功能是向行走在铁路线上的电力机车或电力动车组不间断地供应电能。电力机车或电力动车组利用顶部的受电弓与接触线滑动摩擦而获得电能。接触网的组成如图 5-1-2 所示。

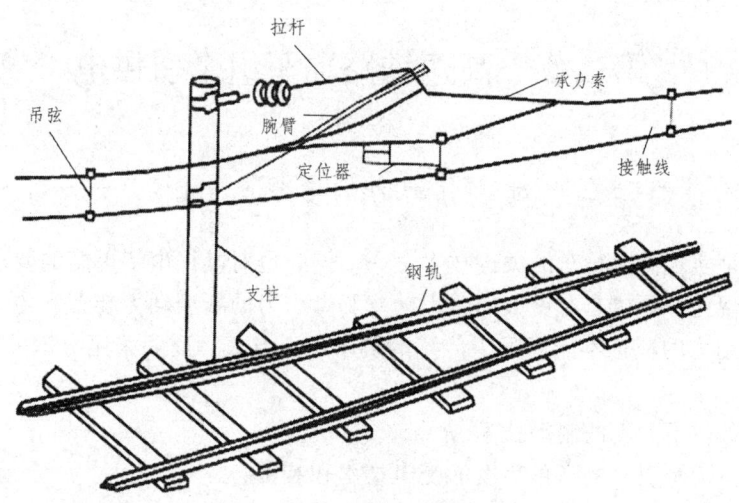

图 5-1-2　接触网组成

接触网与受电弓形成弓网受流系统,接触网的结构形式、参数性能直接影响弓网受流质量;因此,必须保证接触网有良好的工作状态,才能满足电力机车在线路上安全、高速运行的要求。

三、远动系统

牵引供电系统设有电力调度所,统一指挥供电系统在正常和故障情况下的运行工作,并集中管理铁道沿线分布的许多牵引变电所中的电力设备。为了完成变电所与调度所之间的远距离信息的实时自动传输,需要应用远动技术进行电力调度的现代化运行与管理。

远动系统是一个集监视控制和数据采集为一体的综合系统,简称 SCADA(Supervisory Control and Data Acquisiton)系统,该系统由调度端设备、执行端(被控站)设备和远动通道组成,系统传送信息的流程如图 5-1-3 所示。

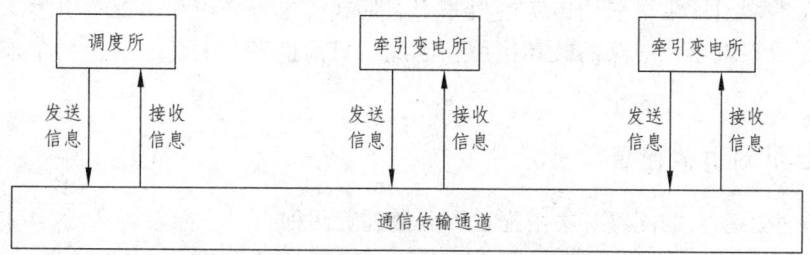

图 5-1-3　远动系统传送信息示意图

远动系统是利用远程通信技术完成远程控制、远程信号、远程测量、远程调节等功能的。通过远动系统电力调度人员可以直接掌握变电所断路器的开闭位置状态、主要的电压电流量值、接触网故障点数据。牵引供电系统的这种集中监视、集中控制，可以保证供电质量，提高调度效率，加快事故处理，实现值班无人化或少人化，提高劳动生产率，因此，在技术先进的国家被广泛采用。

第二节　高速铁路动车组牵引供电

一、高速铁路动车组对牵引动力的要求

牵引动力是实现高速行车的关键技术之一，同时也对其提出了更高的要求。

（1）要实现比普通机车有更大的牵引功率和牵引力的新型动力装置和传动系统。

（2）牵引动力的配置不能局限于传统的机车牵引方式，而要采用分散的或相对集中的动车组方式。

（3）高速条件下的新的制动技术。

（4）高速电力牵引时的高可靠度的受电技术和装备。

（5）车载微机控制的列车牵引系统和智能诊断技术。

（6）适应高速行车要求的车体及走行部的结构，以及减少空气阻力的车体外形等。

二、牵引动力的形式及其配置

（一）牵引动力的形式

目前，牵引动力的形式主要有电力牵引和内燃电传动牵引两种形式。

内燃电传动牵引具有投资少、见效快、经济性能好等特点。在高速铁路运营中，如英国的HST高速列车、德国的VT610内燃动车组，都采用内燃电传动牵引。此外，内燃电传动牵引还可用于尚未电气化的高速铁路区段，也可作为加速发展高速铁路建设的一种过渡牵引形式。

从世界各国发展高速铁路的情况看，尽管电力牵引初始投资较大，但是电力牵引具有牵引功率大、轴重小、经济性能好、有利于环境保护等一系列优点，世界上绝大多数国家的高速列车都采用电力牵引。

高速列车的牵引既可以采用传统的机车牵引形式，也可采用动车组牵引形式。由于动车组的轴重低，可以减小对线路的破坏作用，因此，目前世界上大部分高速列车采用动车组牵引形式。

（二）牵引动力的配置

高速列车牵引动力的配置有集中配置和分散配置两种。

1. 牵引动力集中配置于一端

牵引动力集中配置于一端是一种传统的牵引方式，即机车牵引客车方式。高速列车由一

台或几台机车集中于一端来牵引。这种传统的机车牵引方式，既有内燃牵引，也有电力牵引，一般应用于既有线改造为客货混用的高速铁路上，它在高速化的初期被不少国家所采用，是一种投资少、见效快的方式。

如美国采用 AEM-7 型电力机车、英国采用 91 型电力机车、瑞士采用 2000 型电力机车。这类列车由于机车功率较小，最高速度在 200 km/h 左右，很难满足进一步提高速度的要求。

2. 牵引动力集中配置于两端

高速列车两端为动力车，中间全部为无动力的挂车，牵引采用前挽后推的方式。两端动力车可以有两种模式。

1）机车模式

机车模式即两端的动力车实际上就是一般的机车，而中间的无动力挂车即为一般的客车，如德国的 ICE 高速列车，这种模式在列车长度方面机动性较大，可随意加大或缩小编组。

2）动车组模式

动车组模式即两端的动力车与其后的无动力挂车具有共同的转向架及铰接机构，构成动车组，如法国的 TGV 高速列车，除位于整列车两端的列车转向架上装有牵引电动机以外，相邻首尾的第二辆车的第一台转向架上也装有牵引动力装置。这种模式可保证整列车的荷载均匀，运行相对平稳；但由于编组固定，因此，在列车长度方面的机动性较差。

3. 牵引动力分散配置

这是一种动车组牵引方式，也有两种模式。

1）完全分散模式

完全分散模式即高速列车编组中全部为动力车，如日本的 0 系列高速列车，在 16 辆编组中全都是动力车。

2）相对分散模式

相对分散模式即高速列车编组中大部分为动力车，其余为无动力的拖车，如日本的 100 系列、700 系列高速列车，在 16 辆编组中有 12 辆是动力车、4 辆是拖车。

采用动车组牵引是当前高速列车牵引的主要方式。它将高度集中的牵引动力配置改为分散（或相对分散）配置，即将牵引动力分散到各个动力车上，克服了传统机车牵引方式总功率受限制的缺点，可以提高高速列车牵引的总功率，从而使运行速度进一步提高到第二速度级和第三速度级。这种牵引方式主要应用于新建的客运专线和客货混用的高速线上，如日本、法国、德国、意大利、瑞典等国家的高速铁路。

动车组按动力的分布方式可分为动力分散型和动力集中型。如图 5-2-1 所示。

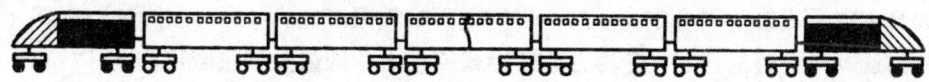

(a) 独立式动力集中型

(b) 铰接式动力集中型

（c）独立式动力分散型

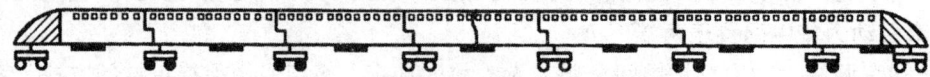

（d）铰接式动力分散型

图 5-2-1　动车组的动力分布方式

（三）牵引动力集中配置与分散配置的比较

牵引动力的配置尽管有多种模式，但归纳起来基本上有两种，即集中配置和分散配置。这两种形式各有利弊，下面从主要技术性能指标上作一些比较分析。

1. 轴　重

列车的轴重对线路的状态有直接影响，列车高速运行时对线路的动力作用增大，因此，轴重问题更显重要。在进行分析比较时，需要对整个列车的最大轴重、平均轴重分别进行探讨。

高速列车中以牵引动力集中配置形式的动力车轴重最大。如法国 TGV 高速列车动力车的轴重为 17 t，德国 ICE 高速列车动力车的轴重为 19.5 t。尽管这些高速列车的最大轴重比较高，但由于整列车中大量拖车的轴重较轻，因此，列车的平均轴重也较低。如德国 ICE 高速列车的平均轴重只有 12 t。

牵引动力分散配置形式的高速列车，由于其构成大部分或全部为动力车，因此，其最大轴重要低于牵引动力集中配置形式的高速列车，但其平均轴重则显然要高。例如：日本 0 系列高速列车的最大轴重为 16 t、平均轴重为 15.1 t；100 系列高速列车的最大轴重为 15 t、平均轴重为 14.1 t；300 系列高速列车，由于采用三相异步交流电机、铝合金车体、直径为 860 mm 的小车轮以及降低车顶高度等一系列新技术和新措施，其最大轴重降至 14 t，平均轴重降至 11.1 t。应当指出，日本 300 系列高速列车平均轴重降至 11.1 t 是因为在整列车中拖车的比重加大的结果，基本上形成了动力集中的方式。

总体而言，要开行高速列车，毫无疑问应降低列车的轴重（包括最大轴重和平均轴重）。因为在其他条件相同的情况下，轴重大的列车对线路的影响和破坏作用也大。

最大轴重要根据本国的线路、运营情况，在保证安全、可靠、稳妥、舒适的前提下加以确定。如日本将最大轴重限度定为 16 t，法国最大轴重限度定为 17 t。国际铁路联盟（UIC）根据当时高速列车开行的现状，将动力分散形式的动力车的最大轴重限度定为 17 t（最高运行速度为 160～300 km/h），将拖车的最大轴重限度定为 16 t（最高运行速度为 160～250 km/h）；动力集中形式的机车最大轴重限度定为 22.5 t。而德国 ICE 高速列车动力车的最大轴重限度定为 19.5 t。

应当指出，牵引动力集中配置的高速列车，由于列车组成中有大量的拖车，因此，导致全列车的平均轴重较小；而动力分散配置的高速列车，其列车的平均轴重都大于动力集中配置的高速列车。平均轴重低可以减少线路建设投资，列车行驶时可以减轻对线路的动力作用，从而降低线路的检修和养护费用。

2. 簧下质量

机车车辆的簧下质量指因轨道不平顺而产生的冲击响应，它直接影响到钢轨、轨枕、道床乃至路基。在其他条件相同的情况下，簧下质量越大，对线路的破坏作用就越大。同时，随着列车运行速度的提高，这种作用也随之增大。

簧下质量的限制与轨道上部结构质量、轨面伤害、车轮不圆度及自身动平衡、线路的质量及养护水平等多种因素有关。为了对不同机车车辆簧下质量的影响进行比较，通常采用等效簧下质量的概念。对于高速列车的动力车，其等效簧下质量不仅包括轮对、轴箱等簧下部分的质量，还需将各轴牵引电动机的转动惯量，以及经由齿轮传动的电枢转动惯量的影响包括在内。一些国家的高速列车动力车的每轮等效簧下质量分别为：日本 0 系列及 100 系列高速列车为 1.1 t，法国 TGV 高速列车为 1 t，德国 ICE 高速列车为 0.95 t。

从上述所列的数据可以看出，牵引动力集中配置的高速列车动力车的每轮等效簧下质量略低于动力分散配置的高速列车的数值。

3. 黏着利用和加速性能

充分利用黏着是高速列车牵引动力设计时的一个重要指导理念。

一般来讲，黏着系数随着列车运行速度的提高而下降，因此，初期动力分散配置的高速列车就以增加动轴的数量，来保证高速运行时有足够的牵引力。但是，随着电子技术的发展，新型防滑装置的采用，使动力车可以取较大的黏着系数，用较少的动轴即可满足牵引力的要求。

动力分散配置的高速列车大部或全部为动力车，因此，具有较大的黏着启动牵引力和较好的启动加速性能；而动力集中配置的高速列车在黏着利用方面较差。目前，由于采用三相交流传动技术，动力集中配置型动力车的轴牵引功率已大大提高，从而使其加速性能不亚于动力分散配置型。

4. 列车总功率和轴功率

高速列车在其牵引质量和速度目标值确定之后，无论采用动力集中配置还是动力分散配置，所需的列车总功率基本上是相同的。两者的区别仅在于动力分散配置型列车的动轴多、单轴功率小；而动力集中配置型的动轴少、单轴功率大。

对于轴功率，由于高速列车采用了交流同步电机牵引，所以其轴功率大大提高，如法国的 TGV-A 高速列车其动力车的轴功率提高到 1 100 kW；德国的 ICE 高速列车其动力车的轴功率已达到 1 200 kW。

当需要扩大高速列车编组时，两种配置方式均可通过增加动轴的数量来满足要增加列车总功率的需求，即动力分散配置型可在列车中部增加牵引单元；而动力集中配置型则可将邻接动力车的拖车转向架改为动力转向架。

当需要提高列车速度时，两种配置方式都需要通过减少拖车的数量来实现。

5. 制动距离

对于两种配置方式，只要制动力不超过黏着允许范围，当列车重量相同、制动功率相等时，其制动距离都是一样的。

动力集中配置型列车虽然其动轴数少，但大量拖车车轴上有足够的空间可用于安装作用性能良好的盘形制动装置和防滑设备，可使制动黏着系数的利用值提高，制动距离不会比动

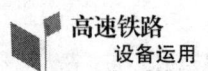

力分散配置型大。例如：法国 TGV-A 高速列车在速度 270 km/h 时的紧急制动距离为 2 700 m、220 km/h 时的紧急制动距离为 1 700 m，黏着系数利用值平均达到 0.1；日本 951 型全动轴列车，在速度 250 km/h 时的紧急制动距离为 2 950 m、210 km/h 时的紧急制动距离为 1 950 m，黏着系数利用值平均为 0.094。

6. 受　流

高速列车绝大部分采用电力牵引，高速受流是一项重要的技术性能指标。高速受流的稳定性可用受电弓离线率来表征。

动力分散配置型的高速受流是多弓受流，如日本 100 系列高速列车需要升起 6 个受电弓。这种多个升起的受电弓，会引起很大的噪声，甚至连隔音墙都无法挡住；同时，由于多个受电弓相距很近，所以受电过程中引起接触网导线产生复杂的多层波动，而这些受电弓又无法跟随处于波动中的导线，导致频繁的受电弓离线，伴随频繁的飞弧发电效应，不仅损失电能，严重时甚至使动力车无法稳定工作。实际离线率超过 10%，导致接触导线波状磨耗，减少了使用寿命。现在，动车升弓已减少到 2～4 个，正在向动力相对集中方向发展。

动力集中配置型的高速列车，升弓数量仅为 1 个或 2 个。尽管离线率标准定在 5% 以下，但很少发生离线现象，避免了电弧放电，电磁干扰，使高速受流比较完善。

三、传动方式与传动装置

高速列车的牵引传动绝大部分采用电力牵引传动方式，即使个别采用内燃牵引的高速列车也是采用电传动方式。电传动方式是指将外部输入的能源（如电力电动车）或本身产生的能源（如内燃电力车）通过一整套电能变换和传递装置，将电能转换为机械能，驱动动轮轮对以牵引列车的传动方式。这种进行电能变换和传递的装置称为电传动装置。

按照电传动装置所采用的牵引电动机类型，电传动方式可分为两大类。

（1）以直流牵引电动机为动力的直流电传动方式。

（2）以交流牵引电动机为动力的交流电传动方式，交流电传动方式又根据采用的同步或异步牵引电动机的不同，分为交流同步电传动方式和交流异步电传动方式。

早期投入运用的高速列车大部分采用直流电传动方式。但随着大功率可控硅变流技术的发展，使三相交流传动技术得到了实际应用，从而相继出现了交流同步电传动方式和交流异步电传动方式。

（一）直流电传动

直流电传动根据牵引供电系统的不同分为直-直流电传动和交-直流电传动。

（1）直-直流电传动是指由直流供电系统供电，直流牵引电动机为动力的传动方式。该种传动方式的设备简单、技术可靠，因此，在电气化早期采用。但由于它有一些缺点，如接触网电压受直流牵引电动机电压的限制而不能大幅度提高、接触网使用的有色金属较多、牵引变电所数量多等，因此，直-直流电传动不可能得到进一步的发展。

（2）交-直流电传动是指由单相交流供电系统供电（供电频率分为工频或低频），交流牵引电动机为动力的传动方式。交-直流电传动的原理电路图，如图 5-2-2 所示。动力车通过受电弓从接触网获取单相交流电源（电源电压为 25 kV、频率 50 Hz，个别北欧国家采用 15 kV、16×2/3 Hz），经电源变压器降压后再由整流装置将交流电变为直流电，再经平波电抗器向交流牵引电动机供电，实现电能向机械能的转换。

目前，世界上一些国家的高速列车，如日本的 0 系列和 100 系列、法国的 TGV-PSE、英国的 IC 225、意大利的 ETR 450 等均采用这种交-直流电传动方式。

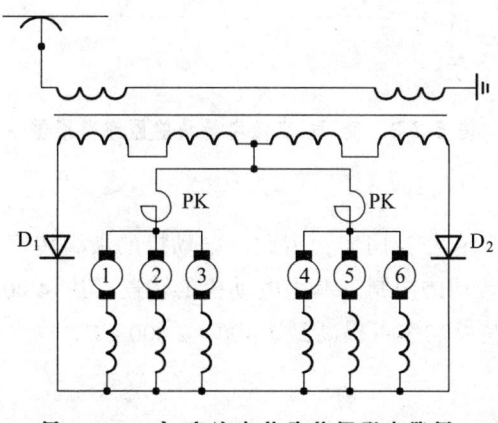

图 5-2-2　交-直流电传动的原理电路图

（二）交流电传动

电力牵引从直流制转为交流制，是铁路电气化技术的进步，单相工频交流制具有许多优点。
（1）可以提高动力车的牵引功率，为高速运行提供最根本的保障。
（2）可以实现高压输电，减少变电站的数量，从而降低投资。
（3）减少有色金属的用量（可减少 60% 左右）。
（4）可以降低能耗约 1/2，从而降低运营支出。
（5）可以避免直流电腐蚀地下设施。

交流电传动是以交流牵引电动机为动力的一种传动方式。交流牵引电动机与直流牵引电动机相比具有功率大、转速高、体积小、重量轻、成本低、结构简单、运用可靠、维修方便等优点。特别是晶闸管技术和大功率逆变技术的应用，使得在大功率条件下交流电的变频得以顺利实现，可以使交流牵引电动机的转速与转矩能够得到快速、平稳、精确的控制。因此，世界各国在选用高速列车的电传动方式时，采用以三相交流同步牵引电动机和三相交流异步牵引电动机为动力的传动方式。

交流电传动形式很多，主要有交-直-交电传动和交-交电传动。

1. 交-直-交电传动

交-直-交电传动的特点是在交流电源和交流输出之间有一个直流环节。如图 5-2-3 所示为交-直-交电传动的原理电路图。动力车通过受电弓从接触网获得单相交流电源，经牵引变压器降压后由整流装置变换为直流电源，然后经中间环节——L、C 滤波和储能装置送入逆变器，再经逆变器将直流电变换为振幅和频率可调的三相交流电，供给三相交流同步（或异步）牵引电动机。如德国 ICE 高速列车就采用交-直-交三相异步电传动方式。三相交流牵引电动机具有许多优点。

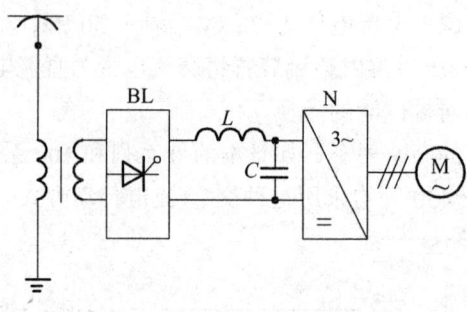

图 5-2-3　交-直-交流电传动的原理电路图

1）功率大、转速高

由于交流牵引电动机不存在换向器，因此，电动机的最高转速不受换向器表面速度和换向性能的限制，只受齿轮传动的限制，牵引电动机的转速可达 4 000 r/min，在相同的转矩下有较大的功率，电动机的持续功率可提高到 1 400～2 000 kW，完全能够满足高速列车的牵引要求。

2）有较好的黏着性能

三相交流牵引电动机的机械特性硬，轮轨间的黏着利用和防空转的性能好。

3）运行可靠、结构简单、坚固耐用

三相异步牵引电动机的鼠笼式转子，抗潮湿、耐冲击，启动时还可承受数倍的过载能力。

4）体积小、质量小

三相交流牵引电动机的体积和质量要比同等功率的其他电动机小，这样可以降低轴重，减轻轮轨间的动力作用，对高速动力车而言是十分有利的。

2. 交-交电传动

交-交电传动方式的特点是单相交流电源不经中间直流环节，直接变换为频率可调的三相交流电，供给同步或异步牵引电动机。交-交电传动的原理电路图如图 5-2-4 所示。

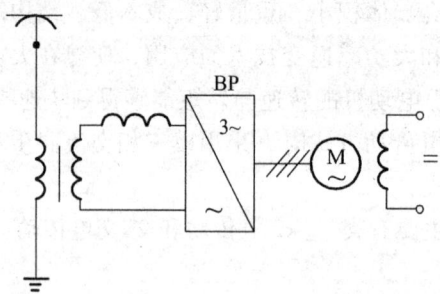

图 5-2-4　交-交流电传动的原理电路图

动力车通过受电弓从接触网获取单相交流电源，经牵引变压器降压后，通过一个或几个变频装置，直接变换为可变频率的三相交流电，向三相交流同步（或异步）牵引电动机供电。如法国 TGV-A 高速列采用的就是交-交三相同步电传动方式。

复习思考题

1. 简述电气化铁道牵引供电系统的组成。
2. 发电厂发出的电是通过哪些设备送到电力机车上去的?
3. 牵引变电所设置在什么地点?牵引变电所的作用是什么?
4. 牵引供电系统有哪几种供电方式?
5. 直接供电方式和自耦变压器供电方式都有哪些优缺点?
6. 接触网有几种悬挂方式?各有哪些优缺点?

第六章　高速铁路信号与通信设备

铁路信号与铁路通信设备是组织指挥列车运行、保证行车安全、提高运输效率、改善行车人员劳动条件的关键设施，是计算机技术、网络技术、现代通信和控制技术在铁路运输生产过程中的具体应用，属于信息与控制学科范畴。随着铁路现代化以及高速铁路的快速发展，信号与通信设备在铁路运输中担负着越来越重要的作用，各种新设备不断出现，技术水平更新换代日益加快。

第一节　铁路信号基础

一、铁路信号概述

铁路信号设备是铁路用于指挥与控制列车安全运行的信号、联锁、闭塞设备的总称。它的作用是在保证列车运行和调车工作安全的基础上，提高铁路的通过能力。

（一）铁路信号的意义

铁路信号是指示列车运行及调车工作的命令，有关行车人员必须严格执行。它的作用就是向有关人员发出行车指示与行车条件，从而在保证行车安全的基础上提高劳动生产率和运输效率，并改善运输人员的劳动条件。在现代化铁路运输中，信号将越来越显示出其重要作用。

（二）铁路信号的分类

铁路信号包括听觉信号和视觉信号。

1. 视觉信号

视觉信号是以物体或灯光的颜色、形状、位置、数目或数码显示等特征表达的信号。如用信号机、机车信号、信号旗、信号灯、信号牌、信号表示器、信号标志及火炬等显示的信号都是视觉信号。

视觉信号又可分为固定信号、移动信号和手信号。

固定信号是指在固定地点安装的铁路信号，它是铁路的主要信号。临时设置的信号牌、信号灯等叫作移动信号。用手拿的信号灯、信号旗或手势显示的信号叫作手信号。

在我国铁路上，规定用红色、黄色、绿色作为信号的基本颜色，以月白色、蓝色等作为信号的辅助颜色。各种颜色所代表的意义如下：

红色——停车；

黄色——注意或减速运行；

绿色——准许按规定速度运行；

月白色——允许越过该信号机调车作业；

蓝色——不允许越过该信号机调车作业。

2. 听觉信号

听觉信号是以不同器具发出音响的强度、频率和音响的长短等表达的信号。如用号角、口笛、响墩发出的音响以及机车、轨道车鸣笛等发出的信号，都是听觉信号。

二、铁路信号基础设备

铁路信号基础设备包括继电器、信号机及信号表示器、轨道电路、转辙机等。

（一）继电器

继电器是一种电控器件，它具有控制（又称输入回路）与被控制（又称输出回路）的特点，通常应用于自动化的控制电路中，它实际上是一种用小电流去控制大电流运作的"自动开关"。继电器在电路中具有自动调节、安全保护、转换电路等作用。铁路信号电路中主要利用继电器建立设备间的逻辑关系，从而实现控制进路、信号机、道岔三者的联锁关系，同时控制室外设备动作电路（如信号机点灯电路、道岔启动及表示电路、轨道电路）。

1. 继电器结构及原理

1）继电器的组成

继电器由接点系统和电磁系统两大部分组成。电磁系统由线圈、固定铁心、轭铁以及可动衔铁组成；接点系统由动接点和静接点组成。如图 6-1-1 所示。

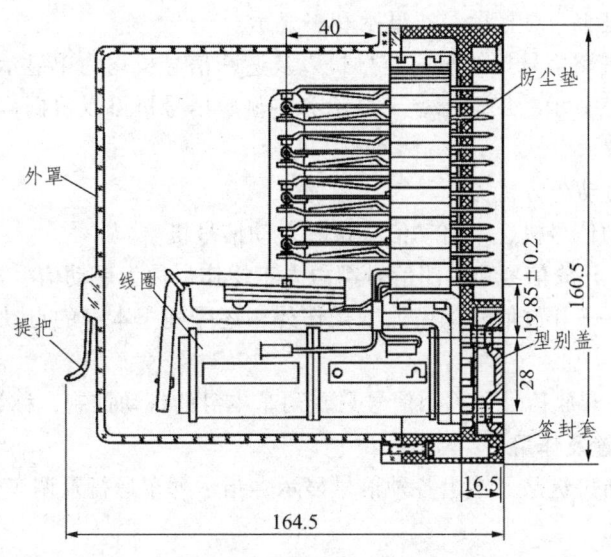

图 6-1-1　直流无极继电器（单位：mm）

2）继电器动作原理

当线圈中通入一定数值的电流时，由于电磁作用或感应产生电磁力而吸引衔铁，由衔铁带动接点系统接通上接点电路；反之，则断电失磁，衔铁利用重力落下，由衔铁带动接点系统接通下接点电路。

2. 继电器的分类

信号继电器是铁路信号中所用各类继电器的统称。安全型继电器是信号继电器的主要定型产品，采用 24 V 直流系列的重弹力式直流电磁继电器，其基本结构是无极继电器，依靠电磁原理使其吸合，依靠重力使其复原，利用其接点控制相应的电路。在无极继电器的基础上，派生出了加强接点继电器、整流式继电器、有极继电器、偏极继电器和单闭磁继电器等以满足电路的不同要求。

（二）信号机及信号表示器

信号机和信号表示器构成信号显示，用以发出指示列车运行和调车作业的命令。

1. 信号机的种类

1）按发出信号的机具分

信号机分为色灯信号机、LED 信号机、臂板信号机、信号表示器和信号标志等。

2）按信号机的用途分

信号机分为进站、出站、进路、调车、通过、遮断、防护、预告、驼峰、复式及引导信号机等。

进站、出站、进路、通过、遮断、防护等信号机，都能独立地显示信号，指示列车运行，叫作主体信号机；预告信号机和复示信号机等，本身不能独立存在，而从属于某种信号机，所以这些信号机叫作从属信号机。例如：进站预告信号机便是从属信号机，进站信号机是它的主体信号机。

3）按信号的显示数目分

信号机分为单显示、二显示、三显示和多显示。

出站信号机和进路信号机的复式信号机以及遮断信号机均为单显示信号机，单显示信号机平时不着灯，没有显示。二显示、三显示和多显示信号机可以根据信号机的用途和需要指示的运行条件来设置。

4）按信号机的动作方式分

信号机分为手动信号机、半自动信号机和自动信号机。

手动信号机——开放信号和关闭信号都由人工操作，称为手动信号机。

半自动信号机——开放信号除由人工操作外，还受列车本身的自动控制，称为半自动信号机。

自动信号机——开放信号和关闭信号只受列车本身的自动控制，称为自动信号机。

2. 信号机的设置及作用

信号机是用来防护进路、给出各种信号显示、指示列车运行及调车作业的。

1）进站信号机

进站信号机的作用是：防护车站，指示进站列车的运行条件，完成联锁任务，保证进路安全可靠。因此，车站在列车的入口处，都必须装设进站信号机。

在进站色灯信号机上均应装设引导信号，以便信号机临时发生故障或向非接车进路接车等其他原因不能开放信号时使用。

2）出站信号机

出站信号机装设在有发车进路的车站正线和到发线端部，用来防护区间，作为列车占用区间的凭证，指示列车是否可以进入区间；与发车进路及敌对进路相互联锁，信号开放后保证发车进路安全；指示列车在站内的停车位置。出站信号机一般兼作调车信号机。

3）进路色灯信号机

进路色灯信号机的作用：在有几个车场的车站，为指示列车由一个车场开往另一个车场，应设进路色灯信号机，用以防护列车从一个车场转线到另一个车场时的转场进站。

4）通过信号机

通过信号机的作用：当通过信号机装设在自动闭塞区段时，是作为指示列车能否进入闭塞分区之用；装在非自动闭塞区段线路所处的通过信号机，是作为指示列车能否进入所间区间之用。

通过信号机或区间信号标志牌应设在闭塞分区或所间区间的分界处，不应设在牵引供电分相的处所。

高速铁路闭塞分区的划分，应满足动车组列控车载设备按照目标距离模式控车和未装备列控车载设备的列车按四显示自动闭塞行车的要求。

5）遮断信号机

遮断信号机的作用：为防护道口、桥梁、隧道以及塌方落石等危险地方而设置的信号机。遮断信号机仅防护本线路，当有多线路时需单独设置，而且线路两个方向亦必须分别设置。

6）预告信号机

预告信号机的作用：预告进站信号机等主体信号机的显示。在非自动闭塞区段，进站信号机为色灯信号机时，应设色灯预告信号机。在自动闭塞区段，进站信号机前方的通过信号机，已经起到了预告信号机的作用，所以不再装设预告信号机。

7）调车色灯信号机

调车色灯信号机的作用：为保证列车在站内的行车安全，凡影响列车作业的调车进路，均应设置调车信号机。调车信号机要根据调车作业的实际需要装设。

8）驼峰色灯信号机

为了提高编解作业效率、保证安全及改善调车人员的劳动条件，在峰顶平台与加速坡连接处的峰顶线路最高处，装设驼峰色灯信号机。

当在驼峰上调车时，主要是推送解体作业，不利于调车司机瞭望信号，所以驼峰色灯信机都装设驼峰复示信号机。另外，为了便于司机瞭望，在到达场设置驼峰色灯辅助信号机。

9）复示信号机

进站、出站、进路及半自动闭塞区段线路所的通过信号机，因受地形、地物影响，当达不到规定的显示距离时，应在其主体信号机显示能达到的最远处设置复示信号机，以保证信号的连续显示。

3. 色灯信号机的结构

色灯信号机按结构可分为透镜式、组合式和 LED 式 3 种。

1）透镜式色灯信号机

透镜式色灯信号机（多灯信号机）是以凸透镜组为集光器的色灯信号机，透镜组由无色的外透镜和有色的内透镜组成，显示的颜色取决于内透镜的颜色，多种颜色由多个灯位完成显示。

透镜式色灯信号机结构简单、易维修，但光通量不能充分利用，在曲线线段上不能连续显示。

透镜式色灯信号机有高柱和矮型两种类型，各有单机构和双机构之分，单机构可构成单显示、二显示、三显示；双机构可构成四显示、五显示。

透镜式色灯信号机每个灯位由灯泡、灯座、透镜组、遮檐和背板等组成，如图 6-1-2 所示。

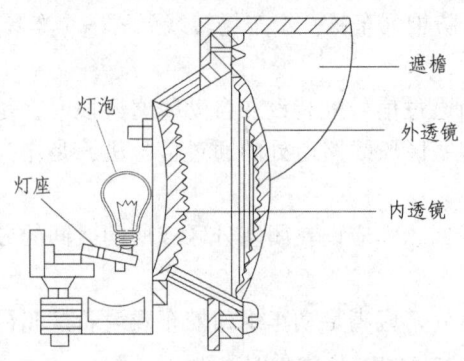

图 6-1-2　透镜式色灯信号机结构

2）组合式色灯信号机

组合式色灯信号机克服了透镜式色灯信号机的缺点，信号灯泡发出的光由反射镜会聚，经滤色片变成色光，再由非球面镜聚成平行光束，偏散镜折射偏散，保证信号显示在曲线线段上的连续性，适用于瞭望困难的线路，如曲线半径为 300 ~ 20 000 m 的各种曲线和直线轨道上。信号机构采用组合形式，一个灯位为一个独立单元，配一种颜色，使用时根据需要进行组合，是理想的更新换代产品。如图 6-1-3 所示。

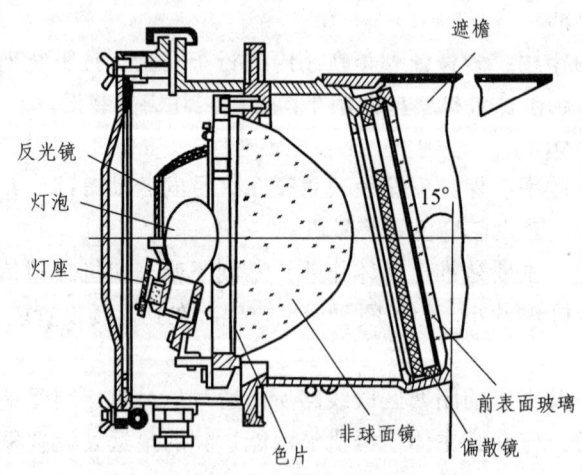

图 6-1-3　组合式色灯信号机结构

3）LED 信号机

LED 小型信号机采用高亮度发光二极管（LED）作为信号机构的发光器件，采用高强度聚碳酸酯材料用于多点 LED 聚焦的蜂房式透镜，大幅度提高了 LED 显示距离；采用铸铝外壳的密封拼装组合结构，使信号机构的宽度由 260 mm 降低到 150 mm，机箱宽度由 200 mm 降低到 170 mm，实现了信号机构的小型化。

LED 小型信号机构由密封铸铝机壳、聚碳酸酯蜂房状透镜组、LED 集成光源、防雷单元、相关辅助电路几部分组成。

其类型按使用功能和信号显示单元的大小分为主体信号机构和辅助信号机构（引导、进路指示器）；按信号显示单元的多少又可分为三显示信号机构、二显示信号机构和一显示信号机构。其主体信号显示距离不小于 400 m，辅助信号显示距离不小于 200 m。显示颜色包括红、黄、绿、白、蓝五种颜色，与色灯信号机构颜色一致。

4. 信号表示器

信号表示器与信号机不同，信号机是用来防护进路、防护区间、防护危险地点的；信号表示器则没有防护意义，仅用来表示行车人员的意图、行车设备的状态及信号机显示的附加意义等。常见的信号表示器有下列几种。

1）道岔表示器

道岔表示器仅表示道岔的开通位置（开通直向或侧向），不指示列车或调车机运行。

2）进路表示器

进路表示器通常装在连接 2 个或 3 个运行方向的出站信号机上，用以区分发车进路的开通方向。进路表示器不能独立构成信号显示，只能在出站信号机开放后，才能显示白色灯光。

3）发车表示器

只有在具备出站信号机开放条件、车站值班员指示发车的条件后，运转车长才能开放发车表示器，指示列车出发。

此外，还有脱轨表示器、发车线路表示器、调车表示器、水鹤表示器、车挡表示器。

（三）转辙机

1. 转辙机的作用

转辙机用以可靠地转换道岔位置、改变道岔开通方向、锁闭道岔尖轨、反映道岔位置。转辙机以动力带动转辙装置，实现正转或反转，从而使道岔具有两种不同的开通位置（开通直股或侧股）。

2. 转辙机的分类

1）按动作能源和传动方式分类

转辙机按动作能源和传动方式可分为电动转辙机、电动液压转辙机和电空转辙机。

① 电动转辙机由电动机提供动力，采用机械传动的方式。

② 电动液压转辙机简称电液转辙机，由电动机提供动力，采用液力传动方式。

③ 电空转辙机由压缩空气作为动力，由电磁换向阀控制。

2）按供电电源种类分类

转辙机按供电电源种类可分为直流转辙机和交流转辙机。

① 直流转辙机采用直流电动机，工作电源是直流电。

② 交流转辙机采用交流三相电源或单相电源供电，电动机为三相异步电动机或单相异步电动机。

3）按动作速度分类

转辙机按动作速度可分为普通转辙机（转换道岔时间在 3.8 s 以上）和快动转辙机（转换

道岔时间在 0.8 s 以下,用于调车场分路道岔)。

4)按锁闭方式分类

转辙机按道岔锁闭方式可分为内锁闭转辙机和外锁闭转辙机。

①内锁闭转辙机依靠转辙机内中的锁闭装置锁闭道岔。

②外锁闭转辙机依靠转辙机外部的锁闭装置锁闭道岔,将尖轨直接锁于基本轨上。

(四)轨道电路

1. 轨道电路的构成及工作状态

轨道电路是利用铁路的两条钢轨作为导线,所构成的电气回路。它可以反映线路和道岔区段是否有车占用、钢轨是否完整,还可以监督线路占用情况以及将列车运行与信号显示联系起来。

轨道电路的作用是监督钢轨线路是否有车占用,是通过区段内的列车轮轴将两条钢轨短路(分路),以检查线路上有无列车占用的电路。

轨道电路有 4 种状态:调整状态(无车占用)、分路状态(有车占用)、断轨故障状态、短路故障状态。

轨道电路工作原理,如图 6-1-4 所示。

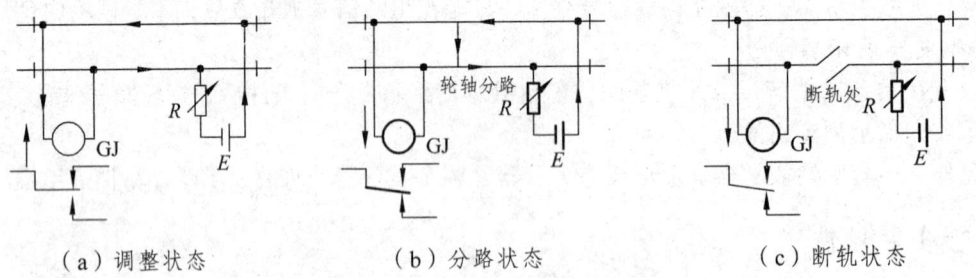

图 6-1-4 轨道电路状态原理示意图

1)调整状态

从轨道电路的工作原理图中可以看出:当轨道电路的两根钢轨完好又无列车占用时,电源电流通过两根钢轨和接收设备——轨道继电器 GJ,使它有电励磁吸起衔铁,并且闭合其前接点,反映了轨道电路的空闲——调整状态,如图 6-1-4(a)所示。

2)分路状态

当有列车占用轨道区段时,电源电流被列车轮轴分路,使 GJ 由于得不到足够的电流而失磁落下,并且闭合其后接点,反映了轨道电路被占用——分路状态,如图 6-1-4(b)所示。

3)断轨状态

当轨道电路发生断轨或断线等故障时,同样使 GJ 接收电流减少而 GJ 失磁落下,反映出轨道电路故障——断轨状态,如图 6-1-4(c)所示。

4)短路故障状态

当轨道电路区段无列车占用时,由于钢轨辅助设备的不正常接触,或外界短路线造成两根钢轨之间短路(此时的短路也是分流),使 GJ 由于得不到足够的电流而失磁落下,并且闭合其后接点,视为短路故障状态。

由上述轨道电路的工作状态可知:轨道电路可以检查钢轨线路上的列车运行情况及线路

的完整状态，将这些信息连续地传递到自动控制系统中去，从而可以迅速准确地指挥列车运行。

2. 轨道电路的分类

（1）轨道电路按钢轨绝缘分类，可分为有绝缘轨道电路和无绝缘轨道电路。

（2）轨道电路按构成方式分类，可分为开路式轨道电路和闭路式轨道电路。

（3）轨道电路按供电方式分类，可分为连续轨道电路和脉冲轨道电路。

（4）轨道电路按信号电流分类，可分为直流轨道电路和交流轨道电路。

（5）轨道电路按频率分类，可分为 25 Hz 轨道电路、50 Hz 轨道电路和移频轨道电路等。

第二节 联锁设备

一、联锁的基本概念

在铁路车站上，为了保证机车车辆和列车在进路上的安全，有效利用站内线路，高效率地指挥行车和调车，改善行车人员的劳动条件，利用机械、电气自动控制和远程控制、计算机等技术和设备，使车站范围内的信号机、进路和进路上的道岔相互具有制约关系，这种关系称为联锁。为完成联锁关系而安装的技术设备称为联锁设备。

联锁的基本内容包括：联锁作用和联锁要求。

1. 联锁作用

（1）防止建立会导致机车车辆相互冲突的进路。

（2）必须使列车或调车车列经过的所有道岔均锁闭在与进路开通方向相符合的位置。

（3）必须使信号机的显示与所建立的进路相符合。

2. 联锁要求

（1）进路上各区段空闲时才能开放信号。

（2）进路上有关道岔在规定位置时才能开放信号。

（3）敌对信号未关闭时，防护该进路的信号机不能开放。

这 3 点是联锁最基本的 3 个技术条件，只有满足了这 3 个条件，联锁才能成立，列车进路与调车进路才能安全进行。

二、联锁设备的种类

控制车站的道岔、进路和信号，并实现它们之间相互制约关系的设备，叫作联锁设备。联锁设备分为集中联锁和非集中联锁，目前，广泛采用的是集中联锁。

（一）6502 电气集中联锁

6502 电气集中联锁包括室内设备和室外设备，如图 6-2-1 所示。室内设备有控制台、区段人工解锁按钮盘、继电器组合及组合架、电源屏、分线盘等。室外设备有信号机、电动转辙机、轨道电路以及连接室内、外设备的电缆线路等。

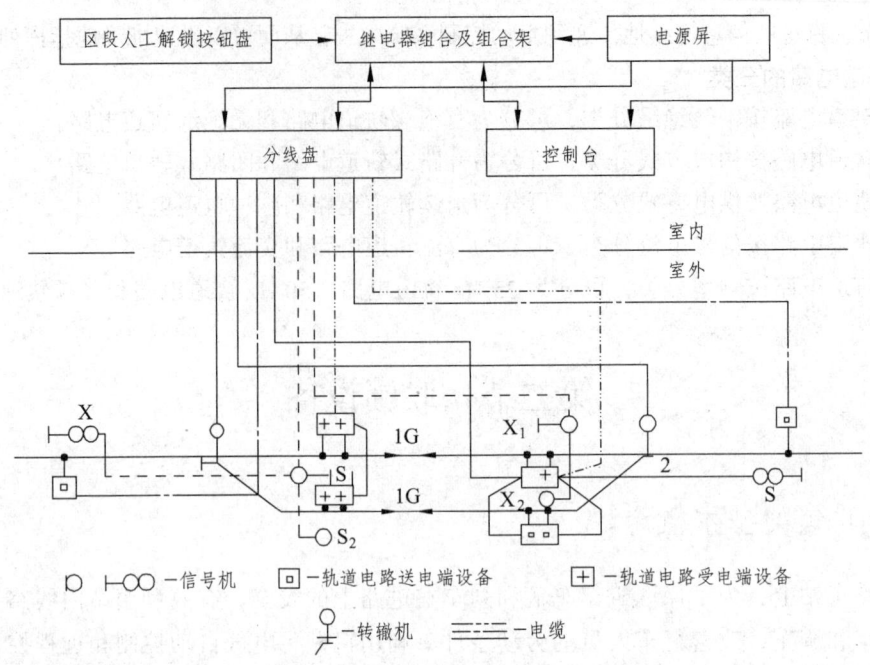

图 6-2-1　6502 电器集中联锁

1. 室内设备概况

电气集中室内设备一般设置在信号楼内，信号楼是车站的控制中心。

1）控制台

在信号楼车站值班员室内设有控制台。控制台的盘面是按照每个车站站场的实际情况布置的，盘面上的模拟站场线路、接发车进路方向、道岔和信号机位置均与站场实际位置相对应。6502 电气集中控制台是用各种标准的单元块拼装而成的，称为单元控制台。在控制台盘面上设有各种用途的按钮和表示灯，以及电流表。在控制台中部设有供车站值班员使用的工作台，背面下部设有配线端子板、熔断器及报警电铃。

控制台的作用是车站值班员集中控制和监督全站的道岔、进路和信号机，指挥列车运行和调车作业的；也可供信号维修人员分析判断控制系统故障范围。

2）区段人工解锁按钮盘

在离控制台一定距离的室内，装设区段人工解锁按钮盘。

人工解锁按钮盘的作用是控制台操作时的辅助设备，当轨道电路区段因故障不能正常解锁时，用它办理故障解锁；在更换继电器或停电恢复后，用来使设备恢复正常状态；在用取消进路办法不能关闭信号时，可用它关闭信号。

3）继电器组合及组合柜（架）

在信号楼继电器室内设置有继电器组合及组合柜（架）。在电气集中车站需要大量继电器，把具有相同控制对象的继电器按照定型电路环节组合在一起，叫作继电器组合，简称组合。

4）电源屏

在信号楼继电室或电源室设置有电源屏，电源屏是电气集中的供电设备。一般要求有两路可靠的电源，即主电源和副电源。主、副电源引至信号楼内，要能够自动和手动相互切换，经过稳压、隔离、变压或整流后，不间断的供给电气集中需用的各种交流电源和直流电源。

5）分线盘

在室内电缆引出处还设有分线盘。电气集中的室内与室外连接导线都必须经过分线盘端子，它是室内、外电缆的汇接处。

此外，在车站继电器室内还设有区间闭塞设备、车站电码化设备、微机监测系统和 TDCS 分机等设备，在 CTC 区段还设有车站自律机（此时不设 TDCS 分机），在速度为 200 km/h 的区段内还设车站列控中心。

2. 室外设备

电气集中室外设备主要有信号机、转辙机、轨道电路以及电缆和电缆连接箱盒。

（二）计算机联锁

计算机联锁是用微型计算机和其他一些电子、继电器件以及各种计算机软件组成的具有故障—安全性能的实时控制系统，其联锁层功能是通过联锁计算机对采集到的联锁数据进行联锁运算而实现的。

1. 计算机联锁的结构

对于计算机联锁系统，一般整个系统可以分为 3 个层次，即人机会话层、联锁测控层和执行层。对操作台的操作命令可进行预处理，还可以与上级系统联网，构成更高一级的测控系统（调度集中系统 CTC）或信息处理系统（调度信息管理系统 DMIS 或 TDCS）。而联锁测控计算机可以集中其全部能力来实现高可靠性与高安全性的联锁测控功能。

对应 3 个层次，可用 3 种计算机来承担各层的任务。不同的计算机因其承担的任务不同，为提高可靠性和安全性所采取的冗余技术各不相同。如图 6-2-2 所示。

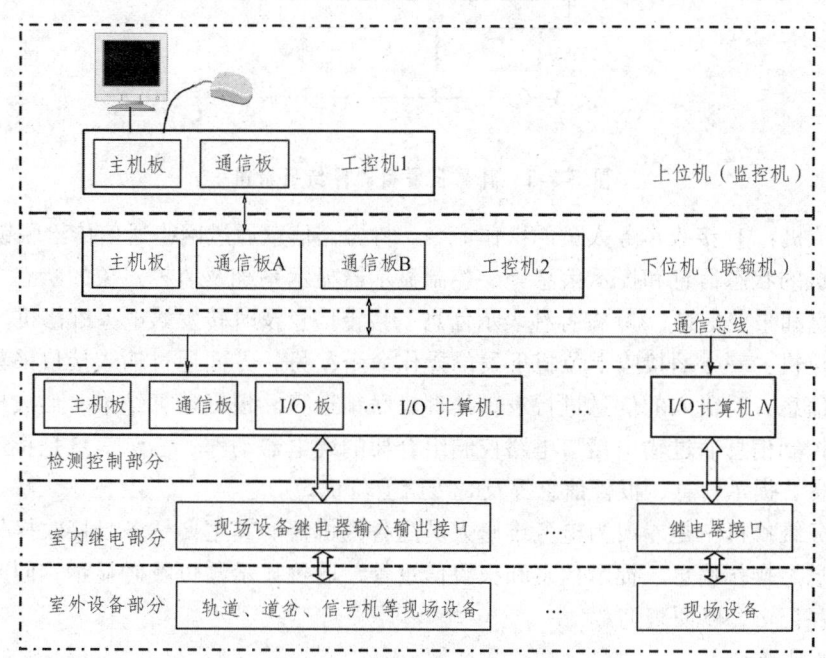

图 6-2-2　计算机联锁系统网络层次图

2. 设备组成

计算机联锁由人机对话层、联锁运算层、执行表示层和室外设备组成。室外设备基本上与6502继电联锁一致。

1）计算机

计算机是计算机联锁系统的核心，它要完成所有信息的处理、接口管理及与外部设备的信息交换。由于计算机联锁系统接收和处理的信息有很多，而且许多信息在时间上重叠，为了避免信息丢失，提高系统的运行速度，目前，应用的各种型号的计算机联锁设备均采用多主系统，即将人机对话、联锁运算、系统监测等功能分别用不同的主机来处理。因此，如图6-2-3所示的计算机系统（主机）是由几个子系统组成的，一般包括上位机（也称操作表示机或控制显示机或监视控制机）、下位机（也称联锁处理机）、电务维修机（也称监测机）等。各部分计算机的功能如下。

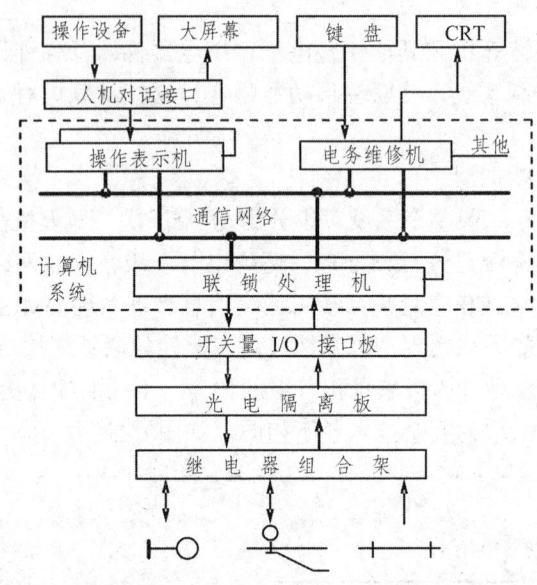

图 6-2-3　计算机联锁硬件结构框图

（1）上位机：① 接收车务人员的操作命令，将操作信息通过网络通信传给联锁机；② 接收来自联锁机的状态信息和提示信息等，控制显示器显示系统及监控对象的状态，及时显示各种提示信息和报警信息；③ 将各种表示信息、报警信息及时转发给电务维修机。

（2）下位机：一方面接收上位机下发的操作命令；另一方面通过输入接口采集现场信号设备的状态信息，对输入的信息进行逻辑处理、联锁运算。根据运算结果，形成控制命令和表示信息。控制信息通过输出接口电路控制组合架的继电器动作；表示信息是将现场信号设备的状态信息、提示信息、报警信息等及时传给上位机。

（3）电务维修机：是专门为电务维修人员配备的机器。其主要任务是接收操作表示机发来的状态信息、操作信息、提示信息和报警信息等，通过显示器可及时显示；同时将各种信息的数据储存记忆，以便查询。

2）人机对话设备

目前，使用的计算机联锁系统中，人机对话设备均采用操纵与表示分离的方式。操纵设备主要有按钮盘或数字化仪、鼠标等；表示设备主要有大屏幕显示器和大屏幕表示盘。此外，还有供电务维修人员维护监测使用的键盘、鼠标及显示器等。

3）通道与接口

通道与接口是连接主机与外部设备的纽带。在计算机联锁系统中，主机一方面通过人机接口接收值班员的操作命令，同时为显示设备提供各种表示信息；另一方面，通过与监控对象之间的输入通道和接口采集现场设备的状态信息，经过逻辑运算后，形成控制命令，通过与监控对象之间的输出通道和接口控制现场的信号设备。

4）继电器结合电路

由于铁路信号对系统的安全性要求非常高，目前，国内的计算机联锁系统受到软、硬件技术水平的限制，还不能完全取消继电器。控制、监督室外信号设备的最后一级执行部件仍然用继电器。一般的系统主要设置以下继电器。

① 对应轨道区段保留轨道继电器（GJ）；

② 对应信号机保留信号继电器（XJ）和灯丝继电器（DJ）等；

③ 对应道岔控制电路保留道岔启动继电器（1DQJ、2DQJ）和表示继电器（DBJ、FBJ）等。

通过保留这些继电器，可以保证继电器对室外信号设备的控制与6502电气集中基本一样。此外，还有控制系统实现双机转换的有关继电器。

第三节 闭塞设备

一、闭塞的概念及技术要求

（一）闭塞的概念

闭塞就是为了避免列车的追尾与冲突而采用信号或凭证来保证列车按照空间间隔制运行的技术方法。空间间隔制就是前行列车和追踪列车之间必须保持一定距离的行车方法。

（二）技术要求

闭塞设备分为半自动闭塞和自动闭塞。

1. 半自动闭塞

半自动闭塞就是人工办理闭塞手续，列车凭信号显示发车后，出站信号机自动关闭的闭塞方法。

半自动闭塞的特征：站间或所间只准运行一列列车，人工办理闭塞手续，人工确认列车完整到达和人工恢复闭塞。

半自动闭塞的技术要求：在有区间占用检查的条件下，可构成自动站间闭塞；其自动办理闭塞手续，列车凭信号显示发车后，出站信号机自动关闭。

自动站间闭塞的特征：有区间占用检查设备，站间或所间区间只准运行一列列车，办理发车进路时自动办理闭塞手续，自动确认列车到达和自动恢复闭塞。

2. 自动闭塞

自动闭塞就是根据列车运行及有关闭塞分区状态，自动变换通过信号机显示而司机凭信号行车的闭塞方法。

自动闭塞的特征：把站间划分为若干闭塞分区，有分区占用检查设备，一般设有通过信号机；站间能实现列车追踪；办理发车进路时自动办理闭塞手续，自动变换通过信号机的显示。

自动闭塞的技术要求：闭塞分区被占用或轨道电路失效时，防护该闭塞分区的通过信号机应自动关闭；当进站及通过信号机红灯灭灯时，其前一架通过信号机应自动显示红灯；双向运行的自动闭塞区段，在同一线路上，当一个方向的通过信号机开放后，相反方向的信号机均需在灭灯状态，与其衔接的车站向同一线路发车信号机开放后，对方车站不得向该线路开放出站信号机。

二、自动闭塞

（一）单向自动闭塞和双向自动闭塞

自动闭塞按行车组织方法可分为单线双向自动闭塞、双线单向自动闭塞和双线双向自动闭塞。

1. 单线双向自动闭塞

在单线区段，既要运行上行列车又要运行下行列车，在线路两侧都要装设通过信号机，这种自动闭塞称为单线双向自动闭塞。

2. 双线单向自动闭塞

在双线区段，以前多采用单向运行的方式，每条线路仅在一侧设置通过信号机，这样的自动闭塞称为双线单向自动闭塞。

3. 双线双向自动闭塞

为了充分发挥运输能力，在双线区段的每条线路上都能双方向运行列车，这样的自动闭塞称为双线双向自动闭塞。其地面通过信号机的设置与双线单向自动闭塞一致，仅在基本运行方向侧设置通过信号机。反方向运行有两种方式，一种是反方向按自动闭塞行车，另一种是反方向按站间闭塞行车，这两种方式的反方向均不设通过信号机，反方向运行的列车是以机车信号显示作为行车命令的，即此时机车信号作为主体信号。

双线单向自动闭塞只防护列车的尾部，而单线双向和双线双向自动闭塞必须对列车的尾部和头部两个方向进行防护。为了防止列车正面冲突，双向自动闭塞设有改变运行方向的电路，平时规定为正方向行车，正方向通过信号机亮灯，反方向通过信号机灭灯。当要改变运行方向时，必须检查区间空闲，由车站值班员按规定办理后才允许改变运行方向。

（二）三显示和四显示自动闭塞

自动闭塞按信号显示制式可分为三显示自动闭塞和四显示自动闭塞。

1. 三显示自动闭塞

三显示自动闭塞，如图6-3-1所示。通过信号机具有3种显示，能预告列车运行前方2个闭塞分区的状态；分2个速度等级，1个闭塞分区的长度满足从规定速度到零的制动距离。

列车在三显示自动闭塞区段运行，越过显示黄灯的通过信号机时开始减速，至次架显示红灯的通过信号机前停车，因此，要求每个闭塞分区的长度绝对不能小于列车的制动距离。

随着列车速度和密度的不断提高,在一些繁忙的客货共线区段,各种列车运行的速度和制动距离相差很大,三显示自动闭塞已不能解决这一矛盾,因此,必须采用四显示自动闭塞(见图 6-3-2)。

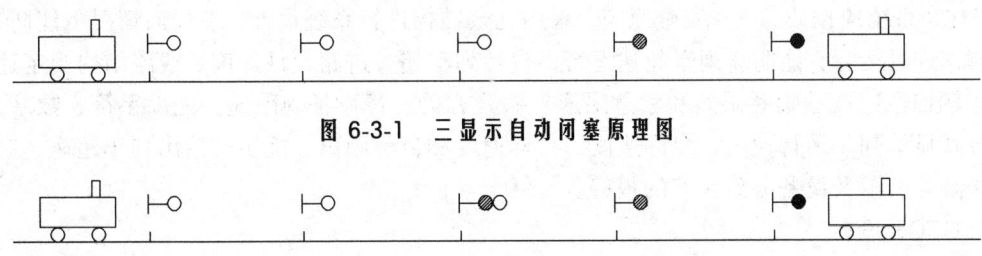

图 6-3-1　三显示自动闭塞原理图

图 6-3-2　四显示自动闭塞原理图

2. 四显示自动闭塞

四显示自动闭塞,如图 6-3-2 所示。通过信号机具有 4 种显示,能预告列车运行前方 3 个闭塞分区的状态;分 3 个速度等级,2 个闭塞分区的长度满足从规定速度到零的制动距离。

高速列车以规定的速度越过绿黄显示的通过信号机后必须减速,以使列车在抵达黄灯显示的通过信号机时不大于规定的允许速度,保证在显示红灯的通过信号机前停车。而对于低速、制动距离短的列车越过绿黄显示的通过信号机后不减速。由于增加了绿黄显示,加大了前方预告信息,使得提速列车的制动距离用 2 个闭塞分区来保证,未提速列车的制动距离仍用 1 个闭塞分区来保证,就能圆满地解决提速带来的效率与安全的矛盾。四显示自动闭塞的特点是保证制动距离的闭塞分区数量随列车速度的不同而不同,因此,既保证了提速列车的运行安全,又保证了普通列车的通过能力,非常适用于不同速度列车共线运行的铁路。四显示自动闭塞还可压缩列车追踪运行间隔时间,提高行车密度。

(三) 有绝缘和无绝缘自动闭塞

传统的自动闭塞在闭塞分区分界处均设有钢轨绝缘,以分割各闭塞分区;但钢轨绝缘的设置不利于线路向长钢轨、无缝化的发展。钢轨绝缘损坏率高,影响了设备的稳定工作,且增加了维修工作量和费用;尤其是电气化区段,牵引电流为了通过钢轨绝缘,必须安装扼流变压器,缺点更显著。因此,出现了无绝缘自动闭塞,无绝缘自动闭塞以无绝缘轨道电路为基础,采用电气绝缘节。无绝缘轨道电路具有较多优点,尤其在电气化区段和无缝线路更为突出,因此,今后应发展采用无绝缘轨道电路的自动闭塞。

第四节　列车运行控制系统与机车信号

一、列车运行控制系统(CTCS)

1. CTCS 概述

随着铁路提速及高速铁路的建设,当今铁路信号出现了重大转折:一是对地面设备的控制转向对移动列车的直接控制;二是对移动列车的开环控制转向对移动列车的闭环控制,产生了以主体化机车信号和超速防护为代表的列车运行控制系统。CTCS（Chinese Train Control System，中国列车运行控制系统）是为了保证列车安全运行，采用分级形式（0~4 级）满足不同线路运输需求的列车运行控制系统。

CTCS 系统应按故障——安全原则，采用冗余结构进行系统设计，在任何情况下能防止列车无行车许可运行；能防止列车超速运行，包括列车超过进路允许速度、线路结构规定速度、机车车辆构造速度、临时限速和紧急限速、铁路有关运行设备的限速；能以字符、数字及图形等方式显示列车运行速度、允许速度、目标速度和目标距离；能实时给出列车超速、制动、允许缓解等表示及设备故障状态的报警。

2. CTCS 设备

CTCS 是中国列车运行控制系统的英文缩写，它包括铁路运输管理层、网络管理层、地面设备层和车载设备层。运输管理层是行车指挥中心，通过网络实现对列车的控制；网络传输层以无线和有线的方式实现数据的传输；地面设备层由车站列控中心、轨道电路、点式（无源和有源应答器）设备等组成；车载设备层由车载安全型计算机、连续信息接收模块、点式信息接收模块、无线通信模块等组成。

二、机车信号及列车超速防护装置

1. 机车信号

按机车接收地面信息的时机，机车信号可分为点式、连续式和接近连续式 3 种。

① 点式机车信号是在非自动闭塞区段线路的某些固定地点，如在距进站信号机 1 200 m 和 400 m 处设置地面设备，向机车传递的信息。

② 连续式机车信号能在整条线路上连续反映线路状态和运行条件，用于自动闭塞区段。机车信号的显示，应与线路上列车接近的地面信号机的显示含义一致。机车停车位置，应以地面信号机或有关停车标志为依据。

③ 接近连续式机车信号可以在车站的接近区段和站内连续反映地面信号显示，用于半自动闭塞区段。

最高运行速度不超过 160 km/h 的机车，机车信号设备与列车运行监控记录装置（LKJ）结合使用，轨道车等自轮运转特种设备使用轨道车运行控制设备（GYK）。

2．列车超速防护系统（ATP）

列车的制动距离与其运行速度成正比。当人的视距小于列车制动距离和确认操作时间内列车走行的距离时，传统的信号控制系统以及以人为主的保证行车安全的控制方式，已不能适应列车对安全的需要。因此，随着列车速度的提高和密度的加大，必须装备超速防护系统。

ATP 的核心是铁路信号速度化，要求信号信息具有明确的速度含义，并根据这些信息对列车运行速度实时连续监控。地面列控信息主要根据进路、线路条件以及前后列车的运行位置，在采用分级速度控制下，产生不同的出口速度信息；在采用速度-距离模式曲线控制下，产生目标距离、目标速度等信息。ATP 车载设备依据接收到的信息，根据列车构造速度、制动性能计算出控制曲线，对列车是否遵守信号（速度）指令进行实际运行速度的监控。当列车在允许速度控制曲线以下运行时，ATP 车载设备相当于"机车信号"，只不过信号显示不仅有灯光颜色，而是还有允许速度值的量化显示；当列车的实际速度接近、超过允许速度曲线时，ATP车载设备就报警、卸载、制动，起到防止"两冒一超"的安全作用。

列车制动控制模式分为分级制动模式和一级制动模式。分级制动是以闭塞分区为单元，根据与前行列车的运行距离来调整列车速度，各闭塞分区依据进路条件、前后列车位置，采用不同的低频频率调制，指示不同的速度等级；一级制动是按目标距离制动的，根据距前行列车的距离或距运行前方停车点的距离、列车参数、线路参数，计算出列车制动模式曲线。信息传输有轨道电路和无线传输两种方式，传输的信息包括线路允许速度、目标速度、目标距离等。一级制动方式能合理地控制列车运行速度，是列车自动控制技术的发展方向。

三、高速铁路的列车运行控制系统

在高速铁路上，由于行车速度的提高，如果仍用地面的区间设备来调整列车运行，将产生很大困难。首先是地面信号机的显示不能给司机一个准确的速度限制，其中包括显示的距离及显示的数量，其次是固定的闭塞分区将影响区间的行车效率。因此，高速铁路的列车运行将采用新的区间设备。

（一）列车运行控制系统的形式与特点

1. 列车运行控制系统的形式

高速列车运行控制系统的构成由于系统具体应用关键技术实现方法的不同而存在很大区别。德国LZB80系统利用铺设在钢轨之间的轨道交叉环线实现车—地之间的双向信息传输，同时利用每100 m交叉一次的铺设方法可以实现列车的准确定位。法国TVM430型列车速度监督设备采用了无绝缘数字式的编码轨道电路传输列控信息。日本DS-ATC系统则采用有绝缘数字式的编码轨道电路传输列控信息。ETCS-2级采用GSM-R传输列控信息，采用RBC无线闭塞中心。我国的列车运行控制系统是CTCS。

2. 列车运行控制系统的特点

（1）列控系统是将先进的控制技术、通信技术、计算机技术与铁路信号技术融为一体的行车指挥、安全控制机电一体化的自动化系统。

（2）车载信号属于主体信号，直接给司机指示列车应遵循的安全速度。

（3）列控系统自动监控列车运行速度，可靠的防止由于司机失去警惕或错误操作可能酿成超速运行、列车颠覆、冒进信号或列车追尾等事故，它是一种行车安全控制设备。

（二）列车运行控制系统的构成

列车运行控制系统一般由车载设备、地面设备和地车信息传输通道3部分组成。

1. 地面设备

地面设备包括：轨旁设备、列控中心和地面通信网络设备。

2. 车载设备

车载设备包括：列车运行监控模块、测速/定位模块、显示器模块、牵引制动接口、运行记录器模块等。

3. 地车信息传输通道

地车信息传输通道包括：地面信息传输设备、车载信息传输设备、地面信息传输网络和车载信息传输网络。

（三）列车运行控制系统的特性

高速列车运行控制系统主要技术特征体现在列控信息、列车追踪间隔距离和间隔时间、ATP 控制模式、RAMS（可靠性、有效性、可维护性和安全性）等几个方面。如图 6-4-1 所示为闭塞分区及应答器设置示意图。

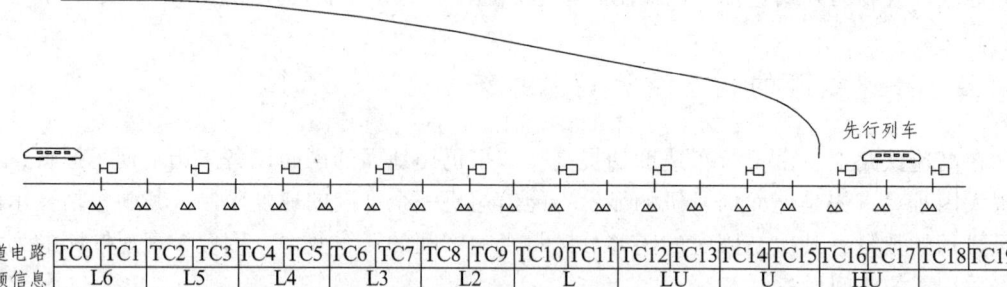

图 6-4-1　闭塞分区及应答器设置示意图

四、列车运行控制系统的分类

列车运行控制系统按照自动化程度、人机关系、控制模式、信息传输通道可分为多种不同类型。

（一）按照自动化程度分

列车自动控制系统按照自动化程度可分为列车超速防护系统（ATP）和铁路列车运行自动控制系统（ATC）。

ATC 系统和 ATP 系统都可以对列车运行速度进行实时监督。当列车超速时自动降低列车运行，保证行车安全。ATC 系统是比 ATP 系统高一级的列车自动控制系统，它可替代司机的部分操作。ATC 系统在日本应用较为广泛，因为这种控制模式可以降低司机的劳动强度，并且能够提高运输效率，不会因为司机的水平不一样而造成效率的降低。目前，我国 200 km/h 的动车组引进的 ATP 设备可以理解为日本方式的 ATC 系统，即在传统的 ATP 系统上加上一个设备优先的操作模式。

（二）按照人机关系分

列车运行控制系统按照人机关系可分为设备优先的自动减速系统（即机控优先）和司机操作优先的速度自动监督系统（即人控优先）。前者以日本新干线 ATC 为代表，后者以德国 LZB 和法国高速铁路 TVM300、TVM430 系统为代表。

人控优先是司机按照模式曲线控制列车速度，设备不干涉司机正常驾驶，只有当列车超速时设备才采取有效的减速措施确保列车运行安全。设备制动的缓解需设备允许和司机操作确认。

机控优先是设备能够按照模式曲线自动控制列车减速并保证列车运行安全。设备常用制动后，一旦满足缓解条件将及时自动缓解。以设备制动优先的列控系统另一优点是可以适当缩短列车运行间隔时间，保证列车按时刻表运行。

（三）按照列车运行控制模式分

列车运行控制系统按照人机关系可分为设备优先和司机优先级控制；按照速度防护模式可分为阶梯速度防护模式和曲线速度防护模式两种。

1. 阶梯控制方式

阶梯控制方式可不需要距离信息，只需在停车信号与最高速度间增加若干中间速度信息，即可实现阶梯控制方式。每个闭塞分区设计一个目标速度，在一个闭塞分区中无论列车在何处都只需按照固定的速度判断列车是否超速即可。这种方式轨道信息量较少，设备相对比较简单。

阶梯控制方式是早期采用的列车运行控制模式，现已较少采用。

2. 曲线控制方式

曲线控制模式又分为分级速度曲线控制方式和速度-距离模式曲线控制方式。

1) 分级速度曲线控制模式

分级速度曲线控制模式的每一个闭塞分区只给定一个目标速度，控制曲线把闭塞分区允许速度的变化连接起来。地面设备传送给车载设备的信息是下一个闭塞分区的速度、距离和线路条件数据，没有提供至目标点的全部数据，所以系统生成的数据是分级连续制动模式曲线。

在此模式下，当列车在一个闭塞分区中运行时，列控设备判定列车超速的目标速度不再是一个常数，而是随着列车行驶而不断变化的，是距离的函数，如图 6-4-2 所示。该方式要求将每个闭塞分区的入口速度（上一个闭塞分区的目标速度）和出口速度（本闭塞分区目标速度）用曲线连接起来，形成一段连续的控制曲线，曲线控制方式和阶梯控制方式一样，每一个闭塞分区只给定一个目标速度，闭塞分区允许速度的变化用曲线连接成控制曲线。

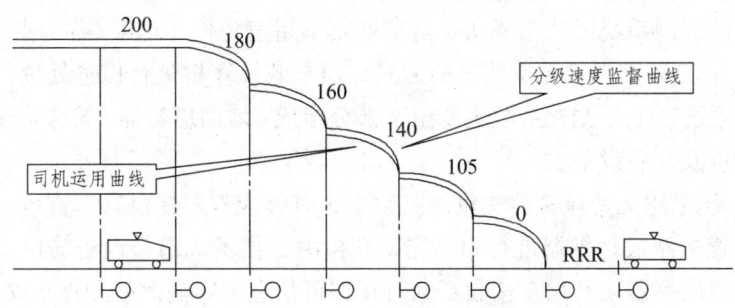

图 6-4-2 分级曲线控制方式示意图

在曲线控制方式下，当列车在一个闭塞分区中运行时，列控设备判定列车超速的目标速度不再是一个常数，而是随着列车行驶而不断变化的，即距离的函数。因此，列控设备除了需要接收目标速度信息外，还要接收到闭塞分区长度及换算坡度的信息。目前，在秦沈客运专线使用的从法国引进的 TVM430 即采用这种控制模式。

2）速度-距离模式曲线控制方式

速度-距离模式曲线控制是一次制动方式，它根据目标速度、目标距离、线路条件、列车性能生成目标-距离模式曲线进行连续制动，缩短了运行间隔，提高了运输效率，增加了旅客舒适度。为了实现这一方式，地面设备必须向列车发送前方列车的位置、限速条件等动态数据，以及线路条件等固定数据。

如图 6-4-3 所示，速度-距离模式曲线控制不再对每一个闭塞分区规定一个目标速度，而是向列车传送目标速度、列车距目标点的距离（和 TVM430 不一样，它可以包括多个闭塞分区的长度）信息等。列车实行一次制动控制方式。列车追踪间隔可以根据列车制动性能、车速、线路条件调整，可以提高线路的通过能力，是一种更理想的运行控制模式。

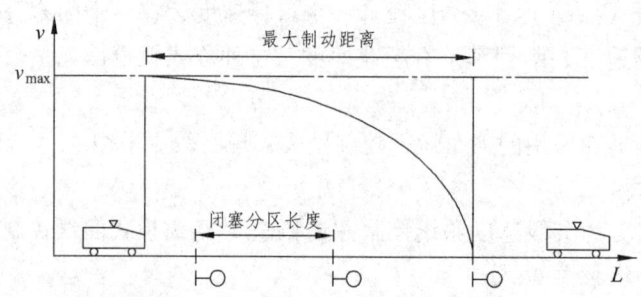

图 6-4-3　速度距离控制模式基本原理

（四）按照信息传输通道划分

列控系统按信息传输通道可分为点式列车运行自动控制系统和连续式列车运行自动控制系统。

点式列车自动控制系统在欧洲的干线铁路及城市轨道交通中应用十分广泛；其主要优点是采用了高信息容量的地面应答器，结构简单、安装灵活、可靠性高、价格明显低于连续式列车运行自动控制系统。ETCS-1 级是典型的点式系统，列车运行速度可达 250 km/h。

点式列车自动控制系统因其主要功能是实现列车超速防护，所以又称为点式超速防护（点式 ATP）系统，它是采用点式传递信息的方式，用车载计算机进行信息处理，最后达到防护列车超速目的的系统。点式 ATP 系统主要由 3 部分组成：地面应答器、轨旁电子单元 LEU（又称为信号接口）以及车载设备。

点式 ATP 系统采用无源应答器提供线路数据，有源应答器提供行车许可、进路信息和临时限速；采用轨道电路或计轴器进行列车完整性检测，技术成熟、设备简单、容易升级；缺点是两个移动授权应答器之间列车接收不到行车许可信息，影响效率和行车安全，ETCS-1 级跑 300 km/h 尚无先例。瑞典 KBICAB 系统、中国京津客专（前期）均属于点式列控系统。

目前，世界高速铁路几乎全部采用了连续式列车运行自动控制系统，如德国 LZB 系统和法国 TVM 系统等。连续式列车运行自动控制系统是为适应高速干线与高行车密度的高速铁路而发展起来的一项铁路信号技术，其技术基础正是目前飞速发展的信息传输与处理技术。

按地—车信息传输所用的媒体分类，连续式列车运行自动控制系统有有线与无线两大类，前者又可分为利用轨间交叉环线与利用数字编码音频轨道电路技术两类。按地—车之间所传输信息的内容分类，列车运行自动控制系统可分为速度码系统（Speed Code System）与距离码系统（Distance go to System），前者由控制中心通过信息传输媒体将列车最大允许速度直接传至车上，这类制式在信息传递与车上信息处理方面比较简单，速度分级是阶梯式的，如法国 TVM300、日本新干线等信号系统均采用此种制式；后者从地面传至车上的是前方目标点的距离等一系列基本数据，由车载计算机进行实时计算得出列车的最大允许速度，显然，这种制式的信息传输比较复杂，而速度控制则是实时、无级的，目前，应用和在研发的系统大多数均是采用该类系统。

另外，列控系统按照区间闭塞的方式可以分为固定闭塞、准移动闭塞、虚拟移动闭塞和移动闭塞。

五、我国铁路列车运行控制系统

（一）我国列车运行控制系统功能

我国列车运行控制系统应能完成以下功能。

（1）列车超速防护。

（2）列车运行自动控制。

（3）连续式双向信息传输。列车运行控制系统可以利用轨道电路实现连续式双向信息传输。地对车传输内容包括：超速防护的安全信息、列车运行控制信息及辅助信息等。车对地传输内容包括：用于超速防护计算的列车基本数据、列车实际运行状态信息等。

（4）列车的定位和测速。

（5）列车的占用与出清检查。

（6）列车运行信息显示。车载设备应提供实时的列车运行显示，其内容包括：目标速度、目标距离、允许速度、实际速度。速度控制命令显示包括：加速、减速、常速运行。辅助显示内容包括：与电气牵引相关的信息、轴温检测信息、超速信息、制动信息、缓解信息、设备故障信息等。

（7）环境状况监测。

（8）列车状态检测。

（9）人员和设备的防护。

（10）与相邻列车控制中心的信息交换。

（11）系统诊断。

（12）系统维护。

（二）CTCS 系统构成

参照国际标准，结合国情，从需求出发，按系统条件和功能划分等级。CTCS 体系的构建原则是以地面设备为基础，车载与地面设备统一设计。

列车运行控制系统（简称列控系统）用于控制列车运行，主要由车载子系统及地面子系统两大部分组成。

地面子系统由应答器、轨道电路、无线通信网络（GSM-R）、列车控制中心等设备组成。CTCS 系统结构如图 6-4-4 所示。

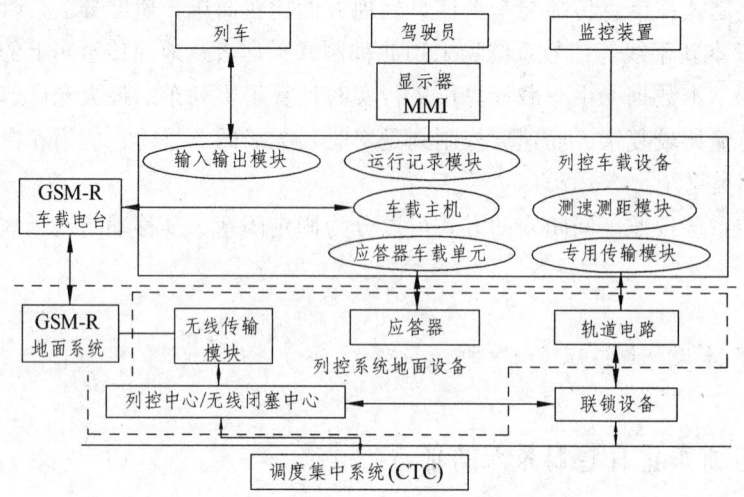

图 6-4-4　CTCS 系统结构示意图

（三）我国铁路列控系统的分级

CTCS 是 Chinese Train Control System 的英文缩写，即中国列车运行控制系统。CTCS 根据功能要求和配置划分应用等级，分为 0~4 级。

1. CTCS-0 级列控系统

维持我国铁路既有线现状，适用于既有铁路，由通用机车信号和运行监控记录装置构成。目前，既有线的设备基本配置为：联锁+区间闭塞（自动闭塞、半自动闭塞）+站内电码化+模拟轨道电路。

2. CTCS-1 级列控系统

CTCS-1 级列控系统采用主体机车信号+列车运行监控记录器+地面应答器+基于 ZPW-2000 型轨道电路的自动闭塞+联锁的基本配置，面向 160 km/h 以下的区段，在既有设备基础上强化改造，达到机车信号主体化要求，增加点式设备，实现列车运行安全监控功能。

3. CTCS-2 级列控系统

CTCS-2 级列控系统采用车载 ATP+地面应答器+联锁+基于 ZPW-2000 型轨道电路的自动闭塞的基本配置。CTCS-2 级列控系统面向提速干线和高速新线，采用车—地一体化设计。CTCS-2 级列控系统适用于各种限速区段，地面可不设通过信号机，机车乘务员凭车载信号行车。我国新建的 200~250 km/h 客运专线采用 CTCS-2 级列控系统。

4. CTCS-3 级列控系统

CTCS-3 级列控系统采用基于 GSM-R 的车载 ATP+地面应答器+联锁+基于 ZPW-2000 型轨道电路的基本配置，闭塞制式为基于通信的固定闭塞方式。CTCS-3 级列控系统面向提速干线、高速新线或特殊线路。

目前开通的京沪、京广高铁采用的是 CTCS-3 级系统。该系统包含了 CTCS-2 级列控系统的全部设备，并在 CTCS-2 级系统的基础上增加了铁路专用全球移动通信系统（GSM-R）设备，适用于各种限速区段，地面可不设通过信号机，司机凭车载信号行车满足客运专线和高速运输的要求。CTCS-3级列控系统由轨道电路完成列车占用检测及完整性检查，由点式信息设备提供列车用于测距修正的定位基准信息，由无线通信系统实现地—车间连续、双向的信息传输，行车许可由无线闭塞中心产生前通过无线通信系统传送到车上。我国新建的300～350km/h客运专线的列控系统采用CTCS-3级列控系统，兼容CTCS-2级功能。

CTCS-3级列控系统包括地面设备和车载设备。

车载设备由车载安全计算机（VC）、GSM-R无线通信单元（RTU）、轨道电路信息接收单元（TRC）、应答器信息接收模块（BTM）、记录单元（GRU/DRU）、人机界面（DMI）和列车接口单元组成。

地面设备包括控制中心设备和车站设备。

5. CTCS-4级列控系统

CTCS-4级列控系统采用基于无线通信的基本配置，面向高速新线或特殊线路，可实现虚拟闭塞或移动闭塞。CTCS-4级列控系统由RBC和车载验证系统共同完成列车定位和列车完整性检查，CTCS-4级列控系统地面不设通过信号机，机车乘务员凭车载信号行车。CTCS-4级列控系统可以满足列车高速度和高密度行车的要求，目前正在研发阶段，是铁路列控系统未来的发展方向。

第五节　调度控制系统

行车调度控制系统是行车调度员（或车站值班员）对其管辖范围内区段和车站联锁道岔和信号状态进行控制监督并指挥列车运行的设备。行车调度控制系统有两种设备，即铁路调度指挥系统（TDCS）和调度集中系统（CTC）。

调度集中既是信号设备，又是一种行车方式，它以信号显示代替行车命令。调度员在指挥行车时，不仅可以对设备进行控制，还可以监督管辖范围内所有列车的运行情况。目前，高速铁路及青藏线、大秦线等均采用CTC控制模式（特殊情况可以转成站控模式）。当采用TDCS设备时，调度员只能监督管辖其范围内所有列车的运行情况，不能直接利用该项设备控制列车运行。

一、调度指挥系统

1. 铁路调度指挥系统（TDCS）

TDCS系统（Train operation Dispatch Command System，TDCS）由铁路总公司、铁路局TDCS中心局域网及车站基层网（二级三层）组成。采用现代信息技术建立的铁路调度指挥系统，为满足铁路运输调度的要求，利用自动控制技术、远程控制技术和信息技术，对铁路车站信号设备、区间信号设备等进行远程控制和监测，从而对一定地域范围内运行的全部列车进行集中监视。

2. TDCS 系统的体系结构

TDCS 系统的结构，如图 6-5-1 所示。

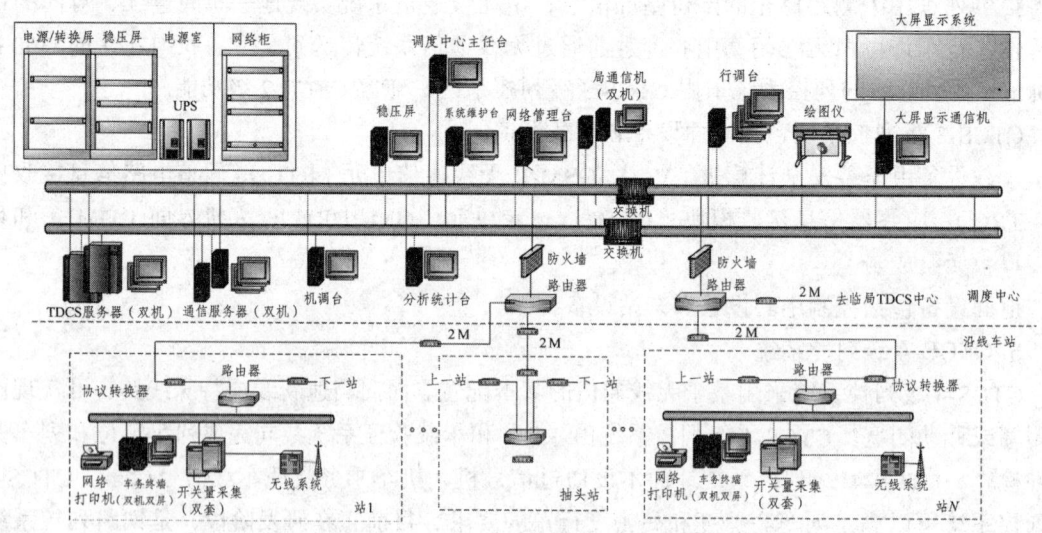

图 6-5-1　TDCS 系统结构图

3. TDCS 系统的主要功能

（1）实时监视列车运行状态及现场信号设备运用状态，并具有历史信息回放和查询功能。

（2）站间透明功能，相邻车站相互可见对方行车作业情况。

（3）调度命令、行车计划下达功能，由调度员将调度命令、行车计划下达到相关调度区段指定车站。

（4）无线车次号追踪、校核上传功能，收集由无线列调设备传送的列车信息。

（5）自动报点及正晚点的统计功能，根据班计划及车次追踪结果自动或手动上报列车到发点及通过点。

（6）列车运行图管理功能，根据各车站上报的列车到发点实现绘制运行图。

（7）高性能的网络安全功能，防止非法用户入侵、系统漏洞评估及实时在线查杀病毒。

（8）行车调度智能化、信息化，行车调度集中管理，行车调度透明指挥，行车作业实时监视，阶段计划自动调整和下达等，减轻了劳动强度、提高了调度水平、提高了运输效率、确保了行车安全。

二、调度集中系统（CTC）

1. CTC 系统的基本概念

CTC（Centralized Traffic Control，CTC）是在 TDCS 的基础上，采用分散自律技术，对调度区段内列车、调车进路进行集中控制，实现对列车运行的直接指挥和管理。

目前，我们国家采用的分散自律调度集中系统，分散是相对于调度中心集中控制而言的，将过去由调度中心集中控制所有车站的列车作业的方式改为由各个车站设备独立地控制各自的列车和调车作业；自律是依据各站的特点，系统按照《技规》《铁路技术管理规程》《行规》《行车组织规则》《调规》和《站细》等规则自动协调列车作业和调车作业的矛盾，自动控制列车进路和调车进路。

2. CTC系统的体系结构

CTC系统的结构，如图6-5-2所示。

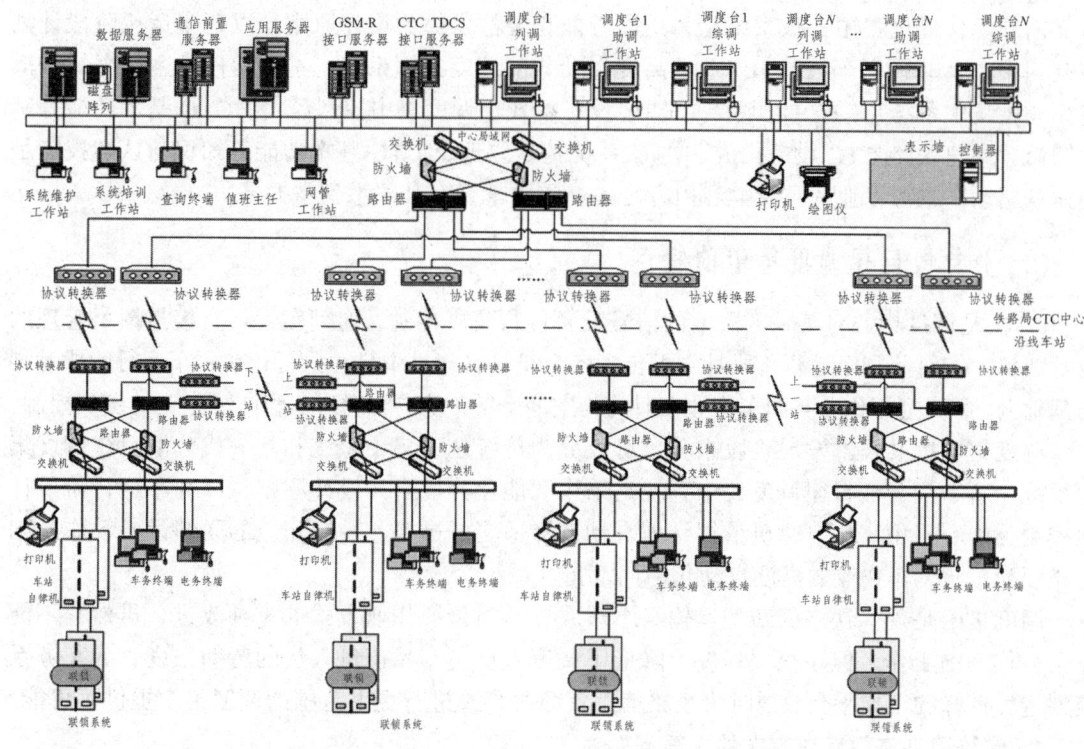

图 6-5-2　CTC系统结构

3. CTC系统的主要功能

（1）列车运行计划计算机管理和辅助编制，列车运行计划自动或人工调整和自动下达。

（2）调车作业计划计算机管理和辅助编制，调车作业计划自动下达，调车作业通知单自动生成。

（3）系统依据列车运行计划和《技规》《行规》《站细》等规定，以及相关联锁技术条件对列车、调车作业进行分散自律安全控制。

（4）调度命令自动下达。

（5）调度命令调车作业通知单、行车凭证和路票等不停车交付。

（6）接车进路信息自动预告。

（7）车次号自动追踪、列车到发点自动采集。

（8）列车实际运行图自动描制。

（9）行车日志自动生成。

（10）邻站行车信息透明监视。

（11）邻站运行图透明监视。
（12）设备状态监视、历史信息再现、操作事件记录。

三、分散自律调度集中系统（CTC）

分散自律调度集中系统（CTC）是以 TDCS 为平台，组建分散自律智能化、高安全、高可靠的新一代调度集中；该系统是采用以智能化分散自律为设计原则，以列车运行阶段计划控制为中心，兼顾列车与调车作业的高度自动化的调度指挥系统。本教学任务主要介绍分散自律调度集中系统（CTC）的特点、CTC 设备构成、调度集中控制模式、CTC 基本功能等基础知识。高速铁路 CTC 设备构成、CTC 系统基本原理及 CTC 基本功能等知识与认知技能是高速铁路动车乘务专业的重要学习内容之一，需要学生对其熟悉到掌握。

（一）分散自律调度集中的特点

CTC 是调度中心对某一区段内的信号设备进行集中控制，对列车运行直接指挥、管理的技术装备。CTC 将列车运行阶段计划下传到各个车站自律机中自动执行；在列车运行阶段计划的基础上，解决列车作业与调车作业在时间与空间上的冲突，实现列车和调车作业的统一控制。

调度集中按其技术发展阶段来分，可以分为传统调度集中系统和新一代分散自律调度集中系统。新一代分散自律调度集中系统是采用智能化分散自律设计原则，以列车运行阶段计划控制为中心，由车站自律机依据计划自动选择适当的进路，控制相应的联锁设备动作，同时兼顾列车与调车作业的高度自动化的调度指挥系统。

调度集中是现代铁路的新型运输组织形式，是对传统作业方式的一种改进，虽然它不能完全替代人的工作，但在很大程度上降低了调度人员、车站值班人员的劳动强度，为车务系统创造了良好的工作平台，同时为全路信息资源共享及进行更大范围的调度集中提供了可能。

1. 传统调度集中系统存在的主要问题

传统调度集中在我国铁路运用中大多运用效果不好，主要存在以下问题。

1）智能化程度不高

调度员不能摆脱老三件，未能将调度员从烦琐的工作中解脱出来，反而将车站值班员的一些工作内容加给了调度员，加大了调度员的工作强度；另一方面，又摆脱不开对车站值班员的依赖，许多工作仍然依靠车站值班员完成，不能实现运输组织的根本变革。

2）交放权频度过多

由于传统调度集中只负责列车的集中指挥和控制，对调车作业未采取任何技术措施，只要车站一进行调车作业，就会出现中心控制与车站控制权力的交接问题，并且交放权手续繁杂，过程麻烦，不能发挥调度集中的效能。

3）车次号技术存在一定的问题

车次号是调度集中的基础信息，但传统的调度集中在列车车次号自动输入、自动校核、自动跟踪的技术问题上没有得到完全解决，造成车次号丢失或车次号错误，影响调度集中系统的正常使用。

4）可靠性水平低

基于当时的技术水平，传统调度集中系统质量不高，故障频频发生，再加上信号设备基础质量不高，使系统的可用度不高。

5）无线通信手段不能满足要求

调度集中要实现调度员对列车（司机）的直接指挥与管理，必须具备调度员与司机直接良好的通信能力。但以往的无线列调在这一方面存在不足。

由于传统调度集中存在上述几个主要问题，调度集中上道后没有给各级运输管理部门带来明显好处，反而带来多种麻烦，使得现场对采用调度集中进行列车集中指挥和调度管理没有积极性；再加上当时对运力资源的调整改革、减员增效的认识不高，导致对调度集中没有明显需求。

2. 新一代分散自律调度集中的特点

1）新一代调度集中是智能化系统

智能化是指通过计算机软、硬件技术，通过对实际运输生产中的调度指挥工作流程进行优化处理，并转化为计算机控制程序，使运输组织指挥达到智能化、自动化。新一代调度集中在 TDCS 的基础上，实现了列车运行计划的自动调整、实际运行图的自动描绘、调度命令自动下达、事件自动记录、为统计分析提供原始数据等。它使行车调度员彻底摆脱了老三件，使调度员的主要精力、主要工作专用于行车计划管理、调整，集中精力确保列车按图运行、安全正点高效运行，提高了运输效益。

2）新一代调度集中是分散自律系统

分散自律系统就是基于现代计算机技术、网络技术、信息处理技术的智能化软件，实现以日班计划图、列车运行阶段计划为主轴，将阶段调整计划下传到各个车站的分散自律机中自主执行。新一代调度集中系统将没有中心控制权与车站控制权之分，只有指令不同来源之分，通过列车运行阶段调整计划对来自多处的指令进行自律，科学合理地解决了中心控制与车站控制（含调车作业）的矛盾。新一代调度集中只存在非常站控模式，正常情况下不存在控制权转换问题。车站参与的控制只能影响进路选择，而不能影响列车运行阶段计划的执行。

3）新一代调度集中不仅面向列车作业，同时解决沿线调车作业问题

新一代调度集中根据我国路情，不仅要完成对列车作业的集中控制，还要实现对沿线车站调车作业的集中控制。因此，新一代调度集中不但要采集列车进路信息，还要采集调车进路信息。通过采用分散自律技术，在阶段计划的控制下，解决以往因调车作业带来的频繁交放权问题，实现了中间站调车作业的集中控制。

4）新一代调度集中不但适应有人车站，也适应无人车站

新一代调度集中依靠先进的计算机技术、网络技术和智能化技术，通过对现行运输过程的优化，实现调度指挥中心对列车运行的直接集中管理与调度指挥，实现以列车运行为主、沿线调车作业为辅的行车指挥自动化，强化了干线的运输能力。在配套子系统到位的情况下，在无线通信系统、车次号校核子系统、无线调度命令传送系统的基础上，增加取代车机联控的自动预告系统，则完全可以在没有客、货运业务的中间站实现行车、调车作业控制无人化。

5）充分体现 TDCS 平台的基础作用

新一代 CTC 本着"以 TDCS 为平台，以 CTC 为核心"的原则进行开发。CTC 系统包含了 TDCS 的所有功能，如列车运行监督、车次号自动跟踪、到发点自动采集、实际运行图自动描绘、阶段计划自动调整、阶段计划和调度命令的网络下达等；在此基础上 CTC 系统进一步实现了车站信号设备的集中控制，列车进路的按图排路和调车控制。在软件、硬件设备及

网络传输通道上，该系统将最大限度地利用既有 TDCS 系统的资源。

（二）CTC 设备构成

1. CTC 设备组成

调度集中由调度中心子系统、车站子系统和调度中心与车站及车站之间的网络子系统 3 部分组成。调度中心子系统与车站子系统通过网络子系统相连，使用 TCP/IP 协议通信。

1）调度中心子系统

调度中心子系统由调度中心机房设备和各调度台应用终端组成。

（1）调度中心机房设备。

调度中心机房设备主要由数据库服务器、CTC 服务器（双机热备）、通信前置服务器、日志服务器、网络通信设备、电源设备、网管工作站、系统维护工作站组成。

（2）调度台应用终端。

调度台应用终端主要由行调工作站、计划员工作站、助理调度员工作站、综合维修工作站、值班主任工作站组成，根据需要也可为其他调度台设置相应显示终端。

① 行调工作站：具有监控管辖区段范围内指挥列车运行的功能（人工编制和调整列车运行计划、阶段计划下达、调度命令的下达、与相邻区段调度员工作站交换信息）。

② 计划员工作站：具有列车日班计划的编制和下达功能。

③ 助理调度员工作站：主要实现无人车站的调车作业计划的编制、调整和指挥功能，具有调度中心人工进路操作控制、闭塞办理、非常处理等功能。

④ 综合维修工作站：主要用于设备日常维护、天窗、施工以及故障处理方面的登销记手续办理，并具有设置临时限速、区间、股道封锁等功能。

⑤ 值班主任工作站：具有行车信息显示、签发调度命令、查询列车运行阶段计划和查询实际列车运行图的功能。

2）车站子系统

车站子系统主要设备包括车站自律机、车务终端、综合维修终端、电务维护终端、网络设备、电源设备、防雷设备、联锁系统接口设备和无线系统接口设备等，如图 6-5-3 所示。

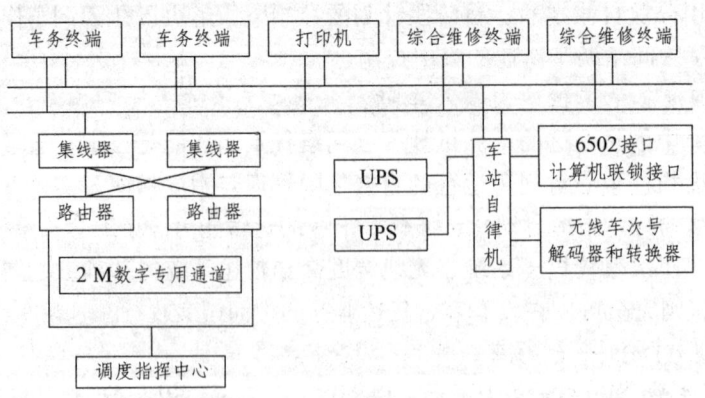

图 6-5-3　车站子系统设备组成

（1）车站自律机。

车站自律机是新一代分散自律型调度集中系统的车站核心设备，由其完成进路选排、冲突检测、控制输出等核心功能，其主要功能如下。

① 接收、存储调度中心的列车运行阶段计划和调车作业计划，接受、存储直接操作指令和车站值班员直接操作指令，并可以自动的按计划进行进路排列，经检测无冲突后实时发送给车站联锁系统执行；实时接收、分析车站信号设备的状态表示信息，进行列车车次号跟踪，收集列车运行实际数据，并上传至调度中心。

② 掌握车站联锁系统对进路命令执行的情况，并根据反馈信息对有关进路进行必要的调整；接收相邻各站的实际运行图和设备状态信息。

（2）车务终端。

车务终端完成列车、调车及其他特殊进路的办理；显示行车信息、无线车次号校核信息、调度命令；以图表形式显示本站及相邻各站的实际运行图、列车运行阶段计划等内容，同时具有相邻各站站间透明功能；自动生成本站行车日志，完成调度命令签收。

3）网络子系统

网络子系统是由网络通信设备和传输通道构成的双环自愈网络，应采用迂回、环状、冗余等方式提高其可靠性。

2. CTC对信号、通信设备的要求

1）对信号设备要求

车站具备集中联锁（继电联锁或计算机联锁），区间具备自动闭塞或自动站间闭塞。当调度集中对车站实行分散自律控制时，联锁关系仍由车站联锁设备保证。实现各种功能时，应保证既有联锁关系的完整性。

2）对通信系统的要求

通信系统是分散自律调度集中正常运用的重要基础，应满足分散自律调度集中对语音、数据通信方面的功能要求。

（1）调度员、司机、车站值班员之间必须具有良好可靠的语音通信。

（2）调度命令（含许可证等）、接车进路预告信息、调车作业通知单应可靠地传送到机车。

（3）车载设备具备车次号校核、列车停稳、调车申请等无线数据通信信息发送功能。

（4）调度集中区段的专用调车机车应配有无线调车机车信号和监控装置。

（三）CTC系统的基本原理

新一代调度集中系统采用了分散自律的理念。

所谓"分散"，指的是设备分散、功能分散、危险分散。新一代调度集中系统不仅做到了调度中心与管辖车站之间能互相传送信息，而且做到了邻站间也能互相传送信息。如果车站子系统与调度中心CTC服务器通信中断，车站子系统仍能自动进行列车跟踪，并在一定时间内仍可以自动进行列车进路控制。

所谓"自律"，就是车站自律机把不同来源的控制指令进行协调，将调度中心下达的列车运行阶段计划、调度中心下达的人工办理列车进路指令、调度中心人工办理调车进路的指令、车站人工办理调车进路指令进行很好的协调；正常情况下没有调度中心与车站控制权的转换，从而圆满地实现了系统对联锁设备的控制。

CTC系统的基本原理如图6-5-4所示。

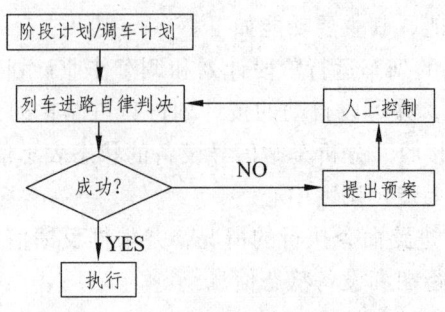

图 6-5-4　CTC 系统的基本原理示意图

1. 调度集中控制模式

调度集中区段对信号设备的控制模式有分散自律控制模式和非常站控模式两种。

分散自律控制模式是根据列车运行阶段计划自动控制列车进路，根据调车作业计划自动控制调车进路，并具备人工办理列车、调车进路功能的控制模式；其基本原理如图 6-5-5 所示。

非常站控模式是当调度集中设备故障、发生危及行车安全的紧急情况，以及需要开天窗进行设备维修、施工时，脱离 CTC 系统控制转为传统的车站控制台（计算机联锁终端）人工控制的模式。

在分散自律控制模式下，传统的车站控制台除非常站控按钮和接通光带按钮外，其他按钮的操作均不起作用。在非常站控模式下，调度中心不具备直接控制权，CTC 调度终端和车务终端所有按钮的操作均不起作用。

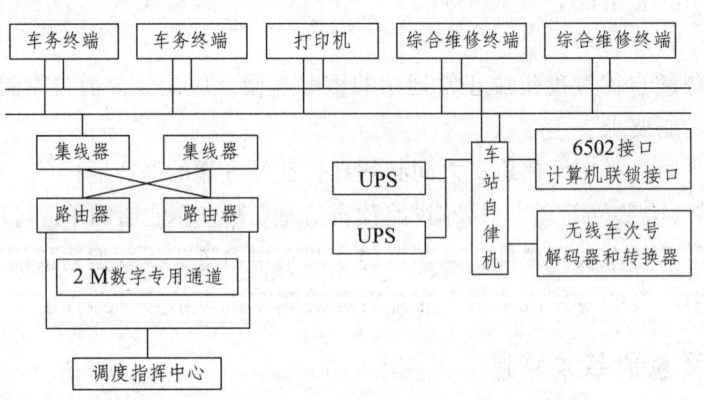

图 6-5-5　分散自律控制模式原理示意图

控制模式的转换由车站值班员（或应急工作人员）根据调度中心的调度命令进行控制操作，系统自动对控制模式转换作出记录。非常站控按钮采用带计数器的非自复式铅封按钮。系统正常状态下为分散自律控制模式，破封按下为非常站控模式。

分散自律控制模式转向非常站控模式不检查任何条件，但向列车调度员报警。

非常站控模式转回分散自律控制模式，系统应检查以下条件：TDCS 功能正常；车站自律机收到列车运行调整计划；非常站控模式下没有办理任何按钮操作；没有列车、调车进路。

当上述条件满足时，系统应给出"允许转回分散自律控制模式"的表示，此时方允许转回分散自律控制模式，否则操作无效。调度集中的控制模式状态有明确的表示，在非常站控按钮处以及车务终端上设置有状态表示灯：红灯为非常站控模式、绿灯为分散自律控制模式、黄灯为允许转回分散自律控制模式。

2. 调度集中的控制方式

为区别调度集中区段调度员和车站值班员不同的操作权限，根据调度集中的两种控制模式，对CTC系统的操作方式，也可做一些补充规定，例如：对分散自律控制模式又分为3种操作方式：中心完全集中操作方式、中心部分集中操作方式及车站操作方式。

1）中心完全集中操作方式

调度集中区段调度员对列车进路及调车进路都有操作权；车站值班员对列车及调车进路均无操作权，调车计划由调度中心编制或车站编制输入自律机后统一执行。

2）中心部分集中操作方式

调度集中区段调度员对列车进路有操作权，对调车进路无操作权；车站值班员对调车进路有操作权，对列车进路无操作权，以增加调车作业的灵活性。

3）车站操作方式

车站值班员对列车进路及调车进路均有操作权；调度集中区段调度员对列车及调车进路均无操作权，但列车进路控制由调度集中区段调度员下达的列车运行阶段计划自动执行，调车计划由车站自行操作完成。

操作方式的转换由调度员与车站值班员根据需要进行操作。从车站操作方式转换到中心完全集中操作方式或中心部分集中操作方式，由调度员进行方式切换申请，车站同意。从中心完全集中操作方式或中心部分集中操作方式转换到车站操作方式，由车站进行方式切换申请，调度员同意。中心完全集中操作方式与中心部分集中操作方式之间的转换，由调度员根据需要通知车站值班员后直接切换。这种操作方式解决了繁忙区段在CTC控制条件下调车作业频繁、需要交换操作权的问题，为繁忙区段调车作业增加了灵活、方便的调整空间。

在分散自律控制下，车站值班员的操作不能解锁调度员办理的进路或关闭信号，调度员的操作也不能解锁车站值班员办理的进路或关闭信号。

（四）CTC基本功能

CTC除具备TDCS的全部功能外，还具有以下独有的功能。

1. 自动排列列车进路

车站自律机依据调度中心下达的列车运行阶段计划，自动生成列车进路指令，通过合法性、时效性、完整性和无冲突性的检查后转变为命令，实时下传给本站联锁设备执行。当车站自律机因故无法排列基本进路时，系统应自动报警，调度中心可以对某一次列车进路进行人工干预（但需受分散自律安全条件的控制）。

1）选路基本原则

CTC系统采用以自动选路为主、人工干预优先，即人工控制优先于自动控制的选路原则。自动进路控制只选择基本进路，当基本进路选择失败时，系统提示失败原因，由调度员或车站值班员人工改选其他进路。

自动排列列车进路时应检查的条件主要有：车次号（列车性质和等级）、超限级别、列车长度、机车类型、股道用途、股道有效长、道岔弯股进路的最大允许速度。

有特殊运行要求的列车（如超限、专运、特运列车），列车调度员、车站值班员根据相关规定在列车运行计划中进行相应的提示。

2）股道自动选择的原则
（1）图定车次使用图定股道。
（2）非图定车次或不按图定路径运行的列车，股道设置必须满足以下条件。
① 计划通过的列车，默认正线（如人工修改为侧线通过，客、货开车需人工办理）。
② 到开、始发、终到的列车，默认到发线（如人工修改为正线到开，货运列车可自触，但客运列车需设定技术停点才自触）。
③ 股道必须空闲和没有被另一列车计划占用。
④ 默认的股道必须满足《站细》中各项规定的条件。
3）选排进路的时机
选排进路的时机原则上依据列车运行阶段计划并提前若干时分。实际执行中必须考虑列车类型、区间闭塞类型、邻站发车时刻、区间运行时分和完整到达停稳以及前行列车发车进入区间的条件等因素，同时还要考虑信息处理、进路办理的时间以及列车的速度等因素，进行科学合理的选择。
（1）接车进路自动触发的时机。
根据不同等级列车运行的位置，提前若干闭塞分区办理，规定如下。
① 动车组提前9个闭塞分区。
② 特快旅客列车通过提前6个闭塞分区；其他旅客列车通过提前5个闭塞分区；旅客列车停车，提前4个闭塞分区。
③ 行包、货物列车、单机和路用列车通过时，提前4个闭塞分区；停车时为3个闭塞分区。
④ 相邻车站间闭塞分区数不足时，车站作为一个闭塞分区处理。
（2）发车进路自动触发的时机。
① 遵守计划发车的先后顺序。
② 满足《技规》规定的前方区间空闲间隔条件。
根据预计出发时间，客车提前5 min办理，货车提前1 min办理。
4）接车进路信息
调度集中自动通过调度命令无线传送系统，以文字方式向司机提供接车进路预告信息。
（1）自动闭塞。
自动闭塞区段自动预告时机确定为接车站接车进路或通过进路已经排列，系统在后方站的以下位置发送列车接车进路预告信息：出站信号机、二离去信号机。
在上述任一位置系统收到自动确认信息后，其后续位置不再发送接车进路预告信息。当列车越过二离去信号机后，系统未收到自动确认信息时，改由接车站发送接车进路预告信息，并采取在每个闭塞分区自动向列车发送的方式。系统收到自动确认信息或该次列车越过接车站进站信号机后，不再发送列车接车进路预告信息。
（2）自动站间闭塞。
自动站间闭塞区段自动预告时机确定为接车站接车进路或通过进路已经排列，系统在后方站的以下位置发送列车接车进路预告信息：出站信号机、反向进站信号机。
在上述任一位置系统收到自动确认信息后，其后续位置不再发送接车进路预告信息。当列车越过反向进站预告信号机后，系统未收到自动确认信息时，改由接车站发送接车进路预告信息，并采取每隔一定时间自动向列车发送的方式。系统收到自动确认信息或该次列车越过接车站进站信号机后，不再发送列车接车进路预告信息。

2. 车站接发列车

1）行车组织原则

在调度集中区段，根据 CTC 对区段信号设备的控制方式，行车组织原则如下：在中心完全集中操作或中心部分集中操作方式下，车站的行车工作由本区段列车调度员统一指挥；在非常站控模式或车站操作方式下，车站的行车工作由车站值班员统一指挥；划分车场的车站，各车场的行车工作由该车场值班员统一指挥，无人站行车指挥工作由应急行车人员担任。

2）行车闭塞

（1）在非常站控模式下，办理预告的作业方式和过程与非 CTC 模式相同。

（2）在非常站控模式下，当采用电话闭塞法行车时，车站值班员需与邻站办理闭塞手续。例如：当邻站为中心完全集中操作方式时，需与助理调度员办理闭塞手续；当助理调度员与车站值班员办理电话闭塞时，应及时将发出或收到的电话记录号码登记在行车日志内。

（3）在非常站控模式下，当非 CTC 区段与 CTC 区段的相邻两站间办理接发列车作业时，由车站值班员与邻站办理预告闭塞手续。

（4）处于非常站控模式下的车站与分散自律控制模式下的车站，当两相邻车站办理接发列车作业时，由车站值班员与邻站办理预告闭塞手续。

（5）处于分散自律模式下的车站与非常站控模式下的车站或非 CTC 区段的车站，当两相邻车站办理接发列车作业时，分散自律模式下的车站自动向邻站发送预告请求；当邻站值班员同意接车时，CTC 自动排列该次列车的发车进路，开放出站信号；当不同意接车时，CTC 严禁排列该次列车的发车进路和开放出站信号，并向调度员报警，调度员与车站值班员电话联系。

3）办理列车进路

CTC 控制的车站，准备进路、开放信号时的作业方法与非 CTC 车站以往的车站有很大不同，主要区别体现在 CTC 控制下的具体操作上。

（1）在 CTC 模式下接发列车作业，在正常行车情况下，主要由列车运行阶段计划控制，车站值班员不再负责办理，只起到监控的作用。

（2）在 CTC 模式下接发列车作业，在非正常行车情况下，调度员必须参与进行相应的操作。

（3）在非常站控模式下接发列车作业，与非 CTC 区段车站作业方法相同。

3. 车站调车作业

在 CTC 区段，车站调车作业分为计划内调车和计划外调车。计划外调车是指在无人车站因车辆故障、装载不良等危及行车安全造成的临时甩挂作业。

1）车站调车作业组织

（1）提前编制调车作业计划。

在有人车站，原则上由车站值班员担当调车领导人；在无人车站，原则上由助理调度员担当调车领导人。调车领导人应根据列车运行阶段计划、列车编组信息、站存车信息、装卸作业进度、调车机车及线路运用等情况，提前编制调车作业计划。

（2）调车作业单一指挥。

在有人车站，但无固定调车组的车站，当利用本务机进行调车作业时，可由助理值班员担任调车指挥人。在无人车站，调车作业由应急行车人员担当。

（3）调车进路办理。

在有人车站，由车站值班员以人工直接操作方式办理调车作业进路。在无人车站，由助理调度员以人工直接操作方式或计划自动执行方式办理调车作业进路。

2）调车作业计划的编制人员

在有人车站，由车站调度员（车站值班员）进行编制；在无人车站，由助理调度员进行编制。

3）调车作业计划的下达

调车领导人编制完调车作业计划后，通过车务终端下达到车站自律机，通过调度命令无线传送系统下达到相关作业机车，调车组及作业司机由此获得调车作业通知单。但当中间站利用本务机进行调车时，调车领导人应使用系统提供的附有线路示意图的调车作业通知单，调车指挥人应通过车务终端获得调车作业通知单。

4）调车作业计划的变更

（1）在 CTC 控制区域内变更调车作业。

在 CTC 控制区域内进行调车作业时，原则上不得变更作业计划，确需变更作业计划时，必须停止调车作业，由调车领导人重新修改调车作业计划，进行重新传送（交接），调车指挥人向所有参加作业的人员传达清楚后开始调车作业。

（2）利用本务机车进行调车作业。

调车作业计划一经下达原则上不准变更。若必须变更时，不论钩数多少，都要重新编制书面计划，停轮向有关人员传达，确认明了后，收回原计划方可开始作业。

（3）在岔线内进行调车作业。

当实际与计划不符时，可由调车长制订计划，作业完成后应及时向车站值班员汇报计划变更和车辆停留情况。

5）调车进路

排列调车作业进路，分为人工直接操作与计划自动执行两种方式。人工直接操作方式的调车进路采用一钩（一条进路）一办的方式；计划自动执行方式是系统根据调车作业计划自动办理调车进路，每一钩进路排列前，司机应根据调车组的指挥，通过无线通信设备向调度集中发出调车请求信息，由车站自律机自动排列调车进路。

无论哪种调车作业进路办理方式，必须由车站自律机根据列车运行阶段计划在时间与空间上（进路预计占用时间、避让车次、相关联锁条件等）对调车进路检查运算，无冲突后方可排列。

为保证调车作业不干扰列车运行阶段计划的执行，分散自律控制模式下的调车作业，在办理与列车运行阶段计划相关的调车进路时，均应输入钩作业预计时分，否则不能办理；与列车运行阶段计划无关的调车进路，可不输入钩作业预计时分。

调车作业办理时，CTC 在设计上不区分有人车站和无人车站，但运输部门依据实际情况规定：在有人车站，由车站值班员直接办理或由系统自动执行；在无人车站，由调度中心助理调度员直接办理或由系统自动执行。

调车组通过车务终端（含站场平面示意图）或通过调度命令无线传送系统（不含站场平面示意图）获得调车作业通知单。

第六节 铁路通信设备

一、铁路通信系统概述

传统的铁路通信主要有两大业务：一是铁路电报，包括预确报；二是铁路电话，包括调度指挥。面向铁路运输的通信也有两大业务：一是通信联系、沟通情况、电话指挥；二是提供列车编组信息，以便沿线和编组站调车作业。现代化铁路通信的发展方向是将通信、信号紧密结合，广泛运用计算机、网络、光纤、无线等技术，实现通信技术无线化、网络化、移动化的转变，同时也实现信号控制从传统的固定闭塞到移动闭塞、地面信号到车载信号的转变。

（一）铁路通信系统分类

铁路通信是指挥列车运行，组织铁路运输生产，传输各种信息以及公务联络的重要设施，具有点多线长、布局成网、分散维护、集中使用的特点。

1. 按传输形式分类

铁路通信按传输形式可分为有线通信和无线通信两大类。

2. 按服务区域分类

铁路通信按服务区域可分为长途通信、地区通信、区段通信和站场通信。

3. 按业务性质分类

铁路通信按业务性质可分为公用通信、专用通信和数据传输等。

（二）现代通信技术

1. 光缆通信

光缆通信是一种利用光在光导纤维中传输的通信技术，它包括光发射机、光接收机和光导纤维，如图 6-6-1 所示。光发射机把电信号变成光信号，使调制的激光进入像头发丝那样细的透明玻璃丝中（光导纤维）传到对方的光接收机；光接收机再把光信号转换为电信号，这样就实现了通信任务。采用光缆可使通信容量大大增加（理论上可传输 1 010 个话路），并且光纤的主要原料是石英，取材容易，节省有色金属；光信号传输损耗小，光波频率远高于干扰信号的电磁波频率，光信号对电磁波的抗干扰能力强、传输质量好；光导纤维还具有面积小、质量小、保密性好等许多优点。

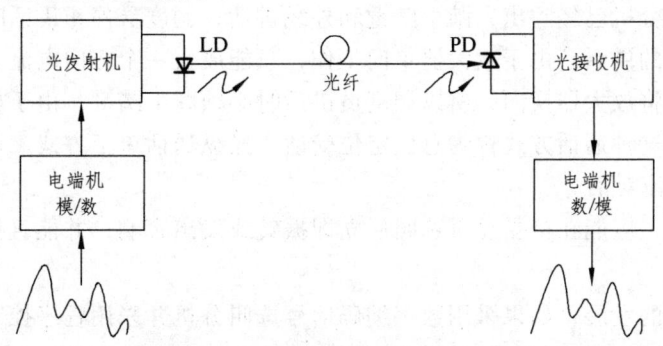

图 6-6-1　光纤通信系统的基本组成

2. 微波通信及卫星通信

微波是指波长为 1~1 000 mm 内的很短的电磁波，相当于频率 300 MHz（3×10^8 Hz）至 3 000 MHz（3×10^{11} Hz）频率范围内的电磁波。

微波的特性和一般中波、长波、短波的特性不同。它的波段覆盖范围很宽，可以容纳较多的话路，由于它的波长很短，因此，只要用几何尺寸较小的天线设备就能把无线电波集中在一个方向发射出去；当微波碰到导体、水时有强烈的反射作用，它受电气干扰或自然界的雷电干扰较小。这些都是微波通信的优越性。

微波通信可以传送几千个话路，同时可以传送无线电广播及电视节目。数字微波系统容量更大，可以与光纤通信相媲美。数字微波系统有以下特点：频带宽、容量大、抗干扰强、抗灾能力强、可维护性强、建设速度快、造价低、易加密；它是铁路干线长途通信网的重要组成部分。

卫星通信是指利用人造地球卫星作为中继站转发或反射无线电波，在两个或多个地球站之间进行的通信。它实际也是微波通信，由于它具有通信距离远，覆盖面积大，通信质量高等优点，因此，在铁路上利用卫星通信可传输地震信息，解决灾害及事故现场的通信；同时，卫星通信也可用来实现铁路局之间的通信，如会议电话和列车定位等。

二、铁路专用通信设备

（一）列车调度电话

列车调度电话供列车调度员与其管辖区段内所有的分机进行有关列车运行的通话用。在列车调度回线上，只允许接入与列车运行直接有关的车站值班员、车站调度员、机车调度员等的电话。列车调度电话的显著特点是调度员可以对个别车站呼叫，称作单呼；也可以对成组车站呼叫，称作组呼；还可以对全部车站集中呼叫，称作全呼。列车调度员可以与车站互相通话，任何车站也可以方便地对列车调度员呼叫并通话。

我国铁路采用音频选号调度电话。利用音频作为选叫信号，总机呼叫分机只要按下按键即可。

调度电话总机的工作原理：当调度员呼叫某一分机时，首先按压分机按钮，利用控制盘中的电子电话使振荡器起振，依次送出代表该分机的两个频率，线路上各分机经过选频以后，只有符合该两频率的一个分机振铃；在振铃期间有回铃信号通过外线回送到总机，调度员听到回铃声，表示该分机已经呼出，踏下踏键和外线讲话；调度员停止讲话时，必须将踏键放开，才能听到分机的讲话。由于放大器单向工作，只能放大一个方向电流，因此，放大相反方向的电流时必须将放大器换向，所以调度员讲话时必须踩下踏键。由于放大器在定位受话状态下工作，故将这种通话方式称为总机定位受话、操纵送话单工方式。调度员和分机不能同时讲话，只能轮流对话。

调度电话分机，应能在接受总机选叫后立即振铃或发出音响；并能直接呼叫总机及进行通话。

随着通信技术的发展，如果采用数字编码信号选叫分机并采用程序控制，则是程控调度电话。程控调度电话选叫速度快、功能多、音质好，是今后普及发展的方向。

（二）无线调度电话

1. 列车无线调度电话

列车有线调度电话仅供列车调度员和车站值班员之间进行通信联系，而列车无线调度电话则可供列车调度员、机车调度员、车站值班员等调度指挥人员和列车司机相互通话。这对于提高运输效率，缩短运行时间，及时掌握和调整列车运行都有重大作用。同时列车在运行过程中，当发生临时故障或区间线路、桥梁出现不正常现象时，司机可以及时报告调度员或临近的车站值班员，也可直接通知邻近区段的司机，以便及时采取措施，更好地确保行车安全。

当车站值班员和司机通话时，车站值班员的话音电流经车站固定电台调制后具有高频能量，通过天线变换为电磁波能量向周围区间辐射，在此区间内被机车上的电台所接收，车站值班员和司机就能通话联络了。

当调度所调度员呼叫司机时，要通过车站的有线无线转接设备把调度控制台和车站天线连接起来，发出电磁波，进行通话。

司机呼叫调度所调度员有两种方式：一种方式是自动转接；另一种方式是征得车站值班员的同意后，由车站值班员按下专门的按钮，将车站的固定电台与调度所的通信线接通，然后司机才能和调度员谈话，以防止打扰调度员的工作。

2. 站内无线调度电话

站内无线通信是为车站调度员、驼峰值班员等站内编组和解体作业的指挥人员和车站调车机车司机相互通话而设置的。

（三）专用电话系统

铁路专用电话系统是为铁路沿线各基层单位如车站、工区、领工区等相互间以及与基层系统的上级机构相互间联系而设置的。例如：车务专用电话、电务专用电话、工务专用电话、会议电话等。

（四）地区电话

地区电话是同一城市中各铁路单位相互之间公务联系用的电话，即铁路部门的市内电话。

（五）局线和干线长途电话、电报

局线长途电话、电报是铁路局范围内各单位相互之间公务联系用的通信设备；干线长途电话、电报是铁路总公司和铁路局及铁路局相互之间进行公务联系用的通信设备。

（六）列车确报电报、电话

列车确报电报、电话是为相邻编组站及编组站与区段站之间及时传递有关列车编组信息，以便对方站能正确、及时地掌握车流的情况而设置的。

确报设备采用电传打字电报机，有条件时采用话路传真机。

（七）铁路站场通信系统

铁路站场通信也是铁路专用通信的一部分，它是解决站场工作人员相互联系通信的设备。

它包括站场电话系统、站场扩音对讲系统、站场无线电话系统和客运广播系统。

1. 站场电话

站场电话供站内运输人员指挥站内行车和调车作业,以及联系车站日常运输组织工作之用。

2. 站场扩音对讲装置

站场扩音对讲装置包括行车作业使用的对讲设备和供调车作业使用的对讲设备,并且可向室外扩音。

3. 站场无线电话

站场无线电话是站场流动作业人员之间和流动人员与固定作业人员之间互相联系使用的设备,以便保证作业的安全和提高作业的效率。

4. 客运广播系统

客运广播系统供客运作业人员使用。为了便于客运服务,客运扩音设备常采用分路输出,分别向候车室、各站台、站前广场等处进行广播,成为客运站不可缺少的设备之一。

三、铁路专用移动通信系统 GSM-R

目前,我国铁路无线通信系统包括列车无线调度通信系统、无线调度命令传送系统、TDCS无线车次号校核系统、站场无线及各种单工通信系统、各种独立单工通信系统、集群移动通信系统、其他机车设备(机车安全信息综合监测装置、库检设备)以及正在研制的机车综合无线通信设备。

(一) GSM-R 的基本概念

GSM 是一种基于时分多址(TDMA)方式的数字移动通信系统。它是最早投入商用的数字蜂窝系统,现已成为全球移动通信系统。

GSM 系统由移动台、基站子系统、网络子系统以及接口组成。移动台完成无线接入、间断接收和发送、加密等功能。基站子系统是 GSM 系统的最基本组成部分,它通过无线接口与移动台相连,负责无线接收发送和无线资源管理。网络子系统进行信息交换。

铁路移动通信的覆盖范围为铁路沿线的狭长地带和车站所在的区域。铁路移动通信的主要业务是列车无线调度电话和生产指挥通信。

GSM-R 也是列车自动控制的信息通道,地面信息通过无线通道传到车上,列车信息也通过无线通道传到地面。因此,通信系统就不需要轨道电路作为信息通道了,不仅节省了大量设备、减少了维修工作量,而且使移动闭塞得以实现。

(二) GSM-R 系统构成

GSM-R 系统结构示意图,如图 6-6-2 所示。

GSM-R 系统主要组成部分包括:网络交换子系统、基站子系统、智能网系统、通用分组无线业务系统、运行与维护子系统、终端(固定终端:调度终端、车站终端、用户电话机;移动终端:由移动应用设备构成)和 SIM(用户识别)卡。网络交换子系统和基站子系统之间用光缆连接。

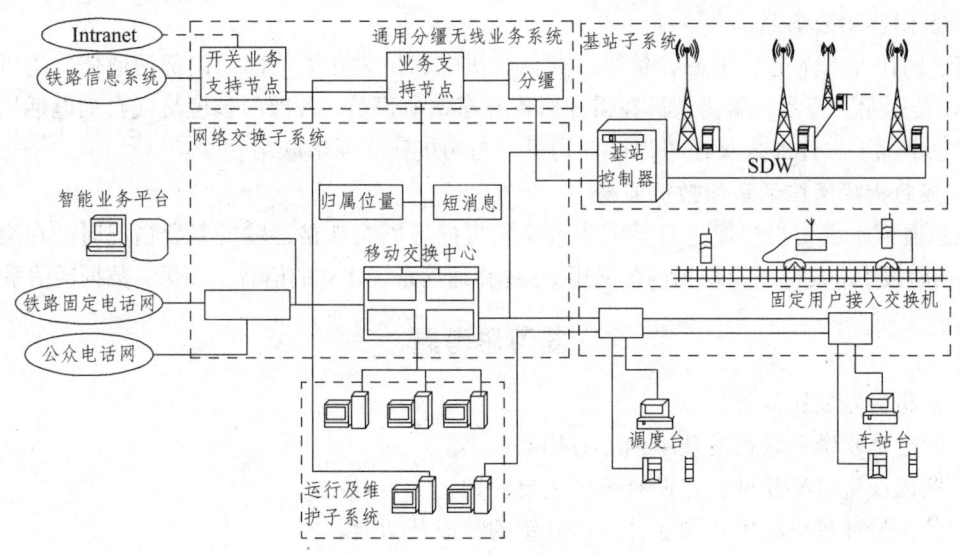

图 6-6-2 GSM-R 系统结构示意图

移动应用设备包括各类车载台和手持台。车载台包括机车综合无线通信设备、列控机车无线通信设备、机车同步操作无线通信设备等。手持台包括作业手持台、通用手持台、调车手持台。其他移动应用设备包括移动调度台、固定移动终端（如监控设备）等。

（三）GSM-R 系统功能

GSM-R 通信系统实现了以下功能。

1. 调度通信功能

调度通信系统业务包括列车调度通信、货运调度通信、牵引变电调度通信、其他调度及专用通信、站场通信、应急通信、施工养护通信和道口通信等。

2. 车次号传输与列车停稳信息的传送功能

车次号传输与列车停稳信息对铁路运输管理和行车安全具有重要的意义，它可通过基于GSM-R 电路交换技术的数据采集传输应用系统来实现数据的传输，也可以采用 GPRS 方式来实现数据的传输。

3. 调度命令传送功能

铁路调度命令是调度所里的调度员向司机下达的书面命令，它是列车行车安全的重要保障。采用 GSM-R 系统传输通道传输调度命令将加快调度命令的传递过程、提高工作效率。

4. 列车尾部装置信息传送功能

将尾部风压数据反馈传输通道纳入 GSM-R 通信系统，可以方便地解决尾部风压数据传输问题。

5. 调车机车信号和监控信息系统传输功能

提供调车机车信号和监控信息传输通道，实现地面设备和多台车载设备间的数据传输，并能够存储进入和退出调车模式的机车的有关信息。

6. 列车控制数据传输功能

采用 GSM-R 通信系统实现车地间双向无线数据传输，提供车地间双向安全数据传输通道。

7. 区间移动公务通信

在区间作业的水电、工务、信号、通信、供电、桥梁守护等部门内部的通信，均可以使用 GSM-R 作业手持台，作业人员在需要时可与车站值班员、各部门调度员或自动电话用户联系。紧急情况下，作业人员还可以呼叫司机，与司机建立通话联络。

8. 应急指挥通信话音和数据业务

应急通信系统是指当发生自然灾害或突发事件等影响铁路运输的紧急情况时，在突发事件现场与救援中心之间以及现场内部采用 GSM-R 通信系统建立的语音、图像、数据通信系统。

复习思考题

1. 铁路信号如何分类？
2. 什么是联锁？联锁的基本内容有哪些？
3. 联锁设备有哪几种？它们有哪些主要区别？
4. 什么是计算机联锁？简述计算机联锁的组成及功能。
5. 计算机联锁主要有哪些操作方式？
6. 列车运行控制系统是如何组成的？作用是什么？
7. 什么是铁路通信？
8. 铁路通信的用途有哪些？如何分类？
9. 铁路专用通信如何分类？各有什么作用？
10. 铁路调度通信分几类？各有什么作用？
11. 铁路站场通信包括哪些？各有什么作用？
12. 何谓 GSM-R？GSM-R 有哪些主要功能？
13. GSM-R 网络是如何组成的？各部分的作用是什么？

参考文献

[1] 佟立本. 高速铁路概论[M]. 北京：中国铁道出版社，2012.
[2] 徐友良. 高速铁路车站与线路[M]. 北京：中国铁道出版社，2012.
[3] 韩宝明，李学伟. 高速铁路概论[M]. 北京：北京交通大学出版社，2010.
[4] 钱仲侯. 高速铁路概论[M]. 北京：中国铁道出版社，2006.
[5] 卢祖文. 客运专线铁路轨道[M]. 北京：中国铁道出版社，2005.
[6] 钱立新. 世界高速铁路技术[M]. 北京：中国铁道出版社，2003.
[7] 北京铁路局. 新职人员入路教育[M]. 北京：中国铁道出版社，2013.
[8] 中国铁路总公司. 铁路技术管理规程[M]. 北京：中国铁道出版社，2014.